Für Kathrin

Volker Storck

Am Ziel ist Sonne

Meine Pilgerreise nach
Santiago de Compostela

León – Santiago de Compostela

© Copyright 2010 by Volker Storck
Herstellung: epubli GmbH, Berlin, www.epubli.de
Printed in Germany
ISBN 978-3-86931-363-4

Bibliografische Information der Deutschen Nationalbibliothek
Die Deutsche Nationalbibliothek verzeichnet diese Publikation
in der Deutschen Nationalbibliografie; detaillierte
bibliografische Daten sind im Internet über
http://dnb.d-nb.de abrufbar.

Montag, 5. Mai – Von Frankfurt am Main nach León

Frankfurt am Main, 5 Uhr morgens. Die Stadt liegt noch im Tiefschlaf, als der Radiowecker meine Nacht beendet. Ich habe unruhig geschlafen, mich immer wieder von einer Seite auf die andere gewälzt, während meine Frau Kathrin neben mir gleichmäßig atmete. In Gedanken zweifle ich inzwischen meine vor fast einem Jahr getroffene Entscheidung zur Pilgerreise an und ertappe mich bei der Überlegung, nun kurz vor dem Beginn alles abzusagen und die vier Wochen Freizeit einfach so mit Nichtstun zu verbringen. Was würden die Kollegen sagen, die mich mit allen guten Wünschen verabschiedet haben? Was die Freunde? Die Familie? Hätten sie es alle nicht schon immer gewusst? Oder würden sie Verständnis aufbringen? Die Gedanken kreisen, kommen nicht zur Ruhe.

Habe ich an alles gedacht? Der lilafarbene Rucksack steht seit gestern Abend gepackt im Flur. Am Wochenende hatte uns ein Freund aus Berlin besucht, mit dem wir eigentlich den traditionellen Zeil-Flohmarkt besuchen wollten, der dann aber nicht stattfand. Stattdessen haben wir bis spät in die Nacht alte Stummfilme angeschaut und erzählt. Meine Reise nach

Santiago hatten wir dabei bewusst oder unbewusst ausgeblendet. Es war weit nach Mitternacht, als Kathrin zu Bett ging, noch später als ich ihr folgte. Am Morgen brachten wir unseren Besuch zur Bahn, dann begannen die vorerst letzten Stunden zu Zweit.

Vor einem Jahr etwa hatte ich mit Frank in seiner kleinen Wohnung in Stötteritz gesessen und über mögliche gemeinsame Reiseziele beratschlagt. Es durfte ruhig etwas Außergewöhnliches sein, auch körperlicher Einsatz kam in Frage – und plötzlich stand das Wort „Jakobsweg" im Raum. Warum eigentlich nicht? Das Wort ließ mich nicht mehr los. Überall in Europa war uns die Muschelmarkierung schon begegnet – in Limoges, in Speyer, in Le Puy-en-Velay. Das Buch von Hape Kerkeling lag im Augenblick in jeder Buchhandlung gleich neben dem gleichnamigen Hörbuch, sogar meine Eltern hatten es gelesen und an mich weiter gereicht. Und wenn er das schafft, warum dann nicht auch wir?

Mein Sonderurlaub war fast problemlos vom Unternehmen genehmigt worden. Im Dezember stieß Jürgen zu uns, im Frühjahr sprang Frank aus nachvollziehbaren Gründen – er war im Begriff, stolzer Papa zu werden – wieder ab. Der per Fax bei der Jakobusgesellschaft Aachen beantragte Pilgerpass – mein "Credencial del Peregrino" – lag schon im Februar im Briefkasten, so langsam wurde es Ernst.

Viele Kollegen erkundigten sich nach dem Stand unserer Vorbereitungen und waren mehr als überrascht, wie unvorbereitet Jürgen und ich starten wollten. Nur einmal schleppten wir bei Eis und Schnee einen ganzen Tag lang auf spiegelglatten Waldwegen Rucksäcke mit Wasserflaschen durch den Bayerischen Wald. Dieses fast surreale Vorbereitungswochenende bleibt eine vergnügliche Erinnerung – nicht zuletzt an Böhmische Knödel im tschechischen Bahnhof Bayerisch-Eisenstein – wirklich gebracht hat weder als Lauftraining noch zur Gepäckerprobung.

Viel wertvoller waren die Ausrüstungstipps von Markus, der mich kurz vor Reisebeginn in einer Mittagspause auf Einkaufstour zum Wanderausstatter schleppte. In weniger als einer Stunde war ich um fünfhundert Euro erleichtert und stolzer Besitzer einer perfekten Outdoor-Ausrüstung. Wie viel hätte ich ohne Markus vergessen? Was alles zuviel mitgenommen?

Alles habe ich während der kommenden vier Wochen auf dem spanischen Jakobsweg zu irgendeinem Zeitpunkt gebraucht. Und gebraucht heißt, ich hätte es kaufen müssen oder habe es gekauft, wenn ich es nicht mitgenommen hätte:

    1 Paar gute stabile Wanderstiefel
    1 Paar leichte Schuhe für den Abend
    1 Paar Badelatschen
    2 Paar Wanderstrümpfe
    2 Funktionsunterhemden
    3 Funktionsunterhosen
    1 Badehose
    1 Schlafanzug
    1 kleiner Kopfkissenbezug zum Schlafen, aber auch
      um die saubere Wäsche zu verstauen
    2 schnell trocknende Funktionshemden
    1 Fleece-Pullover
    1 Zipp-Off Hose
    1 Windbreaker-Jacke
    1 Regenjacke
    1 Regenponcho
    1 Halstuch
    1 Mütze

1 Taschenmesser
1 Sonnencreme
1 Sonnenbrille
1 Schirm gegen Sonne und Regen
1 leichter 60-Liter-Rucksack mit Regenüberzug
1 Funktionshandtuch
1 Kompass
1 Trinkbecher
1 Wanderführer
1 Tagebuch
2 Filzschreiber
1 Wörterbuch Spanisch-Deutsch/Deutsch-Spanisch
1 Satz nötigster Toilettenartikel: Toilettenpapierrolle
  für alle Fälle, Zahnbürste, Zahnpasta, Duschbad
- Etliche Meter dünne Schnur z.B. als Wäscheleine
- Blasenpflaster, Pflaster, Nähzeug
- Durchfall-Tabletten,
- Magnesium-Pulver
- Vitamin C-Präparat

Kaum zu glauben, dass diese Mengen tatsächlich in den von außen ziemlich kleinen Rucksack gepasst haben.

Ich springe aus dem warmen Bett, schalte die gestern Abend bereits vorbereitete Kaffeemaschine an, steige noch einmal in die Dusche. Wie wird es in den nächsten vier Wochen morgens um diese Uhrzeit sein? Wie werden die Herbergen aussehen? Die Toiletten? Wird mein Rücken durchhalten? Die Knie? Überhaupt die Gesundheit?

Zum ersten Mal ziehe ich die komplette Wanderkluft an – Funktionsunterwäsche, Wandersocken, Zipp-Off-Hose, darüber das Funktionshemd. Ich laufe durch die Wohnung, warte auf Jürgen. Trinke Kaffee, frühstücke eine trockene Scheibe Brot. Was, wenn wir das Flugzeug versäumen?

Kathrin schaut schlaftrunken in die Küche, ich nehme sie in den Arm, bin aber zu aufgeregt für Zärtlichkeiten. Da, endlich – Jürgen parkt sein Auto vor dem Haus. Noch vor seinem Klingeln bin ich unten – er steht ähnlich angezogen wie ich vor mir. Während bei mir oliv vorherrscht, sind es beim ihm die Farben schwarz und blau. Wir umarmen uns stumm, er kommt mit nach oben. Noch einmal streichle ich Kathrin über das von der Nacht noch kleine Gesichtchen, spüre ihre zarte Haut unter meinen Händen, nehme ihren schlafwarmen Geruch in mich auf und verabschiede mich ins Ungewisse.

Es ist soweit – um 6.08 Uhr startet Jürgen den Motor seines nagelneuen Autos.

Die nächsten Stunden vergehen fast unwirklich. In Nürnberg wickeln wir unsere Gepäckstücke in mit gebrachte Plastiksäcke ein und stellen uns am Check In-Schalter von AirBerlin an. Eine Schweizerin mit überdimensioniertem Handgepäck hält den gesamten Verkehr auf und sorgt mit ihrem theatralischen Lamento bei den Wartenden je nach Gemütslage für mitleidige, ärgerliche oder – wie bei uns – amüsierte Blicke.

Am Schalter gegenüber erkundigen wir uns nach den Mietwagen-Tarifen von Bilbao nach León, entscheiden uns schließlich für den einzigen Anbieter, der uns nicht nur auf eine anonyme und dazu noch kostenpflichtige Servicenummer verweisen konnte.

Kurz vor dem Abflug blinkt das Handy und zeigt eine SMS von Frank: „Ich wäre gern dabei!" Wir telefonieren kurz, dann ist es soweit: Pünktlich um 11.45 Uhr hebt die AirBerlin-Maschine nach Palma de Mallorca vom Flugfeld Nürnberg ab.

Nun hat die Reise also wirklich begonnen. Werden wir IHM begegnen? Wird wirklich jeder von uns irgendwann, irgendwo auf dem Weg weinen? Werden wir finden, was wir brauchen?

Nach einem zweistündigen Zwischenstopp in Palma, den Jürgen zu ausgiebiger Flugzeugfotografie nutzt, kommen wir schließlich um 17 Uhr in Bilbao an. Der Mietwagen wartet schon auf uns und nach einer kurzen Pause bei Lidl-Bilbao, wo wir uns auf dem völlig überfüllten kostenlosen Parkplatz mit Prinzenrolle, Müsliriegeln und Saft stärken, geht es auf den letzten Teil der heutigen Etappe.

Immer auf der A8 fahren wir bei schönstem Wetter an der nordspanischen Küste entlang. Eine atemberaubende Landschaft – rechts der Atlantik, links schroffe Felsklippen, dahinter hohe Gebirgszüge – begleitet uns. Eigentlich müsste man hier eine Rast einlegen, kurz mit den Füßen im Meer plantschen. „Hoffentlich ergibt sich eine Möglichkeit, im Atlantik zu baden" meint Jürgen.

In Torrelavega verlassen wir die Autobahn auf der Suche nach einer Abkürzung, die zwar auf der Landkarte verzeichnet ist, aber mangels ausreichender Beschilderung in der Wirklichkeit auffindbar bleibt. Wir verlieren dadurch eine gute Stunde, gewinnen aber interessante Einblicke in die spanische Städtearchitektur im ausgehenden zwanzigsten Jahrhundert. Alles wirkt hier ziemlich heruntergekommen, ärmlich, trist. Zum ersten Mal fällt das böse Wort „Ostblock". In Oviedo wechseln wir von der staatlichen kostenlosen Autobahn auf die private kostenpflichtige AP66 quer durch die Picos del Europe. Schade, dass ihre Serpentinenstrecke nun in völligem Dunkel liegt – die Ausblicke müssen bei Tag gewaltig sein.

Kilometer um Kilometer nähern wir uns León. Ein kurzer Tankstopp, ein unbedeutendes Missverständnis an der Mautstation – „Tarjeta" heißt zwar Karte, aber gemeint ist wohl keine deutsche Kreditkarte, was dazu führt, dass unter lautstarkem Hupen einige genervte Spanier ihre Fahrzeuge zurücksetzen müssen, damit wir an eine andere Maut-Schranke wechseln können – unterbrechen die Fahrt.

Um 23 Uhr erreichen wir León, das hier noch La Virgen del Camino heißt. Einige müde Leuchtreklamen tauchen die dunkle Hauptstraße in milchig-gelbes Licht. Im erstbesten Hostal gleich rechts nach dem Ortseingang frage ich in der verrauchten Gaststube nach „una camera per esta noche" und werde trotz meiner sehr frei interpretierten spanischen Grammatik verstanden. Im Fernsehen läuft irgendein Sportereignis, am schmutzig-klebrigen Tresen lungern einige wenig Vertrauen erweckende Gestalten über ihrem Glas Bier, alles ist wenig einladend, aber wir akzeptieren natürlich das Angebot, leisten sogar die verlangte Vorkasse.

Todmüde schleppen wir unsere Rucksäcke aus dem Auto nach oben, Jürgen liest noch einige Seiten in unserem Büchlein „Wandern auf dem Spanischen Jakobsweg", ich dusche und falle ins Bett. Draußen rauscht die Hauptstraße, kaum gedämpft durch Scheibe und Rollo. Trotzdem dauert es nur wenige Minuten und ich liege im traumlosen Schlaf.

Wir sind in Spanien!

Dienstag, 6. Mai – Von León nach Villar de Mazarife

León – La Virgen del Camino – Fresno del Camino – Oncina la Valdoncina – Chozas de Abajo – Villar de Mazarife

22 km

Der Wecker reißt uns gegen 7 Uhr unbarmherzig aus dem Tiefschlaf, draußen scheint die Sonne, der Schwerlastverkehr donnert scheinbar ungebremst mitten durch unser Zimmer in Richtung León.

Obwohl wir fast kein Gepäck haben und der Wirt uns auch nicht mit einem Hotelfrühstück überrascht, dauert es fast eine Stunde, bis wir das Hostal Central verlassen. Wir betanken das Auto und fahren dann zum Bahnhof in León, wo um 10 Uhr das kleine Officio unserer Mietwagengesellschaft öffnet. Der Bevollmächtigte kontrolliert gerade mal den Benzinstand, dann stehen wir auch schon mit unseren Rucksäcken auf der Straße. Und in welcher Richtung geht es bitte zur Kathedrale? Zum Jakobsweg? Nach Santiago de Compostela?

Leider ist auf dem Stadtplan im Wanderführer der Bahnhof nicht eingezeichnet – und unser Mietwagenangestellter ist auf seinem bewachten Parkplatz verschwunden. Wir tasten uns auf der breiten Bahnhofstraße eher ziellos voran, laufen auf Gutglück in die erstbeste Richtung und werden schon nach wenigen Metern im breitesten Wiener Dialekt von hinten angesprochen „Wißt's ihr, wo's zur Kathedrale geht?" Woran bitte sind wir als Deutsche zu erkennen? Ist es unsere nagelneue Ausrüstung? Unser Kurzhaarschnitt? Die noch einigermaßen frisch rasierten Wangen? Ganz verdattert erklären wir dem deutlich rustikaler aussehenden Pilger, dass auch wir auf der Suche nach dem hiesigen Stadtzentrum seien, schütteln ihn dann aber durch konsequentes Schaufensterbummeln ab. Ausgerechnet diesen Dialekt verträgt mein ungefrühstückter Magen um diese Uhrzeit beim besten Willen nicht.

Noch haben die Geschäfte und Kaffees geschlossen, wir schlendern durch regennasse Straßen, ab und zu taucht ein Pilger oder ein Passant auf dem Weg zur Arbeit auf. Dass dies die letzten Nachzügler des heutigen Tages sind – oder vielleicht auch schon die ersten Neuankömmlinge – wird uns immer klarer, denn je höher die Sonne steigt, desto heißer und stickiger wird die Stadtluft. Darum also hatten wir heute Morgen schon bei der Fahrt von unserem Hostal nach León Wanderer die Straße entlang hasten sehen!

Aber noch geht es für uns nicht los – erst wollen wir hier in León unseren ersten spanischen Stempel im Credencial del Pelegrino erhalten. Die Häuser erinnern mit ihren roten Backsteinfassaden, von denen sich weiß gekalkte Stuckelemente und kleine schmiedeeiserne Balkone kontrastreich abheben, an eine gemütliche deutsche Kleinstadt, vielleicht irgendwo im Thüringischen. Nur ist alles viel sauberer als bei uns zu Hause – keine Graffitis verunstalten die

Hauseingänge, die Fußgängerzone scheint frisch geschrubbt zu sein und die Geschäfte sehen alle wie Tante-Emma-Läden aus dem letzten oder vorletzten Jahrhundert aus. Ich beginne mich sehr wohl zu fühlen.

Vor dem gewaltigen gotischen Gotteshaus ruhen sich Pilger auf den wenigen Bänken aus, sitzen im Schatten des alten Gebäudes. Manche pflegen ihre Füße, andere haben schon die Wanderschuhe mit bequemerem Schuhwerk vertauscht. In der Kirche ist es angenehm kühl, unsere Augen müssen sich erst an das Dunkel gewöhnen. Wo bitte gibt es den Pilgerstempel, den „Sello parroquial"? Am Eingang erläutert eine handgeschriebene Tafel Unverständliches, eine Angestellte ist nirgends auszumachen. Drüben an der Museumskasse unterhalten sich zwei Kittel beschürzte Frauen angeregt und lautstark, achten aber gleichzeitig darauf, dass niemand heimlich fotografiert – was Jürgen natürlich eher anspornt als abschreckt.

Endlich kommen zwei Pilger – gehen ganz selbstverständlich zur Kasse, packen ihre Pilgerpässe aus und halten sie auffordernd an die Glasscheibe. Die Frauen unterbrechen ihre Unterhaltung, beide Gesichter nehmen einen betont gelangweilten Ausdruck an und eine drückt einen kaum lesbaren Stempel an die jeweils nächste freie Stelle im Pass. So also geht das! Jürgen kramt umständlich aus seinem Rucksackoberteil die wasserdicht verpackten Dokumente heraus, wie zwei Sieger treten wir vor die beiden Grazien und halten nun unsere Pässe an die Scheibe. Ich deute auf das fast ausgetrocknete Stempelkissen, was verstanden wird. Als die Zwei unsere noch sehr leeren Ausweise vor sich haben, sind die Mienen fast noch ausdrucksloser. Aber immerhin – der Anfang ist gemacht.

Um 11 Uhr treten wir hinaus auf die hellgelb leuchtende Plaza vor der Kathedrale. Ich habe Hunger und Durst, immerhin liegt die letzte ordentliche Mahlzeit – von der Prinzenrolle in Bilbao abgesehen – schon mehr als 24 Stunden zurück. Der Wanderführer weist den Weg vorbei an der von einem Bauzaun verhüllten Basilika San Isidoro durch die Calle Sueo de Quiñones. Auf dem Gehweg sind große Muscheln aus Bronze eingelassen, nur noch wenige Pilger sind unterwegs. Hier in der Vorstadt hat León sein gemütliches Altstadtgesicht verloren. Schmutziggraue Betonblöcke drängen herunter gekommene Jugendstil-Bauten in die Ecke, die scheinbar nur noch von zentimeterdicken Farbschichten zusammengehalten werden. Die Luft ist Benzin geschwängert, überall hupt es, Menschen hasten an uns vorüber. Bunte Leuchtreklamen weisen auf Hostals, Apotheken und Schuhgeschäfte hin.

Endlich kommen wir an einem kleinen Kaffee vorbei, vor dem zwei rote Plastikhocker stehen. In Deutschland würde ich hier wahrscheinlich höchstens nach dem Weg fragen, hier jedoch überrede ich Jürgen zu einem Frühstück und bestelle bei der Barista einen wunderbaren Milchkaffee, dazu zwei mit Käse und Schinken dick belegte Baguette-Brötchen. Dabei lerne ich die dafür korrekte Bezeichnung „Boccadillo" und gebe mich in der nächsten Viertelstunde trotz Zigarettenqualm ganz dem Genuss hin. Übrigens beißt auch Jürgen, der zuvor jeden Hunger konsequent verleugnet hatte, sehr herzhaft in seine Semmel.

Am ehemaligen Pilgerhospiz von San Marcos, in dem heute ein Fünf-Sterne-Parador und das Stadtmuseum untergebracht sind, machen wir ein erstes Foto-Shooting. Die aufwändig gearbeitete Sandsteinfassade des mittelalterlichen Prachtbaus leuchtet in der Mittagssonne, grüne Rasenrabatten mit Buchsbäumen und bunten Blumen rahmen das Ganze malerisch ein. Direkt vor dem Eingang hält ein lebensgroßer

Bronzepilger Wache, bevor der Camino den Rio Bernesga quert.

Noch sind wir unerfahren, bewegen uns wie daheim – die nicht gerade formschöne Mütze steckt in der Hosentasche, die Ärmel des Funktionshemds sind hochgekrempelt. Es wird nicht lange dauern und wir lernen, dass es hier nicht auf Schönheit ankommt – Mütze, Langarmhemd und auch der zunächst belächelte Schirm schützen zuverlässig vor der Sonnenglut. Gelbe Pfeile und Muschelmarkierungen zeigen den Weg durch die Vorstadt und über die Bahngleise.

Nach gut zwei Stunden erreichen wir nach einem öden Industriegebiet und vorbei an einigen rot bemalten Kellerhäusern wieder La Virgen del Camino. Plötzlich hält mit laut kreischenden Bremsen ein kleines verbeultes und stark verrostetes weißes Auto neben uns. Der Wagen ist voll gestopft mit allem möglichen Krempel, zerknittertem Papier, leeren Flaschen. Ein kleiner alter Mann turnt aus dem Fahrzeug und lacht uns an: „Español? Alemán? Inglés?" – „Si, alemán." Und schon drückt er uns eine Pilgerzeitung in deutscher Sprache in die Hand. Und dann hören wir zum ersten Mal den Gruß, der uns in den nächsten Wochen begleiten wird: „Buen Camino!"

Große Schilder direkt neben unserem gestrigen Hostal weisen auf die örtliche „albergue de peregrinos" hin. Wir hatten sie gestern nicht wahrgenommen – und heute sind wir uns einig, dass diese ursprünglich geplante Tagesetappe von León nach Virgen del Camino selbst zur Eingewöhnung zu kurz gewesen wäre.

Die Beschreibung im Wanderführer ist eigentlich eindeutig: „Wer hingegen der Variante über Villar de Mazarife folgt, biegt schon vor dem Talgrund auf einen hier links beginnenden

Fußweg ein. Dieser Fußweg führt über Wiesen leicht ansteigend zu einer Asphaltstraße, auf der man die Autobahn León-Astorga (AP71) überquert." Alles scheint richtig zu sein – wir finden den „links beginnenden Fußweg", der mit großen gelben Hinweispfeilen bepinselt ist: „CAMINO VILLAR DE M.". Der Weg führt über Wiesen leicht ansteigend – ins Nichts.

Weit und breit keine Brücke über die, vielmehr unterqueren wir das riesige Bauwerk auf einem kleinen Feldweg und nähern uns schließlich einem kleinen Ort. Nirgends ein noch so schäbiger Hinweis auf den Jakobsweg. Wenn das jetzt Fresno del Camino ist, dann ist alles gut, dann sind wir zwar nicht auf dem vorgeschriebenen Pfad unterwegs gewesen, aber dennoch richtig. Wenn das nicht Fresno ist, dann haben wir uns tatsächlich bereits auf den ersten Kilometern verlaufen.

Die Dorfstraße steigt an, wir entdecken – und fotografieren – das erste Storchennest ohne zu ahnen, wie viele wir auf unserer Reise noch sehen werden. In einem Garten werkelt ein alter Mann. Unser lautes „Hola, buenos días!" kommentiert er mit einem mehr als irritierten Blick. Vielleicht ist der Alte nicht mehr ganz richtig im Oberstübchen, denke ich und haste weiter. Oben, am Ende der Straße hoffen wir auf ein Ortsschild oder noch besser das Muschelsymbol. Dort stehen zwar einige Schilder, aber die weisen nur auf Orte hin, die unserer Tagesetappen-Wanderkarte nicht verzeichnet sind. Und dann steht plötzlich der Alte neben uns und redet wild in der Gegend herumzeigend auf uns ein. Ich verstehe nur die Worte Camino, a la derecha, Autostrada – und damit Bahnhof. Die Karte ignoriert er genauso konsequent wie mein gestammeltes „Donde esta la direction de Fresno del Camino?" Immer wieder weist er auf die gut sichtbare Autobahn und macht Handzeichen. Ich zweifle an der Karte, an dem Alten, an der Welt. Jürgen beschäftigt sich mit dem

Kompass und meint irgendwann ganz trocken: „Ich glaube, der Mann hat recht – wir sind auf der falschen Seite der Autobahn." Ich gebe auf, wir folgen der angezeigten Richtung, meine Zweifel sind aber nicht verflogen, was sich in wüsten Flüchen äußert, die einem Pilger ganz sicher nicht ziemen.

Kaum sind wir eine Viertelstunde gelaufen, weist ein unverschämt neues und aufreizend pinkfarbenes Schild auf den Camino de Santiago hin. Selbst die Muschel fehlt nicht – und direkt darunter: „Fresno del Camino". Später notiere ich im Tagebuch selbstkritisch die Worte: „Auch andere haben recht!"

An einer kleinen Bushaltestelle am Eingang des in tiefer Siesta ruhenden Fresno legen wir eine Rast ein, knabbern an den von meiner Mutter empfohlenen Energie-Hartkeksen, trinken in langen Schlucken von unserem kühlen Wasser. Die Sonne schmilzt alle Farben zu einem einheitlichen rostroten Farbton zusammen, die Ebene ist weit, kaum ein verdorrter Baum, an dem sich das Auge festhalten kann. Ab und zu kommen wir durch menschenleere Dörfer, kleine Rastplätze laden mit nagelneuen Trinkwasserbrunnen zum Verweilen ein. Höchstens ein Hund ist um diese Tageszeit unterwegs – oder zwei Neupilger aus Deutschland.

Die Gedanken wandern – bleiben aber nirgends stehen. Meine Füße tun weh. Kein anderer Pilger scheint mehr unterwegs zu sein. Wolken türmen sich zu fabelhaften Gebilden, der steinige Weg führt kerzengerade ins Nirgendwo. Ab und zu hat jemand einen Pfeil aus Feldsteinen gelegt, Reste von darüber gepinselter gelber Farbe weisen auf seine Bedeutung hin. Aber wohin sollte man auch sonst gehen – keine Weggabelung, kein Parallelweg steht zu Auswahl. Es ist genau dieser eine Weg, der uns nach Villar de Mazarife führt. Jürgen klappt seinen Regenschirm auf, um sich ein wenig

Schatten zu gönnen. Die Luft ist heiß und trocken, das Atmen bringt keine Erfrischung. Längst ist unser Wasservorrat aufgebraucht – und die Füße schmerzen immer mehr.

Ich denke zurück an den Tag im Bayerischen Wald – nichts, aber auch gar nichts hat dieses Einlaufen gebracht. Wie viel anders ist es hier in Spanien auf den heißen, roten Schottersteinen.

Da – es ist inzwischen 16 Uhr geworden – taucht wie aus dem Nichts der Ortseingang von Villar de Mazarife auf. Gleich daneben hat ein einheimischer Künstler ein Mosaik zu Ehren des Heiligen Jakobus und seiner Pilger geschaffen. Fahnen grüßen – viel wichtiger ist uns jedoch die schwarze Tafel „Albergue Tio Pepe – junto a la iglesia". Laut unserem Wanderführer bietet Pepe 26 Betten ohne Küche, aber mit Bar-Restaurant an. Das soll das heutige Tagesziel sein!

Vor uns sind noch zwei Pilger unterwegs, sollen diese beiden die vielleicht letzten Betten bekommen? Nein, ein letztes Kräftesammeln, wir überholen die beiden. Unser betont forsches „Buen Camino!" bleibt unbeantwortet, den beiden scheint es ähnlich zu gehen.

Der Ort ist wie ausgestorben. Pepes Herberge ist nicht zu verfehlen, sie liegt direkt neben der Kirche. Ich möchte mich einfach nur noch irgendwo hinsetzen, etwas trinken, die Schuhe ausziehen. Großes Palaver mit der jungen Frau an der Bar, die selbstverständlich kein einziges Wort in fremder Sprache versteht oder spricht. „Dos camas?" – „No, una camera!" – „Si, si, y dos camas?" Irgendwann malt sie auf, was sie meint – ein Zimmer mit zwei Einzelbetten – also „dos camas" – oder ein Zimmer mit einem Doppelbett. Und ich dachte, sie meint zwei Einzelzimmer! Aber mal ehrlich, sehen wir so aus, als würden wir auf einem Ehebett bestehen?

Ich muss schleunigst Vokabeln sammeln, sonst laufen wir in eine vollkommene Katastrophe hinein. Immerhin hatte ich Jürgen versprochen, das mit der Sprache werde schon funktionieren, das sei bisher in jedem Land so gewesen. Einige Tage „sammle" ich mir einen Basiswortschatz zusammen, „bastle" mir dann auf Basis meiner humanistischen Gymnasialschulbildung eine Kleinkind-Grammatik zurecht und schon klappt die Verständigung mit den Einheimischen.

Das abgedunkelte Zimmer ist klein, sehr klein, winzig klein. Es bietet gerade mal Platz für zwei einfache Betten, einen Wandschrank, einen Stuhl – aber es ist sauber. Gegenüber auf der anderen Flurseite ist der Waschraum, den wir sofort benutzen. Die anderen Zimmer sind teilweise mit Doppelstockbetten möbliert und auch schon belegt. Jedenfalls hatten wir großes Glück und sind für heute Nacht stolze Mieter eine der letzten verfügbaren „habitaciones". Was wohl die beiden Pilgerkollegen vom Ortseingang machen?

Meine Füße sind rot, tun schrecklich weh, erste kleine Blasen haben sich gebildet und werden nun mit Blasenpflaster verarztet. Rücken und Knie haben durchgehalten.

Der Blick aus unserem Zimmer geht hinüber zur Kirche, auf deren Glockenwand sich mehrere Storchenfamilien häuslich eingerichtet haben. Ihr Klappern ist im ganzen Ort zu hören. Jürgen legt sich aufs Bett, um einige Minuten Augenpflege zu betreiben, während ich in Badelatschen den Ort erkunde. Schon bald ist mir klar, dass außer der Kirche nichts Sehenswertes existiert. Die beiden kleinen Supermärkte öffnen erst um 17 Uhr ihre Pforten. Also zurück zur Herberge. Jürgen sitzt schon im Hof, wo ein fleißiger Pilger seine frisch gewaschenen Klamotten auf einer Leine trocknet.

Es herrscht ein ständiges Kommen und Gehen – mal setzt sich einer hin und schreibt Tagebuch, dann kommt ein Pärchen und genießt einen kühlen Rotwein. Die freundliche Barfrau erklärt uns den Unterschied zwischen „La Cerveza" und „La Caña" – während das eine umgangssprachlich für Flaschenbier verwendet wird, erhält man mit der Bitte „Dos Caña, por favor" zwei frisch gezapfte Biere. Jürgen und ich sitzen im Schatten, legen die Füße hoch und erholen uns von den ungewohnten Strapazen des ersten Tages. Und endlich komme ich dazu, das Tagebuch zu beginnen. Noch sind es nur einige Stichworte, aber schon bald merke ich, wie wichtig es ist, auch kleinste Erlebnisse aufzuzeichnen, da diese sonst in der Fülle des Erlebten verloren gehen.

Abends sitzen wir mit den beiden Pilgern vom Ortseingang im herbergseigenen Restaurant beim „Menu del peregrino". Herbert aus der Eifel und Benni aus Viersen sind Arbeitskollegen und machen den Weg gemeinsam. Ihre Kollegen haben ihnen extra dafür T-Shirts drucken lassen, die sie stolz tragen. Auch sie haben ihre Wanderung erst vor einigen Tagen begonnen, vieles ist noch neu, erste Erfahrungen werden ausgetauscht. Die beiden haben deutlich weniger Zeit als wir, sie überlegen bereits, eine Busetappe einzulegen, um wenigstens die letzten 100 Kilometer nach Santiago laufen zu können.

Das Essen wird zur Herausforderung, da zwar mehrere Gerichte angeboten werden, wir aber nicht ein einziges an seinem Namen identifizieren können. Wir bestellen „lomo" und sind gespannt. Was dann kommt, werden wir noch häufig essen: Vorsuppe, Fleisch mit Pommes, hinterher ein Pudding oder Obst. Und dazu gibt es Wasser und Wein – gegen Aufpreis auch Cola und Bier. Wir lassen uns das Essen schmecken und gehen früh zu Bett.

Was wird der Morgen bringen? Werden die Füße durchhalten? Der nächste Tag wird es zeigen, jetzt bin ich einfach nur noch müde.

Mittwoch, 7. Mai – Von Villar de Mazarife nach Hospital de Órbiego

Villar de Mazarife – Villavante – Puente de Órbiego – Hospital de Órbiego

16 km

Die Nacht war unruhig, Regen peitschte gegen die klapprigen Fensterläden, zweimal tobte ein Gewitter über dem kleinen Dorf. Zu den vielen fremden Eindrücken und Geräuschen kommt Jürgens sehr tiefes und unregelmäßiges Schnarchen. Ich liege trotz der Anstrengungen meines ersten Pilgertages einige Stunden lang nur in einem halbwachen Dämmerzustand, bevor ich endlich einschlafe.

Ohne Frühstück verlassen wir als eine der letzten Pilgergruppen um 8 Uhr die Herberge. Draußen ist alles nass, die Feldwege erinnern an zu Hause. Niedrige Bäume und weißer Ginster umsäumen die Hohlwege, die Felder sind für die Aussaat vorbereitet. Es ist, als seien wir heute in einem anderen Land unterwegs als gestern.

Kaum sind wir einige Kilometer gelaufen, schmerzen die Füße schon wieder. Es ist bewölkt, aber die Sonne wärmt die Luft und schon bald kommen wir uns vor wie in einem Treibhaus. Das Atmen fällt schwer, der Weg bleibt eintönig – als dann auch noch der Himmel aufreißt, ist die Schwüle kaum zum Aushalten. Ohne dass sich die Landschaft nennenswert ändert, nähern wir uns schweigend und immer langsamer laufend Hospital de Òrbiego.

Kurz vor der Stadt treffen wir auf eine völlig ausgepumpte Kanadierin, die verzweifelt nach dem Weg fragt. Ich übersetze die wenigen Worte aus dem Wanderführer ins Englische und versuche dadurch zu helfen. Dann laufen wir allein weiter. Um sie zu stützen oder auf sie zu warten, bin ich zu sehr mit mir selbst und zwar ganz konkret mit meinen schmerzenden Füßen beschäftigt.

Vorbei am Wasserturm führt die Straße nach links zur berühmten weit geschwungenen Brücke von Hospital de Òrbiego. Dieses imposante Bauwerk aus dem XIII. Jahrhundert überspannt ein kleines Rinnsal, das während der Schneeschmelze wahrscheinlich zu einem reißenden Fluss anschwillt. Wären wir Touristen, würden wir sicher stehen bleiben, fotografieren, nach erläuternden Tafeln Ausschau halten. Obwohl wir heute nur dreieinhalb Stunden unterwegs waren, sind wir beide völlig durchgeschwitzt und fertig. So werden wir Santiago nie erreichen, das ist sicher, ohne Frage machen wir etwas falsch, aber was?

Gleich am Ende der Brücke liegt links ein privates Hostal, das mit riesigen gelben Buchstaben auf dem Dach auf sich aufmerksam macht. Ich frage mit erkennbar letzter Kraft an der Bar nach einem Zimmer. Der kleine Gastraum ist voller Pilger, die lautstark in allen möglichen Sprachen durcheinander palavern – ich nehme nichts wahr. Nur dass es noch ein

Zimmer zu einem vergleichsweise unverschämt hohen Preis gibt, den ich ohne Widerspruch akzeptiere – nur ein kurzer Blick hinüber zu Jürgen, der mit leerem Blick nickt: „Ja, ja, mach nur!" Das Zimmer ist sauber, hat ein weiß gefliestes Badezimmer, bequeme Betten und einen unmittelbaren Blick direkt auf die steinerne Bogenbrücke.

Ich feuere meine Schuhe in die Ecke, halte den Strahl der kalten Dusch direkt auf meine dick geschwollenen Füße. Jetzt möchte nur noch etwas essen und dann schlafen, schlafen, schlafen.

Besonders schlimm hat es meinen linken Fuß getroffen, der kleine Zeh ist eine einzige Blase. Am Ballen und zwischen den Zehen hängt die Haut in quadratzentimetergroßen Fetzen, etliche Stellen sind wund gescheuert und bluten. Außerdem drückt der linke Spann, ich scheine schief im Schuh zu stehen. Jürgen hat es ähnlich schlimm getroffen, nur liegen seine Blasen unter der Hornhaut der beiden Fersen. Wie soll es nur weitergehen? Was haben wir falsch gemacht? Was sollen wir anders machen?

Auf der Plaza sehen wir noch einmal Herbert und Benni, die auch mit Blasen zu kämpfen haben. Sie haben im Ort zu Mittag gegessen und wollen nun unbedingt weiter, da sie sonst keine Chance sehen, pünktlich in Santiago anzukommen. Jürgen und ich humpeln zur örtlichen Apotheke und kaufen dort jeder für gut fünfzig Euro Blasenpflaster ein. Es ist schon erstaunlich, wie gut die Zunft auf unerfahrene Wanderer vorbereitet ist – da gibt es Pflaster in Form eines großen Schmetterlings, die sich perfekt um eine geschundene Ferse legen lassen. Für meinen kleinen Zeh gibt es Minipflaster, die wie eine Haube das rohe Fleisch schützend ummanteln. Alles wasserdicht, alles antiseptisch – und vor allem nehmen die

Pflaster den akuten Schmerz weg, der durch das Laufen auf offenen Blasen entsteht.

Wir bekommen von anderen Pilgern wohl gemeinte Tipps, nur leider zu spät: Damenstrümpfe unter den Wandersocken verhinderten angeblich das Scheuern und die Blasenbildung zuverlässig, aber noch viel besser seien dünne Strümpfe. Ganz ideal jedoch sei das komplette Bepflastern der Füße mit Hansaplast quasi als Prophylaxe. Manche schwören auf doppelte Socken, andere auf besonders feste Schuhschnürung. Irgendwie wird mir klar, dass jeder seinen ganz persönlichen eigenen Weg finden muss – und das nicht nur bezogen auf die Fußpflege.

Zurück im Hostal versorgen wir unsere Füße gegenseitig nun etwas professioneller, dann suchen wir die Gaststätte auf, in der auch Herbert und Benni gegessen haben. Wir sind ziemlich spät dran, daher auch die einzigen Gäste, die an den Plastiktischen unter einem Bastmattenbaldachin Platz nehmen. Wieder ist „lomo" im Angebot, von dem wir inzwischen wissen, dass damit ein kleines Schmetterlingsfilet aus Schweinefleisch mit einer großen Pommes-Portion und keine „Lende" gemeint ist, wie unser Wörterbuch meint. Der Tomatensalat davor erfrischt die „müden Krieger", der Rotwein ist süffig, und schon steigt die Stimmung wieder.

Wir sitzen lange, länger als ursprünglich gedacht, reflektieren die letzten Stunden. Immer wieder kreisen unsere Gedanken und Gespräche um die Frage, was wir falsch machen. Wir kommen einfach nicht darauf. Der Rucksack ist nicht zu schwer, wir halten ziemlich genau das Tempo ein, das der Wanderführer für die einzelnen Etappen empfiehlt, die Strecke ist weitgehend eben, was soll erst werden, wenn wir in die Berge kommen?

Jürgen möchte schlafen, das Wetter ist bewölkt und regnerisch, Fotomotive sind kaum zu erwarten, was sein Fotografenherz in Trauer hüllt. Ich schlendere noch ein wenig durch den Ort, beschaue mir die verschiedenen Pilgerherbergen, von denen eine sogar nach dem Deutschen benannt ist. Da ich seinen Namen noch nie zuvor gehört habe, notiere ich mir das Stichwort „Karl Leisner" im Tagebuch und informiere mich zu Hause über das kurze Leben dieses katholischen Märtyrers, der 1996 von Papst Johannes Paul II. in Berlin selig gesprochen worden war.

Hospital de Órbiego hat außer der Brücke und einer kleinen Kirche keine weiteren Sehenswürdigkeiten zu bieten. Der Putz blättert von kleinen zweistöckigen Häusern, ab und zu kommt ein Auto durch. Armdicke Elektrokabelstränge überspannen die Straße an mehreren Stellen, auf den Dächern sind wahre Ungetüme von Antennen befestigt. Die Geschäfte haben alle geschlossen.

Als es zu regnen beginnt, flüchte ich die wenigen Stufen hinunter in die Kirche: Kühle umfängt mich, wenige Pilger sitzen verstreut auf alten Holzbänken, dazwischen beten schwarz gekleidete Frauen den Rosenkranz. Eine Kirchendienerin läuft geschäftig auf und ab, putzt am Altar die Kerzenleuchter. Ich nehme die Ruhe und Stille in mich auf, sitze ganz hinten und warte auf nichts. Als dann immer mehr Menschen in das Kirchlein kommen, bleibe ich einfach sitzen und nehme am Gottesdienst teil. Die Liturgie ist trotz der fremden Sprache vertraut, nichts behindert den freien Lauf meiner Gedanken hin zu Kathrin, zu meinen Kollegen, meinen Eltern.

Schneller als erwartet ist die Messe vorüber und ich spaziere die wenigen Schritte hinüber zum Hostal. Es mag halb acht sein, als ich Kathrin anrufe und ihr von unseren ersten

Erfahrungen als Jakobspilger berichte. Von den wunden Füßen sage ich besser nichts, sonst ängstigt sich mein Schatz nur, denn helfen kann sie von zu Hause aus nicht. So erzähle ich von der Landschaft, von kleinen Erlebnissen und behalte meine Sorgen lieber für mich.

Auch Jürgen telefoniert mit der Heimat, heute hat seine Freundin Geburtstag. Ob er jetzt lieber in Berlin wäre? Ich verkneife mir die Frage, wir haben uns entschieden, diese Reise gemeinsam zu bestehen und müssen uns nicht gegenseitig das Herz schwer machen.

Wir rechnen: Wie viele Lauftage haben wir bis Santiago vor uns? Die schnelle Anreise nach León hat einen zusätzlichen Tag gebracht, ebenfalls die gestrige Doppeletappe – immerhin wollten wir ja eigentlich am ersten Tag nur bis La Virgen del Camino laufen. Diese beiden zusätzlichen Tage – wofür werden wir sie benützen? Wo werden wir sie brauchen oder uns gönnen? Vielleicht sogar am Meer?

Dann falle ich endlich – und trotz heftigem Gewitterregen – in einen traumlosen tiefen Schlaf.

Donnerstag, 8. Mai – Von Hospital de Òrbiego nach Astorga

Hospital de Órbiego – Villares de Órbiego – Santibáñes de Valdeiglesias – San Justo de la Vega – Astorga

18 km

Trotz Blasen an den Füßen laufen wir bei dichtem Nebel zusammen mit vielen anderen Pilgern um 7.30 Uhr los. Zum ersten Mal bewegen wir uns in einer dichten Pilgerschar. Das „Buen Camino" ist allgegenwärtig, denn ständig überholt irgendeiner irgendeinen. Mich fröstelt, der blaue Fleece-Pullover leistet gute Dienste.

Der Weg bleibt steinig und rot. Er führt uns zunächst durch frisch aufgebrochenes Ackerland, dann treffen wir auf die N-120. Der Camino ist hier ein Trampelpfad dicht neben der stark befahrenen Fernstraße. Die Luft stinkt, es riecht nach Abgasen und verbranntem Gummi. Wie zum Hohn weisen riesige nagelneue Schilder mit Muschelsymbol und Europasternen auf das „Itinerario Cultural Europeo" hin – das europäische Kulturerbe kriecht mit dicken Blasen an den

Füßen langsam wie eine Schnecke vor sich hin, denke ich bitter. Auf den alten Markierungssteinen liegen Kiesel, manchmal kleine Stöckchen und erinnern an jüdische Grabsteine, obwohl wir uns in eindeutig christlich-abendländischer Tradition bewegen.

Wenigstens verlässt uns die gelbe Muschel auf blauem Grund nicht. Es muss Hunderte von freiwilligen Helfern geben, die Farben und Pfeile in Ordnung halten. Oder machen das die Pilger selbst? Bisher haben wir jedenfalls noch kein mit Farbtopf und Werkzeugkasten bewaffnetes Heinzelmännchen erspäht.

Entgegenkommende Autos hupen, manche LKW-Fahrer blenden sogar das Fernlicht auf. Erst macht mir das etwas Angst, dann sehe ich die freundlichen Mienen und ihr Winken hinter der Windschutzscheibe. Auf ihre Art bieten sie uns das „Buen Camino". Ein seltsames Land – keinem Autofahrer in Deutschland würde es einfallen, einen Wanderer zu grüßen. Allenfalls Motorradfahrer untereinander winken sich zu. Für uns wird diese Besonderheit schon bald Normalität sein und am Ende der Reise wird es uns nur auffallen, wenn ein Entgegenkommender nicht hupt.

Die Pilgerschlange zieht sich immer mehr auseinander, jeder läuft in seinem eigenen Tempo, kaum einer überholt nun noch. Einmal schnattert eine bunt gekleidete Frauengruppe aus Deutschland vorbei, die ohne Gepäck unterwegs ist und sich mit langstieligen Sonnenblumen dekoriert hat.

Jürgen und ich traben stoisch und schweigend die staubige Straße entlang, die Besonderheiten der Landschaft fallen uns schon lange nicht mehr auf. Am Himmel weichen dem Nebel dicke, schwarze und bedrohliche Regenwolken. Wie war das bei Gewitter? Eichen sollst Du weichen, Buchen sollst du suchen? Und was mache ich, wenn weit und breit nicht mal ein Strauch ist? Lege ich dann tatsächlich meinen in teuerste Funktionskleidung gehüllten Körper auf den fettigen Lehmboden. Es wird wohl so sein müssen – wenn das Wetter nur bis Astorga hält. Regen wäre noch zu ertragen, aber ein Gewitter mitten auf dem Feld – ich danke!

Objektiv gesehen laufen wir heute keine weite Strecke, subjektiv empfunden sind die 16 km ein Horror-Trip. Endlich, nach drei langen Stunden stehen wir am Pilgerkreuz und sehen in der Ferne die alte Römer- und Bischofsstadt Astorga. Oben am Kreuz sitzen schon zwei Mädels und bitten um ein Foto – Gegenleistung: ein Foto. Und just in diesem Augenblick reißt der Himmel auf und ein Sonnenstrahl bescheint den liebevoll angelegten Rastplatz. Jetzt entscheiden wir uns doch für eine kurze Verschnaufpause und jeder genießt gedankenverloren einen der mitgeschleppten Äpfel aus dem kleinen Dorfladen von Villar de Mazarife.

Villar de Mazarife – das liegt erst zwei Tage hinter uns und kommt mir schon fast unwirklich vor. Auf dem Camino scheint die Zeit andere Intervalle zu haben. Die Laufstunden ziehen sich in die Länge, die Raststunden vergehen wie Minuten – und in jeder Nacht verstreicht mindestens die Zeit eines Monats. Mein Körper kommt mit dem ständigen Auf und Ab noch nicht zurecht, ich scheine ihn zu überfordern. Mal sehen, wie lange er durchhält.

Vom Pilgerkreuz führt ein steiler, dafür aber professionell ausgebauter und mit verschiedenfarbigen Kieselsteinen gepflasterter Wanderweg an einigen Kellerhäuschen und verkohlten Weinreben vorbei ins Tal hinunter nach San Justo de la Vega. Sogar kleine Bäumchen haben die fleißigen Landschaftsgärtner gepflanzt. San Justo zeichnet sich durch eine Ansammlung nichts sagender Häuser aus, die an nagelneuen Bürgersteigen aufgereiht stehen. Die N-120 ist auch hier stark befahren.

Noch ist es dunstig, aber langsam kommt wieder die Wärme durch und so erinnert die hohe Luftfeuchtigkeit an das Gewächshaus des Frankfurter Palmengartens.

Nachdem wir einen guten Kilometer lang über eine verwilderte Wiese und einen schon lange aufgegebenen Fabrikhof gelaufen sind, hat uns die Fernstraße wieder. Der Camino führt auf der Straße an verfallenen Lehmhütten und Erdwällen vorbei durch das schmutzige, schmutzige, schmutzige Bahnhofsgelände von Astorga. Ein einsamer Kettenhund heult auf, als er unsere Tritte auf dem mittlerweile fast unerträglich heißen, gummiweichen Asphalt hört, sonst kein Laut. Die Sonne brennt unbarmherzig nieder, die Luft flimmert.

Vor einer halben Stunde, oben am Pilgerkreuz, war es noch angenehm kühl gewesen und jetzt das. Die gelben Pfeile markieren den Weg, Verlaufen ist nicht möglich. Ich habe Hunger, meine Füße tun weh, mir ist warm – ich möchte einfach ein bisschen jammern. Es geht gar nicht darum, dadurch Abhilfe zu schaffen – die ist ohnehin nirgends in Sicht. Einfach nur jammern. Um Jürgen nicht zu nerven, mache ich das still und nur in Gedanken. Mechanisch trotten wir hintereinander her.

Natürlich, es konnte ja nicht einfach nur geradeaus gehen – statt nach rechts, wo wir schon die Kathedrale sehen, weisen die Pfeile nach links. Und natürlich auch immer straff nach oben.

Kaum haben wir an der Puerta Sol die Altstadt betreten, ist zunächst alles wie geleckt, aber schon wenige Schritte weiter beginnt eine weitläufig abgesperrte Baustelle, vielleicht ist es auch eine archäologische Ausgrabung, das ist auf den ersten Blick nicht zu erkennen. Nur eines ist ganz klar, weiter geht es heute nicht mehr!

Ohne langes Nachdenken betreten wir die erste Herberge in Sichtweite: „Siervas de Maria – Albergue Público de Peregrinos". Es ist 11 Uhr – alles ist sehr, sehr ruhig. Die meisten Pilger, die mit uns aufgebrochen sind, laufen heute weiter, 16 km gelten einem durchschnittlich trainierten Wanderer wohl nicht gerade als angemessene Tagesleistung. Und die Pilger, die heute hier mit uns übernachten werden, machen vermutlich gerade eine erste Rast auf der großen Brücke von Hospital de Órbiego. Egal – es sind schließlich unsere Füße, die schmerzen.

Plötzlich ruft es von hinten mit eindeutig heimatlichem Akzent „Buen Camino" – und schon stehen Benni und Herbert neben uns. Zwar sind die beiden gestern noch einen Ort weitergelaufen, haben sich dafür aber heute für eine ganz kurze Etappe entschieden und werden nach dem Mittagessen mit dem Taxi weiterfahren. Die beiden Freunde würden sonst bei ihrem derzeitigen Tempo, das wie bei uns von den Füßen diktiert wird, nicht in der zur Verfügung stehenden Zeit bis Santiago kommen. Als wir uns gegenseitig die Pilgerstempel zeigen und darüber nachdenken, wie das alles noch werden soll, tritt eine junge Frau zu uns, die uns schon in Villar de Mazarife aufgefallen war. Wir nannten sie – wohl zu unrecht – die Schweizerin. Sie hatte sich in der Herberge ziemlich abseits gehalten und kaum ein Wort mit uns gewechselt. Und jetzt kommt die große Abfuhr: Ganz verächtlich schaut sie auf unsere Pilgerpässe und erzählt etwas von „Stempeltourismus" und „mit Pilgern hat das doch nichts zu tun". Und schon ist sie wieder weg. Na ja, jeder wie er denkt.

Benni und Herbert verkünden, sich jetzt erst einmal eine Pizzeria suchen zu wollen. Jürgen und ich können in diesem Augenblick keine zehn Meter mehr weiter, daher verabschieden wir uns – ohne zu ahnen, dass wir uns schon in einer guten Stunde wieder sehen werden.

Von außen macht das Albergue einen gepflegten Eindruck, auch drinnen ist alles sauber. Der Herbergsvater nimmt unsere Credencials entgegen, stempelt sie sauber ab und weist uns für sechs Euro pro Person ein Doppelzimmer zu. Na, das ist doch alles gar nicht so schlimm, denke ich und wackle hinter Jürgen und dem Herbergsvater in Richtung Schlafstatt. Treppauf, treppab, endlose Gänge, dann rechts die Dusche, ein kleiner Aufenthaltsraum, schräg unter uns die Küche – und dann endlich unser Zimmer. Ein einfaches Jugendherbergs-Doppelstockbett ohne Bettbezug, dafür aber mit gut eingefahrener Matratze, wieder nur ein Stuhl, das ist die gesamte Ausstattung. „Lass uns schnell duschen gehen, bevor die anderen alles eingesaut haben" – und schon ist Jürgen mit seinem Handtuch verschwunden.

Ich sitze auf dem Stuhl und überlege, ob ich die Schuhe aufbinden soll oder lieber nicht. Als ich mich dafür entschließe, bereue ich es sofort. Dick, geschwollen, blutig ist der linke Fuß, rechts scheint alles in Ordnung zu sein – was, ja was nur habe ich falsch gemacht. Wie gestern habe ich das drängende Gefühl, der Weg sei hier zumindest für mich zu Ende.

Jürgen kommt zurück und strahlt übers ganze Gesicht. Auch seine Füße sind zerschunden, aber seine Fröhlichkeit steckt mich an. Wenigstens scheinen die Duschen in einem ordentlichen Zustand zu sein.

Also schnappe auch ich mir mein Funktionshandtuch, platziere einen Klecks Duschbad auf meiner Hand und trabe los. Außer Brille, Uhr und Handtuch nehme ich buchstäblich alles mit in die schmale, hölzerne Duschkabine – für heute habe ich meinen ersten Waschtag angesetzt. Ich schrubbe das intensiv nach Schweiß riechende Hemd genauso wie meinen Körper, genieße das warme Wasser auf der Haut, drücke immer wieder auf den Knopf und bin in diesem Augenblick bestimmt kein politisch korrekter Wassersparer. Und plötzlich wird mir bewusst, dass ich vor mich hin lächle. Die Füße waren für einen Moment vergessen, alles Glück der Erde bestand für wenige Minuten aus Duschbad und warmem Wasser. Wie wenig braucht es manchmal!

Und wie nötig ist in solchen Momenten die abrupte Rückkehr in die Wirklichkeit – sonst gäbe es ja nur noch spirituelle Erfahrungen. Kaum habe ich das Handtuch von der Ablage genommen, krachen Brille und Uhr auf die weiß lackierten Rippen des vorsintflutlichen Heizkörpers, der auf vollen Touren bullert. Erstes Tasten nach der Brille – in Gedanken sehe ich mich in den nächsten drei Wochen bei schlimmstem Dauerregen mit Sonnenbrille, die gleichzeitig als Ersatzbrille fungiert, durch Spanien wandern. Gott sei Dank, die Brille ist heil – zweiter Griff, die Uhr. Und die hat es natürlich erwischt. Sie tickt zwar, aber das angeblich bruchsichere Diamantglas ist gesplittert. Wasserdicht ist das gute Stück jedenfalls nicht mehr. Es wird übrigens nach der Reise fast ein Jahr dauern und mehrere hundert Euro kosten, bis verschiedene Uhrmacher dieses technische Wunderwerk wieder vollständig repariert haben werden. Insofern wird die Nacht in der Pilgerherberge von Astorga trotz des Sechs-Euro-Tarifs für mich die teuerste der ganzen Reise sein.

Aber jetzt habe ich einmal beschlossen, gut gelaunt zu sein, dann bleibt es auch dabei. Welche Wohltat, nach dem

Duschen neue Sachen anzuziehen. Wir sehen beide wieder aus wie aus dem Ei gepellt und haben Hunger.

Noch einmal zwänge ich mich in meine durch die stark geschwollenen Füße zu engen Wanderschuhe, da ich wegen der offenen Blasen die Badelatschen erst recht nicht nutzen kann, dann schlendern wir hinein in die Fußgängerzone. Auf den ersten Metern finden wie gesagt irgendwelche Ausgrabungs- oder Ausschachtungsarbeiten statt, so genau kann man das nicht auseinander halten. An einer Stelle ist der Blick auf ein römisches Mosaik freigehalten, einige Mauerreste könnten aus jedem beliebigen Zeitraum der letzten 2000 Jahre stammen.

Auf dem großzügig angelegten Marktplatz sitzen Benni, Herbert und die Schweizerin in der Cerveceria Asador. Auch sie haben uns erspäht und winken. Ein letztes Mal nehmen wir Abschied und erhalten von den beiden eine deutliche Warnung vor dem Lokal gegenüber, dessen laminierte Speisekarte mehrsprachig und zusätzlich mit Katalogfotos von Musteressen daherkommt. Wir haben zwar Hunger, sind aber nicht lebensmüde. Also kriechen wir weiter, vorbei an geschlossenen Geschäften, halbfertigen Hausbauten, den Blick immer auf dem Boden, um nicht in irgendetwas – das nicht immer vom Hund sein muss – hinein zu treten.

„Zapatero" – der Schuhladen macht einen extrem altmodischen, aber keinen schlechten Eindruck, den wollen wir uns für die Zeit nach der Siesta merken. Schließlich stehen wir vor einem nobel aussehenden Spezialitätenrestaurant. Das soll es für heute sein!

Der Raum ist dunkel, wir sind die einzigen Gäste. Ein Kellner steht gelangweilt herum, weist uns dann in der hintersten Ecke einen kleinen Zweiertisch zu. Wäre ich zu

Hause, würde ich genau jetzt gehen – aber es heißt ja „Andere Länder, andere Sitten". Und wir werden nicht enttäuscht. Schon der dezent gewürzte und appetitlich angerichtete Tomatensalat ist eine regelrechte Offenbarung. Auch der anschließende Fischgang ist kulinarisch mehr als in Ordnung. Dazu wird ein leichter Rotwein und Mineralwasser serviert, und ich genieße es, an einem weiß gedeckten Tisch zu sitzen, von weißem Porzellan mit silbernem Besteck zu essen. Der Kaffee rundet die gar nicht so teure Mahlzeit ab. Endlich kommt auch ein weiterer Gast, wir scheinen einfach zu früh dran gewesen zu sein. So lässt es sich leben – und selbst meine Füße hatte ich eine Zeitlang vergessen.

Der Weg zurück ist weit, sehr weit – zumindest kommt er mir so vor. Also teilen wir ihn in mehrere Etappen ein. Die erste führt durch eine kleine dunkle Straße und an der örtlichen Pilgerherberge vorbei, vor der bereits das Schild „Completo" hängt, zur Kathedrale. Ja, die Kirche ist groß und wirkt, wenn man davor steht, wesentlich filigraner, als vom Pilgerkreuz aus. Über und über wurde sie in den letzten Jahrhunderten mit Steinreliefs verziert. Manche zeigen nur allegorische Figuren, andere das Leben von Jesus und den Heiligen. Manchmal habe ich den Verdacht, dass das alles noch gar nicht so alt ist, der Wanderführer erzählt von Gotik und Renaissance. Aber lassen wir das mal so stehen. Leider ist die Kathedrale geschlossen und wird auch heute aus nicht nachvollziehbaren Gründen nicht mehr öffnen.

Ein deutsches Studiosus-Ehepaar aus Heidelberg verwickelt mich in ein Gespräch über irgendwelche Baustile, Mönchsorden und Redemptoristen, was mich angesichts der Hitze, meiner Füße und überhaupt ziemlich nervt. Jürgen grinst und hält sich abseits.

Wenige Schritte von der Kathedrale entfernt steht eine Mischung aus Neuschwanstein, Disneyland und Dornröschen-Schloss – der Bischofspalast, kurz vor dem Ersten Weltkrieg von Antoni Gaudí entworfen und auch noch angefangen. Immer wieder umrunden wir das in tiefster Mittagsruhe liegende Gebäude, lassen die weißen, in der prallen Sonne leuchtenden Steine auf uns wirken. Der Palast scheint nur aus Spitztürmchen, Erkern, gotischen Fenstern und Strebepfeilern zu bestehen und sieht fast unirdisch schön aus.

Nach einiger Zeit setze ich mich auf die vom Schatten noch kühlen Steine des bischöflichen Gartens und lasse die Szenerie auf mich wirken. Einfach nur sitzen und schauen – in diesem Moment bin ich völlig mit mir, mit der Welt und dem Leben im Reinen.

Als der Park geschlossen wird – der Aufseher möchte nun auch seine Siesta machen – schlendern wir langsam weiter und beobachten aus einem ruhigen Winkel heraus die alten Leute auf der Plaza. Es ist wie im Film – zu dritt, manchmal zu viert sitzen sie meist ohne Hut und Mütze, dafür aber mit grüner, blauer oder grauer Strickjacke bei mindesten 35 Grad in der prallen Sonne, die ihnen nichts auszumachen scheint. Den Stock halten sie wie eine Waffe griffbereit auf den Knien. Manche dösen, andere erzählen. Zu gern wüsste ich, worüber. Vielleicht von früheren Liebesaffären? Dem Bürgerkrieg? Der letzten Rentenanpassung? Oder einfach nur vom Klatsch der letzten Tage, der Preiserhöhung beim Frisör und der aktuellen Ratesendung im Fernsehen. Jedenfalls machen sie einen sehr, sehr zufriedenen Eindruck, sie hatten es bestimmt nicht leicht im Leben und dennoch sieht man selten die zu Hause gewohnten verkniffenen, abgehetzten Mienen.

Als dann endlich um 16 Uhr die eisernen Rollläden mit viel Gerassel wieder nach oben geschoben werden und die

Geschäfte eins nach dem anderen öffnen, wandern auch wir weiter. Diesmal ist das Ziel der kleine Schuhladen in der Fußgängerzone. Die Straßen füllen sich mit Menschen, plötzlich wirkt alles viel bunter und fröhlicher als vorhin, es ist, als hätte jemand den Häusern Leben eingehaucht.

Im Schuhladen riecht es nach Früher. Früher, das ist meine Kinderzeit, als wir in Ludwigshafen oder Mannheim oder Mainz einkaufen gingen und jedes Geschäft noch seinen ganz eigenen, persönlichen und unverwechselbaren Geruch hatte. An den Wänden stehen Musterschuhe, für jede einzelne Anprobe geht der alte Verkäufer nach hinten und holt die jeweilige Kiste. Schließlich entscheide ich mich für ein beigefarbenes Modell mit Klettverschluss, das wahrscheinlich noch nie modern war, dafür aber seit dreißig Jahren auf Kaffeefahrten ins Allgäu angeboten wird. Jürgen nimmt passend zu seiner Wanderkluft das Pendant in hellblau. Zwei Nummern größer als meine normale Größe passt der Schuh wie angemessen auf meine geschwollenen Füße und bringt deutliche Erleichterung.

Frohgemut – das ist tatsächlich das richtige Wort für meine Stimmung – spazieren wir über den Stadtpark, auf dessen Bänken überall junge Pärchen und Pilger herumlungern, zur Herberge zurück. Dort setzen wir uns auf Plastikstühlen in den Halbschatten und lassen die Füße ruhen. Wenn die Einheimischen das so machen, warum dann nicht auch wir? Wir sitzen einfach nur da und beobachten, was um uns her passiert. Viel ist es nicht – ein paar Behinderte drehen mit dem Elektro-Rollstuhl ihre Runden, ein Junge spielt mit großer Ausdauer das Spiel „Kick den Ball gegen die Wand" und versucht damit, unsere Aufmerksamkeit zu erringen. Ein einziger Blick von mir würde genügen, das weiß ich ganz genau, dann müsste ich bis heute Abend mit dem Kleinen auf dem Platz Ball spielen – also schaue ich ihm nur aus den

Augenwinkeln zu. Lesen würde ich gern – dazu müsste ich aber ein Buch dabei haben. Im Rucksack ist zwar eine Dünndruckausgabe von Platons Gastmahl, darauf habe ich aber jetzt absolut keine Lust. Der Wanderführer riet zu kontemplativer Literatur, ein Gebetbuch, eine Heiligenlegende – und da hatte ich halt Platon eingepackt. Ob ich ihn lesen werde?

Nach zwei Stunden – die Sonne steht mittlerweile so, dass der ganze Platz im Schatten liegt und es empfindlich kühl wird – gehe ich noch Mal kurz einkaufen, damit wir für heute Abend einen kleinen Snack und – viel wichtiger – für morgen Müsliriegel zum Frühstück, etwas Obst für die Wanderung und natürlich ausreichend zu trinken haben. Ich mache also tatsächlich schon wieder Zukunftspläne und wundere mich über mich selbst.

Die Nacht wird zum Alptraum. Ständig klappert irgendwo eine Tür. Im Nebenzimmer muss eine ganze Kompanie schlafen, es raschelt, knistert, dann fällt irgendwas runter, selbstverständlich von einem unterdrückten Fluch begleitet. Zu allem Überfluss schnarcht Jürgen die Tonleiter rauf und runter, wogegen der schönste Ohrstöpsel nichts taugt. Außerdem ist mir kalt! Der dünne Hüttenschlafsack ist ja eigentlich auch nicht als alleinige Decke gedacht – also ziehe ich so ziemlich alles an, was ich dabei habe: zwei Paar Wanderstrümpfe, Unterhose, Schlafanzughose, Wanderhose, Unterhemd, Schlafanzugoberteil, Fleece-Pulli. Leider geht nicht noch mehr, da ich einen Teil der Kleidung ja als Füllung meines Kopfkissens benötige. Da, schon wieder wandert jemand über den Gang zum Klo, stößt dabei irgendwo dran und – richtig, lässt die Tür ins Schloss fallen.

Und genau jetzt, wo ich so richtig schön eingepackt bin und langsam ein Gefühl von Wärme entsteht, muss ich auf die

Toilette. Es ist zum Verzweifeln. Irgendwann muss ich dann schließlich doch eingedämmert sein.

Freitag, 9. Mai – Von Astorga nach Rabanal del Camino

Astorga – Murias de Rechivaldo – Santa Catalina de Somoza – El Ganso – Rabanal del Camino

20 km

Die Reise ist zu Ende!

Bei tiefer Dunkelheit und leichtem Regen haben wir heute Morgen wenige Minuten nach 6 Uhr die Albergue Siervas de Maria nach einer kaum erholsamen Nacht verlassen.

Zum ersten Mal gehören wir zu den Frühaufstehern. Wie Schatten huschen vereinzelte Pilger schweigend über die leere Plaza vor dem Rathaus, dessen angeleuchtete Fassade mit dem pittoresken Glockentürmchen – zwei Figuren schlagen mit Hämmern die Uhrzeit – sich in den regennassen Bodenplatten des Platzes spiegelt. Auch wir schweigen, traben dick eingehüllt in Jacke und Regenschutz an der Straße entlang. Kaum einer grüßt beim Überholen.

Als der Regen endlich aufhört, bleibt es wegen des Windes empfindlich kalt. Ich fröstele – es wird doch zu allem nicht noch eine Erkältung kommen?

Erst gegen 8 Uhr reißt der Himmel auf. Die ersten Dörfer haben wir schon passiert und der Weg führt langsam und stetig aufwärts. Bis Rabanal del Camino liegen auf der 20 km langen Etappe etwa 300 Höhenmeter und die karge Maragateria vor uns. Der Boden ist lehmig und rot, wird immer röter, je weiter wir kommen. Rechts und links wächst gelber und weißer Ginster, durchsetzt mit Heidekraut und Erika, soweit das Auge reicht. In der Ferne grüßen schneebedeckte Berggipfel – ob wir dort hinüber müssen? Werden wir tatsächlich im Mai in Spanien im Schnee stehen? Die Gedanken gehen zurück zum Vorbereitungswochenende im Bayerischen Wald – was war es dort glatt gewesen. Der Weg zum Schwellhäusel hatte manchen Sturz gebracht – ob es wenigstens in dieser Hinsicht ein Training für unsere Pilgerreise gewesen sein würde? Wieder denke ich an meine geschundenen Füße.

Jürgen erinnert die Landschaft an Kenia – wie lange liegt seine Reise dorthin bereits zurück. Aber tatsächlich – wenn jetzt ein Elefant auftauchte, würde er in die Szenerie passen. Am Himmel malt der große Künstler immer phantasievollere Wolkenbilder. Als gegen Mittag die Sonne durchkommt, bleibt es wegen des Windes trotzdem kühl.

Nach gut zweieinhalb Stunden haben wir in Santa Catalina de Somoza die Hälfte der heutigen Etappe geschafft. Der Ort ist charakteristisch für diese ärmliche Region. Es ist mir ein Rätsel, wovon die Menschen hier eigentlich leben. Wahrscheinlich fahren sie täglich nach Astorga – was sind mit dem Auto schon zehn Kilometer. Und da wird mir erst bewusst, dass ich schon längst ein völlig neues Entfernungsgefühl entwickelt habe. Ich denke nicht mehr in

Strecken, sondern in Stunden. Objektiv betrachtet könnten wir Santiago über die Autobahn von hier aus in gut zwei Stunden erreichen.

Der Kirchturm von Santa Catalina überragt das Dorf mit seinen alten – oder vielleicht auch neuen – Gehöften aus Bruchsteinmauerwerk. Wieder die typische Glockenwand, zwei Glocken, zwei Störche. Die Stromversorgung wird durch Überlandleitungen mit armdicken Kabelbäumen sichergestellt. Am Ortseingang steht erklärt eine große Hinweistafel mit skizziertem Lageplan, mit welchen öffentlichen Einrichtungen der gemeine Pilger zu rechnen hat – beginnende Infrastruktur oder einfach übrig geblieben vom letzten Heiligen Jahr. Gleich daneben hat ein alter Mann einen kleinen Stand mit Jakobus-Utensilien aufgebaut. Wanderstäbe, Muscheln mit rotem Kreuzsymbol, Kalebassen – nichts, was ein durchreisender Pilger nicht schon hätte oder bräuchte. Aber wahrscheinlich hält ab und zu ein Reisebus mit Touristen, und für die sind solche vermeintlich authentischen Zeugnisse der Spiritualität des 21. Jahrhunderts unschätzbare Reiseerinnerungen. Unser „Hola, buenas dias!" wird jedenfalls weder beantwortet noch kommentiert, der Alte kehrt weiter die Straße und fühlt sich möglicherweise veräppelt.

Seltsamerweise ist außer ihm keine weitere einheimische Menschenseele zu sehen. Wahrscheinlich sind alle Einwohner in Astorga beim Arbeiten. Welchen Wochentag haben wir heute eigentlich? Freitag, na also, könnte doch hinkommen. Oder sie sind alle einkaufen, immerhin ist am Sonntag Pfingsten.

Als wir nach einer weiteren Stunde dann endlich in El Ganso ankommen, ist es doch warm geworden. Jetzt liegt nur noch der kräftige Anstieg bis Rabanal vor uns, Zeit für eine Rast. Unvermittelt stehen wir vor einer farbenfrohen Garage mit drei großen grünen Müllcontainern davor, über der in roter Westernschrift „Mesòn COWBOY" angeschrieben ist. Ich schaue nur kurz in diese extrem puristische Gemeindeherberge mit Natur-WC und Wasser vom Ziehbrunnen hinein. Drinnen sitzen Wanderer bei Boccadillo und Kaffee. Der Geruch nach verschwitzter Wäsche und ungewaschenen Menschen treibt uns jedoch weiter, obwohl wir hier duftmäßig kaum auffallen würden.

Es ist ein subjektives Schmutzempfinden, das ich rational nicht erklären kann, das mich aber davon abhält, hier Station zu machen. Überall steht etwas herum, ein alter Sonnenschirm, ein vergammelter Plastikstuhl mit drei Beinen, ein verrostetes Auto, ein Fahrrad ohne Räder, dazwischen schleichen zwei alte Katzen und ein räudiger Hund auf der Suche nach einem Happen umher.

Zur Kirche sind es nur ein paar Meter. Die durchreisenden Pilger und Wanderer scheinen etwas Geld in den ansonsten eher unterdurchschnittlichen Ort zu bringen – das ein oder andere Dach ringsum ist frisch gedeckt, der Kirchturm hat ein neues Treppenhaus bekommen, selbst die Abflussrohre sind erneuert. Dass unmittelbar daneben gerade eine Scheune eingestürzt ist, stört den Gesamteindruck nur wenig.

Vieles erinnert mich an meine Kinderzeit und immer wieder überlegen wir, ob es solche Dörfer heute noch in Deutschland gibt. Vielleicht, irgendwo an der polnischen Grenze in Vorpommern – aber nein, wir können es uns beim besten Willen nicht vorstellen. Nicht diesen überdeutlichen Verfall neben renovierten Gebäuden, nicht diese staubige Lehmstraße, die sich hochtrabend Königsweg – Calle Real – nennt und nicht einmal asphaltiert ist. Leider ist das Kirchlein geschlossen und auch das blinde Fenster gibt keinen Blick ins Innere frei.

Ein Müsliriegel unter blauen Himmel schafft im Magen ein angenehmes Gefühl, die Ruhe tat gut. Dass die Füße schmerzen ist kaum noch erwähnenswert – es ist keine Veränderung zu den Tagen davor. Als wir den Weiler verlassen, prägt Jürgen den Satz „Am Ziel ist Sonne!"

Kurz hinter El Ganso ist davon wenig zu sehen, eher zu spüren. Schlagartig wird es unerträglich heiß. Wir durchqueren eine eigenartige Landschaft. Verbrannte Bäume und Gräser säumen den Bergweg, überall liegen Steine im Weg und machen das Wandern zur Qual. Kaum ein grünes Blatt ist zu sehen. Auf den toten Baumstämmen rechts und links von uns haben sich Flechten angesiedelt, bei jedem Schritt knackt und raschelt es. Alles um mich her sieht unwirklich, grau und tot aus, nicht einmal ein Vogel singt. Es ist, als wanderten wir durch eine Stummfilmkulisse.

In einen Maschendrahtzaun haben Pilger mit trockenen Stöckchen Kreuze geflochten. Dieses fast surreale Bild – totes Holz im Metallzaun – wirkt so trostlos, so unglaublich traurig, dass ich kaum den Blick abwenden kann.

Und dann ist plötzlich alles wieder grün, grün, grün. Vorbei an der mittelalterlichen Ermita del Santo Christo, die wie eine Wehrburg aus längst vergangener Zeit aussieht, führt der letzte steile Anstieg zum Ortseingangsschild von „Rabanal del Camino".

Ich bin am Ende meiner Kraft!

Gleich links ist eine kleine private Herberge, einige Stühle stehen draußen in der Sonne, das Ganze macht einen einladenden Eindruck. Ich trete mit letzter Kraft in den angenehm kühlen Gastraum, wo sich hinter dem Tresen eine junge Frau zu schaffen macht. Wir sind die einzigen Gäste und bis ich angesprochen werde, schaue ich mich um. Einige Tische, zwei Jugendstil-Schränke aus dunklem Holz, alles ist sauber. Lieber Gott, mach, dass sie noch ein Zimmer haben. Die Frau ignoriert mich konsequent und spült Geschirr. Von hinten aus der Küche kommt erst undefinierbares Gebrabbel, dann erscheint der Patron. Das übliche Gespräch: „Buenas dias, señor!" – „Tenen una habitacion per due?" – „Si, per esta noche?" Ich wäre ihm für sein „Si, si!" am liebsten um den Hals gefallen.

Er möchte uns das Zimmer aber unbedingt vorher zeigen, also steigen wir die steile Treppe hinter ihm her bis unters Dach der liebevoll mit dörflichen Antiquitäten eingerichteten Pension. Sogar eine alte Singer-Nähmaschine hat irgendwann, irgendwie hierher gefunden. Die Pastelltöne erinnern Urlaube in der Toskana oder im Tessin – und richtig, die Herberge heißt „El Tesin". Das Zimmer ist hell, sehr warm, aber sauber, gut möbliert und verfügt über ein eigenes Badezimmer. Alles scheint nagelneu zu sein und wir loben es überschwänglich. Der Patron ist glücklich, freut sich mit uns und endlich, endlich sind wir allein.

In wenigen Minuten sieht das Appartement aus, als habe eine Bombe eingeschlagen. Überall liegen schmutzige Klamotten und Ausrüstungsgegenstände verstreut. Quer durch das Badezimmer wird eine Wäscheleine gespannt, dann ist Waschtag. Bei dieser Wärme sollte alles in kürzester Zeit trocken werden.

Und dann kommt die Ernüchterung: Als ich meine schweren Wanderschuhe ausziehe, sind die Strümpfe voller Blut, das Blasenpflaster hat zwar das Schlimmste verhindert, aber diese Etappe war doch zu viel für meine Füße. Bei Jürgen sieht es ähnlich aus, wir reden nicht, jeder werkelt vor sich her und ist mit sich selbst beschäftigt.

Ich gehe ins Nebenzimmer und lasse mir ein Fußbad ein. Millimeter für Millimeter ziehe ich die aufgeweichten Socken von den Füßen – Blut hat sich mit den weißlichen Rückständen der Blasenpflaster gemischt und bildet eine dicke, zäh-klebrige Kruste. Angewidert werfe ich die Socken in den Mülleimer und öffne den Wasserhahn.

Ich habe keine Ahnung, wie lange ich gebadet habe, die Bilder der letzten Tage zogen in Gedanken vorüber, der Versuch, in meinem mitgebrachten Platon zu lesen, scheitert. Entweder ist die Übersetzung eine Katastrophe oder ich bin einfach zu dumm für diese Art Literatur. Das Büchlein findet seinen Weg zu den nicht mehr verwendbaren Socken.

Die Reise ist zu Ende!

Ist sie wirklich und unwiderruflich zu Ende? Jürgen scheint sich mit ähnlichen Gedanken zu tragen, jedenfalls verheißt sein Gesichtsausdruck nichts Gutes. Wir reden noch immer nicht, keiner will das Wort sagen, das dann nicht mehr zurückgenommen werden kann. Es schwebt aber körperlich und fassbar im Raum.

Nachdem auch Jürgen seinen verschwitzten Körper auf Vordermann gebracht hat, fällt endlich ein erstes Wort: „Wie ist Deine Meinung zu einem Mittagessen?". Wir schlüpfen in unsere leichten Schuhe aus Astorga und schleichen, ja wir schleichen im Schneckentempo die Dorfstraße hinauf. Nein, so geht es definitiv nicht weiter.

Ganz oben sind zwei Gaststätten, die von außen einen ordentlichen Eindruck machen, aber zu dieser Uhrzeit beide noch geschlossen sind. Wir gehen wieder einige Meter auf der grob gepflasterten, fast menschenleeren und sehr heißen, abschüssigen Dorfstraße nach unten bis zu einer kleinen, offensichtlich sehr alten – und geschlossenen – Kirche.

Gegenüber lesen wir das noch unbekannte Wort „Tienda" auf einem Bockständer. Durch ein buntes Fliegengitter treten wir in einen regelrechten Tante-Emma-Laden. Ringsum auf den Regalen liegt alles Mögliche, was ein Pilger gebrauchen könnte: Mineralwasser, Cola, Müsliriegel, Käse, Brot, Wurst, Aufschnitt, Zahnbürsten, Batterien, Schuhputzmittel, Postkarten, Stopfgarn, Blasenpflaster, sogar ein Ersatzrucksack findet sich in all der Warenvielfalt. Als ich später im Wörterbuch die Vokabel „Tienda" nachschlage, muss ich trotz aller Schmerzen schmunzeln, denn da steht „tienda f Zelt n, Geschäft n, Laden m". Diese Bezeichnung muss noch aus dem tiefsten Mittelalter stammen, als fliegende Händler ihr Verkaufszelt aufschlugen, um allerhand städtische Waren an die Landbevölkerung loszuschlagen. Wie sich manche Worte durch die Jahrhunderte – oder sind es Jahrtausende? – gehalten haben. Oder gehen die Uhren hier einfach langsamer?

Nach einigen kleineren Einkäufen – Wasser, Obst und Müsliriegel – setzen wir unsere mühselige Wanderung auf der holprigen Dorfstraße fort.

Endlich ist die halbe Stunde bis zur Öffnungszeit der Gaststätten vorüber und wir sitzen mitten zwischen durstigen Stechpalmen auf eisernen Gartenmöbeln in einer mit Baumarktfolie überdachten Loggia. Die Luft ist stickig, von der Bar zieht Zigarettenrauch herüber. Hier in diesem Raum sind wir die einzigen Gäste, im Eingangsbereich liegen jedoch Berge von Rucksäcken bereit und am Tresen lümmeln irgendwelche Arbeiter bei dem wer weiß wievielten Bier. Richtig einladend ist das alles nicht, aber es gibt kaum eine Alternative. Natürlich könnten wir jetzt aufstehen und gehen und die andere Kneipe probieren, was aber, wenn es dort noch ungastlicher aussieht? Dann hierher zurückkehren und quasi zu Kreuze kriechen? Wir bleiben - es wird schon nicht so schlimm werden!

Nach einer weiteren guten halben Stunde kommt endlich ein gelangweilter Kellner und bedeutet uns, dass wir jetzt im Gastraum etwas zu essen bekommen könnten. Der Comedor ist nicht schlecht eingerichtet, versprüht aber den ungemütlichen Charme einer Autobahnraststätte. Wir erhalten einen Tisch weit weg von den lärmenden Arbeitern, die schon bei der Nachspeise angelangt sind, obwohl doch die Mittagszeit eben erst begonnen hat. Die Bande – leider trifft kein anderes Wort – ist mit ihrem Brigadier unterwegs, der das große Wort führt. Ich verstehe natürlich kein Wort, aber es wird wohl um Weiber, um Geld und Essen gehen. Wein und Schnaps fließen in Strömen, nur einer hält sich etwas abseits, alle anderen sind mittenmang dabei. Sofort mit Ende der Mahlzeit zünden sich alle die obligate Zigarette an – und ich habe das Nichtraucherschild deutlich am Eingang gesehen. Es wird schon nicht so schlimm werden?

Die Speisekarte macht einen unerwartet ordentlichen Eindruck, der regionale Rotwein schmeckt. Natürlich möchte ich die örtliche Spezialität probieren: „Cokido Maragato". Dieser typische Eintopf der Maragatería wird ausführlich in der Karte beschrieben: Kichererbsen, Nudeln, Gemüse, Schweine-, Lamm-, Ochsen- und Ziegenfleisch, ein wenig Blutwurst und geräucherte Chorizo, dazu eine vermutlich extrem knoblauchlastige Soße. Das alles sollte in einer bunten Keramikschüssel serviert werden – und gibt es nur auf Vorbestellung.

Also bleibt uns wieder einmal nur das menu del dia, das allgegenwärtige Pilgermenü: Ensalada mixta, merluzza a la blancha con patatas y flan. Was eigentlich lecker klingt, entpuppt sich als kulinarische Katastrophe. Die Eigenart dieses Hauses war es wohl, möglichst viele Fertigzutaten in möglichst kurzer Zeit bei mäßiger Hitze zu vermischen, und so wurde aus Ensalada mixta ein Tütensalat mit Cocktailsoße aus der Flasche und die versprochene Seezunge ein frittiertes Fischfilet Marke „Formfisch", erweitert um fettige Tiefkühl-Pommes. Wenigstens der Pudding am Ende dieses Festmahls, das irgendwie zu unserer Stimmung passte, war bedenkenlos essbar. Dass alles dann gerade den Einheitspreis von zehn Euro kostete, war nur ein Trostpflaster, wie gern hätte ich den doppelten Preis für ein besseres Mittagessen gezahlt.

Noch immer aber hat keiner von uns beiden die alles entscheidende Frage gestellt.

Irgendwann am frühen Nachmittag wird mir klar, dass ohne ärztliche Hilfe an eine Fortsetzung unserer Pilgerreise nicht zu denken ist. Ich raffe also alle Sprachführer, Wörterbücher und die geringen spanischen Vokabelschätze zusammen und wir steigen die steile Treppe vorbei an der Singer-Nähmaschine hinunter in den Gastraum. Der freundliche Patron bereitet einen ordentlichen Kaffee und reicht dazu schweren Mandelkuchen. „Medico? – Si, Astorga o Ponferrada, no Rabanal". Ach du liebes Bisschen. Also entweder 20 Kilometer „Zurück auf Los" oder 30 Kilometer über den Bergpass in die nächste Stadt. Und nun? Wir bestellen jeder einen „Jumo naranja natural" und starren danach beide auf den frisch gepressten Orangensaft.

Endlich stelle ich die Frage, die seit unserer Ankunft im Raum steht: „Taxi?" Jürgen nickt, alles andere wäre nach jetziger Lage der Dinge die pure Unvernunft.

Der freundliche Gastwirt nimmt es gelassen und verspricht, für morgen früh um halb Zehn ein Taxi nach Ponferrada zu organisieren. Sicherheitshalber bitten wir ihn, auch gleich ein Hotelzimmer für die Pfingsttage zu reservieren. Jawohl, ein richtiges Hotelzimmer im ersten Haus am Platz: „Hotel Bierzo Plaza" mitten auf der zentralen Plaza de Ayunamiento, das unser Wanderführer als häufig ausgebuchtes Drei-Sterne-Hotel mitten in der Altstadt feiert. Schließlich haben wir auch Urlaub!

Der verbleibende Nachmittag und Abend vergeht nach dieser schwerwiegenden Entscheidung mit intensivem Wanderführer-Studium, mit süßem Orangensaft, mit Nichtstun, Dauerregen und Schlafen. Hunger sparen wir uns nach dem Mittagsreinfall erst einmal auf.

Sind wir am Ende unseres Santiago-Traums angekommen?

Samstag, 10. Mai – Von Rabanal del Camino nach Ponferrada

Rabanal del Camino – Ponferrada

(34 km mit Taxi)

Der Tag beginnt mit einem kleinen Frühstück: frisch gepresster Orangensaft, Toast, Marmelade und Milchkaffee – alles zusammen für gerade mal 3,50 Euro. Am Nachbartisch sitzt eine Chinesin und liest in einem deutschen Reiseführer. Wir kommen mit ihr ins Gespräch, unter Pilgern ergibt sich das meist sehr schnell. Zuhause ist die nette Frau in Bad Orb und hat ihren Weg gemeinsam mit zwei Frauen, die sie über ein Internetportal kennen gelernt hatte, bereits am 20. April in den Pyrenäen begonnen. Nun ist sie krank geworden und muss eine Pause einlegen, während die beiden anderen schon weiter wandern. Ihr scheint das nicht unrecht zu sein, denn auf dem Weg hatte es wohl einige Meinungsverschiedenheiten gegeben. Wie gering erscheinen unsere rund 75 Kilometer gegen die Laufleistung dieser Frau in den Mittfünfzigern – ich bin voller Hochachtung.

Pünktlich um 9.30 Uhr steht unser Taxi vor der Tür. Wir verabschieden uns von unserer Bekannten mit dem alten Pilgergruß und allen guten Wünschen für baldige Genesung. Bei strömendem Regen fahren wir dann an den in Regenkleidung verhüllten Pilgern vorbei. Im Nebel tauchen atemberaubende Hügellandschaften auf, die an Irland erinnern.

Am „Cruz de Ferro" machen wir einen kurzen Halt, Jürgen möchte wie es die Tradition fordert seinen Stein aus dem heimatlichen Garten zusammen mit allen mitgebrachten Sorgen direkt oben am Stamm des Kreuzes bei den Millionen und Abermillionen Steinen ablegen. Lange steht er dort im Wind und Nebel. Ich bin ganz still, bleibe aber im Taxi sitzen. Mein kleiner roter Stein aus dem Frankfurter Garten liegt schwer in der Tasche, immer wieder fasse ich ihn an. Aber hier möchte ich ihn nicht loswerden, zu kurz ist der bisherige Weg gewesen. Genauso wenig möchte ich hier einen Stempel im Pilgerpass, obwohl die Schutzhütte nur einen Katzensprung vom Parkplatz entfernt ist. Wir sind heute Touristen – und ein bisschen schäme ich mich vor der Taxifahrerin.

Die Haarnadelkurven werden immer steiler, der Weg schraubt sich langsam an dem verlassenen Bergdorf Manjarín vorbei und durch die engen Gassen von El Acebo nach Molinaseca ins Tal hinunter. Die alten Holzbalkone hängen regenschwer und dunkel an den Häusern, die aus scharfkantigen, grauen Bruchsteinen gefügt sind. Kaum eines, das sich durch eine bauliche Besonderheit – und sei es auch nur eine Straßenlaterne – vom anderen abhebt. Im Erdgeschoss eine horizontal geteilte Eingangstür, daneben ein schmaler Lichtschlitz, so als sei hier bis vor wenigen Jahren noch ein Stall gewesen. Über der Tür ist meist ein kleiner überdachter Balkon, manchmal aus Stein, meist aus dunklen Holzbalken, vom Alter gebeugt und rissig. Daneben ein kleines

Fenster mit hölzernem Sturz, so sehen Häuser von Bergbauern aus.

Man sieht den Gebäuden an, dass das Leben hier schwer ist, im Winter einsam und kalt, im Sommer muss der Lebensunterhalt mühsam den steinigen Wiesen und Berghängen abgetrotzt werden. Über der Straße, die hier mit dem Camino identisch ist, hängen müde die allgegenwärtigen Stromleitungen, in den Pfützen spiegelt sich der neblige Morgen.

Nein, diesen Weg hätten wir definitiv nicht laufen können. Irgendwo beim Eisenkreuz hätten wir wahrscheinlich aufgeben und per Anhalter weiterfahren müssen. Und dann? Wir haben den Satz in den letzten Tagen schon mehrfach strapaziert, aber gerade heute scheint er mir besonders zutreffend: „Wir haben alles richtig gemacht!"

Die Taxifahrerin fährt auf der engen und manchmal gefährlich abschüssigen Bergstraße einen routinierten Kilometer und plaudert in einer Tour. Ich verstehe meist nur Bahnhof, einzelne Worte und Fragen, gebe mir redlich Mühe und krame alle nur denkbaren Vokabeln aus dem Gedächtnis hervor. Sie scheint zufrieden mit dem Gespräch, taut immer mehr auf. Inzwischen mache ich mir Gedanken über den Preis dieser Fahrt – im Auto gibt es zwar einen Taxameter, der ist aber ordentlich ausgeschaltet. Was meinte der kluge Baedecker, den ich zu Hause zwar gelesen, als Autoreiseführer aber dann auch dort gelassen hatte: Immer darauf achten, mit einem offiziellen Taxi zu fahren, auf einer korrekten Taxameter-Abrechnung bestehen, den Tarif, der deutlich sichtbar im Fahrzeuginneren angebracht sein muss, prüfen und – die Route vorher fest vereinbaren. Gegen jeden einzelnen Punkt haben wir mangels ausreichender Sprachkenntnisse verstoßen

– ich rechne mit einer horrenden Preisforderung am Ende der Tour. Aber hatten wir objektiv eine Alternative?

Der erste, der allererste Eindruck von Ponferrada ist – gelinde gesagt – vernichtend: Da steht ein kleines, altersschwaches Haus, zum Teil aus Bruchstein, zum größten Teil aber aus Lehm und Flechtwerk gebaut, an der Einfahrt zur Altstadt und scheint jeden Augenblick zusammen zu fallen. Zu allem Unglück regnet es noch immer Bindfäden. Die Straße ist durch Elektropoller gesperrt, die unsere Chauffeurin mittels einer Plastikkarte in den Boden versenkt und schon fahren wir hinein in die immer freundlicher aussehenden Gassen unseres Tagesziels.

Noch eine Straßenbiegung, dann stehen wir vor dem Hotel „Bierzo Plaza" – ja, das Haus macht einen ebenso gediegenen Eindruck wie der ganze Rathausplatz. Wir wuchten unsere Rucksäcke aus dem Kofferraum und schauen ziemlich ungläubig, als die Taxifahrerin den Preis nennt: 30 Euro – pro Kilometer ein Euro. Ich frage noch einmal nach, „si, trente", die Zahl stimmt, wie zur Bekräftigung zeigt sie mir dreimal alle zehn Finger ihrer Hände. Ein großzügiges Trinkgeld, in dem unsere Dankbarkeit deutlich mitschwingt, rundet die Summe auf und wir sind für heute am Ziel!

An der Rezeption sitzt eine freundliche junge Frau, die uns schon erwartet. Sie spricht englisch und – als sie unsere Reisepässe sieht – sogar ein wenig deutsch, was die Kommunikation ungemein erleichtert.

Nach den Formalitäten führt sie uns durch die noch leere Bar, in der schon fleißige Putzfrauen zu Gange sind, zeigt uns den Frühstücksraum und bringt uns dann auf unser Zimmer. Wieder wohnen wir direkt unter dem Dach, im Unterschied zur letzten Herberge ist es hier jedoch dunkel und angenehm kühl. Der Parkettboden ist wie geschleckt, alles ist sauber und wohnlich. Der Blick aus unserem Dachfenster geht direkt hinunter auf die im Augenblick noch menschenleere „Plaza de Ayunamiento" und auf das malerische Rathaus, das mit seinen zwei massiven dreistöckigen Türmen, die in zierlichen Helmspitzen auslaufen, wie eine kleine Renaissancefestung wirkt. Und dann das Bad: der ganze Raum ist mit Marmor ausgekleidet – am Boden dunkelrot, die Wände gelblich marmoriert. Das weiße Porzellan wirkt in dieser Umgebung doppelt edel und ich beschließe, mich in diesem Luxus die nächsten zwei Tage sehr wohl zu fühlen. Und seltsam, die Fußschmerzen scheinen schon fast vergessen zu sein. Wie sehr doch der Geist den Körper beeinflussen kann! Objektiv sind die Blasen zwar natürlich noch da, subjektiv habe ich aber in der letzten halben Stunde nicht mehr daran gedacht.

Draußen hat der Regen aufgehört und wir gehen mit dem Stadtplan unserer freundlichen Empfangsdame bewaffnet auf eine erste Entdeckungsreise. Der erste Weg führt uns hinüber ins Rathaus, wo uns eine Polizistin das offizielle Stadtsiegel in den Pilgerpass stempelt. Nicht ganz ehrlich verdient, aber immerhin.

Die heute geschlossene Templerburg lassen wir links liegen, denn es zieht mich magisch zu den Geschäften. Im Stillen hoffe ich auf ein Schuhgeschäft, das mir vielleicht eine orthopädische Einlage verkaufen kann. Denn der Spann des linken Fußes macht mir immer mehr zu schaffen – ich stehe falsch im Schuh und benötige eigentlich eine Stützsohle. Ja, wenn ich die Schuhe zu Hause nur besser eingelaufen hätte – wenn, wenn, wenn.

In den Gassen der Alt- und Neustadt ist Wochenmarkt – überall sind überdachte Buden und Tische aufgebaut, dazwischen stehen kleine Lieferwagen mit Käse, Wurst,

Fleisch, Brot. Alt und Jung schlendert an den kunstvoll aufgebauten Auslagen vorbei, kaum einer ohne Plastikbeutel. Ab und zu treffen sich Bekannte, man plaudert ein wenig, dann geht es weiter. Nach der Stille der letzten Tage tut das Stadtleben richtig gut – ich bleibe eine ganze Zeitlang am Wagen von „Don Queso" stehen und beobachte, wie die Frauen in aller Ruhe die verschiedenen Käsequalitäten prüfen, die fast bis unters Autodach gestapelt sind.

Obst und Gemüse kommen offensichtlich aus der Region und machen einen sehr bodenständigen Eindruck. Kein Vergleich mit den überzüchteten Erzeugnissen, die wir im deutschen Supermarkt gewohnt sind. Äpfel und Apfelsinen dürfen hier kleine Druckstellen haben, alles ist eine Nummer kleiner als zu Hause und weckt Vertrauen. Am Fluss haben die Klamottenhändler ihre Buden aufgebaut – und hier sieht es dann regelrecht wie auf einem westdeutschen Flohmarkt aus. Überall herrscht entspannter Trubel, von Touristen ist kaum eine Spur auszumachen.

Zwei Jungs entdecken meine Kamera und wollen unbedingt fotografiert werden – als ich ihnen den Wunsch erfülle und ihnen dann auf dem Display der Digitalkamera das Bild zeige, ist der Kleinere ganz außer sich vor Freude. Schade, dass ich ihnen das Foto nicht geben kann – sie laufen noch eine ganze Zeit hinter mir her und betteln um weitere Schnappschüsse.

Wo wir hinschauen das gleiche Bild – Händler aus den Dörfern der Umgebung bieten an, was in ihren Gärten wächst, die Kundschaft prüft die Waren, redet ein bisschen – wahrscheinlich über das Wetter, das bevorstehende Pfingstfest, die Regierung, was weiß ich, dann wird alles in einen grünen Beutel gestopft und es geht weiter. So läuft das Leben in ruhiger Eintönigkeit ab, nur unterbrochen durch die Pilger unter der Muschel, die für kurze Augenblicke die weite Welt in diese unbedeutende Kleinstadt bringen.

Ob mir ein solches Leben gefallen würde? Einerseits sehne ich mich nach Ruhe und planbarer Gleichförmigkeit, andererseits zieht es mich immer dann in die Ferne, wenn mein Leben zu lange im Gleichmaß verstrichen ist.

Die moderne Fußgängerzone ist fast menschenleer und mit ihren nichts sagenden Betonbauten gesichtslos. Hier sieht es aus wie in León, wie in vielen Städten Europas – jede regionaltypische Prägung wurde von den Architekten und ihrem modernistischen Baukastenstil peinlich vermieden. Schnell sind wir zurück auf dem Wochenmarkt. Und endlich stehen wir vor einem kleinen Schuhladen, der in seiner Auslage auch Wanderschuhe anbietet. Natürlich spricht auch hier niemand englisch – also erläutere ich mit Händen und vor allem Füßen mein Problem. Als sich schließlich einige gepolsterte Fersenaufkleber finden, werden diese von mir zweckentfremdet unter die Einlegesohle geklebt und – es scheint wie ein Wunder – die Schmerzen sind weg. Ich bin begeistert, bezahle freudig die wenigen Euro und lasse einen völlig verwunderten Inhaber zurück.

Und jetzt habe ich Hunger!

Als wir gerade den Glockenturm durchschreiten wollen, der die innere Altstadt von der Neustadt trennt, kommt uns die Chinesin aus Bad Orb entgegen. Auch sie hat sich einige Stunden nach uns zur Taxifahrt nach Ponferrada entschlossen, um hier unter Umständen einen Arzt aufsuchen zu können. Sie möchte die Ankunft in Santiago genauso wenig wie wir durch übertriebenes Heldentum gefährden. Wir plaudern kurz – vielleicht sehen wir uns ja heute Abend, irgendwo in der Altstadt.

Auf dem großen Platz vor der Basilika ist ein nettes kleines Cafe im Erdgeschoss eines völlig verwahrlosten Wohnblocks untergebracht, gleich daneben bietet ein Andenkenhändler bunte Jakobusfigürchen, Fahnen und T-Shirts feil. Überall hämmert es, viele Häuser sind unter Bauplanen versteckt. Eigentlich würde ich mich gern in das Cafe setzen, aber dort gibt es nur kleine Snacks, und das wäre definitiv zu wenig – wie gesagt: Ich habe Hunger!

Die Eingangstore der Basilika stehen weit offen und da wir nicht wissen, wie diese während der Pfingsttage geöffnet sein wird – immerhin hat die Templerburg heute geschlossen, dafür aber morgen ab 11 Uhr offen – legen wir vor der endgültigen Mittagspause sicherheitshalber eine kleine Besichtigungspause ein.

Dunkel umfängt uns, schemenhaft treten nach und nach die kunstvollen Schnitzereien des Hochaltars hervor. Zunächst scheint es, als seien wir ganz alleine im Gotteshaus. Erst ein leises Geräusch aus der Richtung des gläsernen Sarges, in dem der tote Christus aufgebahrt liegt, lässt mich die alte Frau wahrnehmen, die eifrig die silbernen Kugeln eines Gitters poliert. Sie lässt sich weder von uns noch unseren Kameras stören, weist uns nur beim Verlassen der Kirche auf den Gottesdienst heute Abend hin.

Als wir wieder draußen auf dem Vorplatz stehen, blendet das durch den Regen gedämpfte Tageslicht und der Lärm der Stadt die Sinne, so dunkel und still war es in der letzten halben Stunde um uns gewesen. Und genau gegenüber lädt eine Pizzeria – jawohl, eine echte italienische Pizzeria – zur Mittagsrast ein, die uns vorhin überhaupt nicht aufgefallen war.

Wir sitzen in einer gemütlichen Ecke des Lokals, genießen das hervorragend zubereitete Essen und den dazu passenden

Rotwein, plaudern. Die mit Stativ und Selbstauslöser gemachten Fotos zeigen zwei rundum mit sich und der Welt zufriedene unrasierte Touristen in etwas rustikaler Kleidung. Ist das Leben nicht schön?

Der Verdauungsspaziergang bringt uns in die Wirklichkeit zurück: Vom Stadtrand aus können wir die schneebedeckten Berge sehen, deren Gipfel von niedrig ziehenden Wolken verhüllt werden. Der Blick zurück zeigt den Weg, den wir uns erspart haben – der Blick nach vorn verspricht jedoch kaum geringere Herausforderungen. Die Hügel und Berghänge sind niedrig bewachsen, was eher an eine alpine Vegetation als an eine Weinbauregion erinnert.

Nachdenklich begleite ich Jürgen zum Hotel zurück. Das Wetter schlägt ihm aufs Gemüt, die Sonne versteckt wieder einmal die Fotomotive hinter schmutzigen Schatten und dazu kommen die wund gelaufenen Fersen.

Während er sich für einige Stunden aufs Bett legt, schlendere ich weiter durch die allmählich aus der Siesta erwachende Stadt. Das langsame Laufen ohne Gepäck macht mir weniger zu schaffen, als ich erwartet hatte und so schmiede ich schon Pläne für heute Abend. Eine Jazzkneipe mit Lifemusik könnte interessant sein, dann gibt es da noch eine kleine Cerveceria, die einen gediegenen Eindruck macht.

Und dann entdecke ich das Radiomuseum, das in einem etwa fünfhundert Jahre alten Gebäude untergebracht ist, an dessen Längsseite sich ein Baum ins Mauerwerk krallt. Gleich am Eingang stehen einige sehr gut erhaltene Phonographen und Grammophone, die mich wohltuend an mein Hobby, an mein Leben daheim erinnern. Auf einer ganzen Etage des innen modern restaurierten Hauses wird anhand zahlreicher Fotos und Hörbeispiele anschaulich die Geschichte des spanischen Rundfunks erzählt. Immer wieder stehe ich vor einzelnen Exponaten längst vergangener Zeiten und lasse sie auf mich wirken: Da ist zum Beispiel ein wunderschöner Schrank, in dem schwere in Leder eingebundene Bücher zu stehen scheinen. Schiebt man die Buchrücken jedoch wie eine Jalousie zur Seite und öffnet das Oberteil, so wird der Blick freigegeben auf Radio, Plattenspieler und zwei mit Lyra verzierte Lautsprecher. Kaum zu glauben, dass dieses Gerät bereits in den dreißiger Jahren gebaut wurde. Oder ein wundervoll restaurierter, vor Chrom nur so blitzender Edison-Phonograph aus dem Jahr 1897 – leider hinter Glas, denn die daneben stehende Walze aus blauem Amberol hätte ich gar zu gerne gehört. Höhepunkt des Museums ist dann schließlich der Dachboden, auf dem in Regalfächern verschiedenste Radiomodelle aus aller Welt aufgebaut sind. In der Mitte des Raumes hängt ein altes Mikrophon – und kaum betritt der staunende Besucher diese Zauberwelt, beginnt leise Swingmusik zu spielen, so als hätte jemand alle Geräte auf den gleichen Sender eingestellt. Langsam erlischt das Licht und schließlich leuchten nur noch die Skalen der vielen Radios wie Sterne im Universum. Ich stehe und staune – und erwache wie aus einem Traum, als die Musik verklingt und das Licht wieder angeht.

Es ist Zeit, Jürgen im Hotel abzuholen, denn in einer guten Stunde beginnt die Messe. Natürlich sind wir viel zu früh und setzen uns in die hinterste Bank. Noch sind wir außer der alten Frau von vorhin die einzigen Besucher. Sie steht jetzt vorne, links neben dem Altar und betet über eine halbe Stunde lang in einem monotonen liturgischen Singsang und in unglaublicher Geschwindigkeit unzählige Ave Marias. Uns würdigt sie keines Blickes, sicher spürt sie, dass zwei Ungläubige im Haus des Herrn weilen. Wahrscheinlich müssten wir an bestimmten Stellen aufstehen und gemeinsam mit ihr das Kreuz schlagen, wir wissen es beide nicht und bleiben erwartungsvoll sitzen. Im

Tagebuch notiere ich später – es ist dann kurz nach 24 Uhr – nach einem langen, erlebnisreichen Tag:

„Im Gottesdienst ruft der Pricster die Gemeinde dazu auf, sich als Christen zu bekennen. In kurzen Sätzen, die ich sogar auf Spanisch verstehe, erklärt er, das Evangelium sei „una fiesta", man solle in jeder Lebenslage zu seinem Glauben stehen und Christentum täglich praktizieren. Die Predigt hält er frei und ohne Manuskript – in dieser Stimmung spricht die Gemeinde das Glaubensbekenntnis. Ansonsten kalte Liturgie, die mich nicht anspricht. Die Gemeindedienerin geht bei der Kollekte an uns beiden „Fremden" vorbei.

Danach spazieren wir lange durch die Altstadt und den dunklen Stadtpark.

Was ist Glaube?

Schließlich landen wir in einer klcinen Cerveceria, trinken ein Bier. Ein Akkordeon-Spieler flirtet mit einem weiblichen Gast, es gibt Brot mit Kartoffelpfannkuchen für alle. Der Alte lehnt den Wein ab, bittet um Wasser und zwei Snacks, die er später mit seiner Frau teilt, die vor der Kneipe gewartet hat. Danach ziehen sie weiter. Inzwischen ist Mitternacht vorüber und die Stadt lebt noch immer. Bewegung auf allen Plätzen.

Abends einer kleiner Adrenalinstoß: Die Hotelkarte ist weg, mir beim Bezahlen aus der Tasche gerutscht. Aber sie findet sich im Kneipendreck der Cerveceria."

Und dann die Worte: „Ach ja – die Ruhe tut den Füßen extrem gut!!!"

Sonntag, 11. Mai – Pfingsten in Ponferrada

Ponferrada

Nach ausgiebigem Frühstück im Hotel mit knusprigem Toast, hauchdünnem Serrano-Schinken, frisch gepresstem Saft, Obst, Marmelade und Milchkaffee schlendern wir durch die feiertäglichen Straßen und genießen die Sonne. Über uns strahlt der Himmel im schönsten Festtagsblau, die Fotomotive erwachen nach ihrem gestrigen Regenschlaf zu neuem Leben.

Um 11 Uhr öffnet die riesige Templerburg, die wir genau erkunden. Wohl wegen Pfingsten ist der Eintritt frei – sechs Euro gespart. Die Burg ist erstaunlich gut erhalten und gibt einen hervorragenden Einblick in die Festungsbaukunst des 15. und 16. Jahrhunderts – nur von den Templern ist kaum noch etwas zu sehen. Kleine Fundamentreste – das war's.

Wir faulenzen – hier ein Eis auf die Hand, dort eine Bank zum Ausruhen. Dann wieder ein paar Augenblicke Augenpflege und schließlich sitzen wir einfach auf der Plaza de Ayunamiento vor dem Hotel und beobachten das feiertägliche Treiben.

Neben dem Zeitungskiosk vor dem „Bierzo Plaza" steht ein rätselhaftes Denkmal – in Bronze gegossen bewacht ein kleiner Mann mit Schiebermütze und Brille ein merkwürdiges Gerät mit Tragegurten, das im weitesten Sinne an eine Giftspritze erinnert, die auf Obstplantagen verwendet wird. Lustigerweise gibt es einige Einwohner von Ponferrada, die dem so Geehrten in seinem unmodernen Siebziger-Jahre-Anzug extrem ähnlich sehen. Ich muss an den Blumen-Peter denken, jenes Original vom Stadtmarkt, dem die Mannheimer ein rührendes Denkmal gesetzt haben. Kaum ein Tag, an dem der Blumen-Peter keine frischen Blümchen in seiner metallenen Hand trägt.

Unsere Empfangsdame löst das Rätsel auf Nachfrage: Ja, ein stadtbekanntes Original sei dieser Mann schon gewesen, der bis zu seinem Tod vor einigen Jahren an jedem Markttag von seinem Dorf nach Ponferrada gekommen sei. Auf dem Rücken habe er eine Tonne voller Gebäckstücke gehabt und für einige Peseten durften die Kinder das daran angebrachte Roulette-Rad drehen. Dieses zeigte dann an, wie viele Süßigkeiten für die immer gleiche Menge Geld ausgehändigt werden durften. Immer sei der Alte froh gewesen und kaum ein Kind, das ihn nicht heiß ersehnte. Wie viel schöner sind solche alltäglichen Denkmäler als kraftstrotzende Generale auf vorwärts stürmenden Rossen, die letztlich doch nur an unsagbares Leid, an Tod, Verwüstung und Unrecht erinnern.

Auf der Plaza lassen sich Kinder in ihren Erstkommunionskleidern von stolzen Großeltern fotografieren – während die Mädchen weiße Rüschenkleidchen tragen, sind den Jungs militärähnliche Marineuniformen vorbehalten. In den Fotoläden waren uns schon ihre Bilder aufgefallen – und heute können wir die Kinder beim Spielen, Rennen und Schreien selbst sehen. Es sind Bilder vergangener

Zeiten, wieder einmal, wie oft wird uns das auf unserer Reise noch begegnen?

Wir spazieren durch die Gassen der Altstadt, bleiben vor manchem Haus länger als nötig stehen und lassen uns von der Sonne bescheinen.

An einer Straßenecke: Eine Kneipe wie aus den dreißiger Jahren: einfache Tische, Stühle, der mit verschiedensten Hinweisen, Proben und Werbeaufstellern voll gepackte Marmortresen, dahinter drei Generationen Wirtsleute. An der Wand hängen die feinsäuberlich mit Schlemmkreide aufnotierten Fußballergebnisse der verschiedenen Divisionen. Wir sind zu dieser Stunde die einzigen Gäste und nehmen jeder ein kleines Bier. Dazu gibt es wie üblich einige salzige Gebäckstücke. Im Hintergrund sowie im Nebenraum sind etliche Tische bereits für das bevorstehende Mittagessen gedeckt.

Der Wirt hat ein undefinierbares Alter, er mag fünfzig oder auch siebzig Jahre zählen, ist sauber gekleidet und verkörpert mit Krawatte und vorgebundener weißer Schürze förmlich die Würde seines Standes. Die Frau am Boden ist möglicherweise seine Tochter und müht sich mehr oder weniger vergeblich, mit dem Feuerzeug den vom Wind immer wieder herein gewehten Samen Herr zu werden. Die ganze Stadt wird heute von kleinen weißen – und unglaublich weichen – Samenbällchen eingeschneit. Unser Wirt schreitet gravitätisch – mir fällt kein besseres Wort dafür ein – durch den Gastraum und schiebt mit dem Fuß einzelne Bällchen vor seine Tochter oder weist mit langsamer Bewegung auf übersehene Samen hin. Mit einer Engelsgeduld rutscht die Frau auf den Knien durch den Raum – und ihm fällt es nicht im Traum ein, die Tür zu schließen und so den Nachschub zu verhindern. Seine

Gaststätte hat um diese Uhrzeit geöffnet, und da hat die Tür offen zu stehen!

Die Enkelin werkelt derweil mit Kupfertöpfen und Emailschüsseln in einer vorsintflutlichen Küche, die wir von unserem Ecktisch aus wie eine Bühne einsehen können. Ich bin mir nicht einmal sicher, ob es fließendes Wasser gibt. Wie gern würde ich hier heute zu Mittag essen – aber ich bin von den vielen Naschereien zwischendurch einfach zu satt, es wäre die pure Völlerei. Also bleiben wir einfach nur sitzen, wir schauen und schauen und so vergeht langsam, aber stetig unser Ruhetag in Ponferrada.

Vom Zimmerfenster aus beobachten wir, wie elegant und manchmal auch weniger elegant gekleidete Leute durch ihre Stadt schlendern, ziellos – alle scheinen darauf zu warten, dass die Restaurants wieder öffnen. Und das passiert kaum vor 20 Uhr. Wir besuchen dann doch noch einmal die Pizzeria unseres Vertrauens, die schon um 19 Uhr Gäste empfängt – danach geht es endgültig ins Hotelzimmer. Immerhin wollen wir morgen früh wieder laufen.

Eine kleine Beruhigung: Die nächsten beiden Übernachtungen in Cacabelos und Villafranca del Bierzo hat unsere freundliche Rezeptionistin bereits für uns vorgebucht.

Montag, 12. Mai – Von Ponferrada nach Cacabelos

Ponferrada – Columbrianos – Fuenes Nuevas – Camponaraya – Cacabelos

16 km

Wir sind nun seit einer Woche unterwegs und die bisher abwechslungsreichste Etappe liegt erfolgreich hinter uns. Die Füße haben sich gut erholt und wir haben gelernt, dass man auch mit langsamen und kleinen Schritten ans Ziel kommt. Wir bremsen uns gegenseitig, machen uns darauf aufmerksam, wenn wir in das bisherige Schritttempo zurückfallen. Unser Fehler war eine zu hohe Geschwindigkeit, wir haben die Zeiten des Wanderführers zum Maßstab genommen – und die waren für uns einfach nicht passend. Interessanterweise sind wir jetzt kaum langsamer als andere Pilger, die schneller laufen – in der Hitze des Tages brauchen die nämlich mehr Pausen. An den vorbildlich eingerichteten Rastplätzen überholen wir sie immer wieder.

Nach einem deutlich kleineren Frühstück als gestern verlassen wir Ponferrada, nicht ohne zur Sicherheit noch einige

Stützpolster im „Schuhladen meines Vertrauens" zu kaufen, der trotz Pfingstmontag pünktlich um 9 Uhr seine Pforten öffnet. Feiertag scheint heute also nicht zu sein – umso besser für uns.

Der Besitzer erkennt die eigenartigen Kunden aus Deutschland auch gleich wieder und erzählt von seinen eigenen ausgedehnten Wandertouren in Mexiko. Wir wollen los, aber er möchte uns unbedingt Fotos zeigen und vor allem auch seine alte Werkstatt, die seit 64 Jahren zuverlässig ihren Dienst tut. Endlich können wir uns loseisen, der alte Mann verabschiedet uns wie alte Freunde mit einem festen Händedruck: „Buen viaje!", dann geht es endlich weiter!

Der Weg aus der Stadt heraus ist eintönig. Der Camino führt hervorragend ausgeschildert unmittelbar an einer stark befahrenen Fernverkehrsstraße und monotonen sechsgeschossigen Wohnsilos entlang. Ab und zu überholt uns ein Wanderer, der wie wir der Mittagshitze ausweichen möchte. Wir lassen uns aber nicht hetzen, zu schmerzhaft waren die bisherigen Erfahrungen. Ein ausgesprochen merkwürdiges modernes Denkmal inmitten eines Verkehrskreisels stellt eine Marktszene dar und soll wohl an die Gärten von Sacramento erinnern, die hier irgendwann einmal waren, bevor hoffnungsfrohe Architekten und Immobilienfonds die Landschaft betonierten. Immerhin heißt die Fernstraße an dieser Stelle noch heute Avenida Huertas de Sacramento.

Noch eine letzte Wegbiegung und Ponferrada ist zu Ende. In der Morgensonne breitet sich ein weites Panorama vor uns aus. Wir sehen noch einmal die ganze Stadt, die Templerburg, die Basilika – und dahinter türmen sich schneebedeckte Berggipfel. Kein Wölkchen am Himmel – es wird heiß werden.

Wir zögern den Abschied hinaus, aber wir haben ein Ziel, und das heißt für heute Cacabelos.

Eine lauthals vor sich hin diskutierende Menschengruppe mit Rucksäcken – es könnten Pilger sein, sicher bin ich mir jedoch nicht – läuft auf einem Parallelweg und eindeutig nicht auf dem Jakobsweg. Wir winken, werden auch gesehen – und das führt ihrerseits zu wildem Winken. Sie scheinen wie wir sicher zu sein, auf dem richtigen Pfad unterwegs zu sein. Aber bis zu den Kollegen wäre es mindestens eine Viertelstunde Fußweg – nein, wir laufen genau so weiter, wie es ausgeschildert ist. In einzelnen Gehwegplatten sind sogar verblasste Muschelsymbole eingegossen, die Route entspricht exakt der Beschreibung des Wanderführers, sie muss stimmen.

Ein lang gestrecktes Gebäude, das mit seinem Uhrtürmchen über der Eingangspforte an einen Bahnhof erinnert, weckt unsere Neugierde. Dieses Tor scheint eine Zeitmaschine zu sein, die uns um mindestens siebzig Jahre in die Vergangenheit zurück versetzt. Wir stehen auf einer menschenleeren kleinen Plaza, die von drei Seiten durch zweistöckige Gebäude mit verandaartigen Säulengängen eingefasst ist. Die Rollläden hängen schief in den Führungen, der weiße und gelbe Putz blättert. Alles macht den Eindruck, als hätten die letzten Bewohner ihre Gartensiedlung schon vor einiger Zeit verlassen. Und doch ist der Rasen frisch geschnitten und nirgends liegt Müll herum. Die ganze Anlage sieht aus, als hätten hier deutsche Architekten dem faschistischen – oder auch vor-faschistischen – Spanien Entwicklungshilfe geleistet.

Die Straßen, die von der kleinen Plaza abgehen, sind nummeriert – IV. Avenida, V. Avenida und so weiter – wie ich es zuletzt im polnischen Nova Huta gesehen habe. Alles hier ist sehr merkwürdig, gesteigert noch durch die allgegenwärtige

Jakobsmuschel. Eine kleine – leider wieder einmal geschlossene – Kapelle ergänzt das interessante Bauensemble.

Ich beginne rumzualbern und schildere einen fiktiven Wochenschaubericht, in dem deutsche Entwicklungshilfe-Architekten als Künder eines neuen Bauzeitalters in Ponferrada-West am Bahnhof begrüßt werden. Jürgen schüttet sich aus vor Lachen, ich muss aufhören, sonst fallen wir noch aus unserer Pilgerrolle.

Nun müssen wir aber wirklich mal Kilometer machen, wir haben zwar unsere Bleibe sicher, aber hinkommen müssen wir schon alleine.

Es fällt immer wieder auf, wie dicht alt und neu hier in Spanien nebeneinander stehen – manchmal unterbricht eine Hütte, die kurz vor dem Zusammenfallen und dennoch bewohnt ist, die Reihe neu gebauter Reihenhäuser. Eine Straße weiter stehen dann Neubauten und gleich daneben die Ruine eines Bauerngehöfts. Das Alte verwildert, verkommt, bleibt aber stehen, bis der letzte Einwohner es verlassen hat. Dann wird abgerissen und der unendliche Lebenszyklus der Architektur beginnt von neuem.

Unser Weg ist eben und für die Füße sehr erholsam, wir trödeln auf kleinen Straßen, an schmalen Feldern vorüber. Nur ab und zu kommt ein Auto oder Traktor vorüber, sonst ist es still. An einem Klatschmohnfeld lassen sich drei extrem bunt gewandete Pilgerinnen mit gewaltigen Rucksäcken auch nicht durch einen extra großen LKW beeindrucken und kreischen vor Vergnügen über die unzähligen roten Blütenköpfchen in der Sonne. „Look, how marvellous!" Bloß schnell vorbei, wenn die Damen unsere Fotoapparate sehen, dann haben wir vermutlich bis Cacabelos ein Gespräch.

Die Felder sehen noch heute genauso aus, wie Ibañes sie in dem Buch „Die Scholle" beschrieben hat. Überall entlang der Straße laufen gemauerte Wasserkanäle, mit deren Metallschiebern das Wasser kontrolliert auf die Äcker geleitet werden kann. Die Felder selbst sind von einem Furchensystem durchzogen, so dass die Bewässerung ganz ohne Rohre erfolgen kann. Was ich mir beim Lesen des antiquarischen Buches noch nicht vorstellen konnte, wird mir nun so richtig bewusst, wie schlimm es nämlich gewesen sein muss, wenn die fällige Gebühr an den Wasserherrn nicht entrichtet werden konnte. Das Feld war bestellt, das Wasser in Greifnähe – und doch drohte der Familie bitterster Hunger.

Ab und zu kniet ein alter Mann mit einem Eimer und Spachtel vor dem Kanal und bessert mit großer Sorgfalt eine brüchige Stelle aus oder ersetzt einen verrosteten Schieber. Man möchte einfach nur stehen bleiben und die archaischen Bilder für immer in die Seele aufnehmen.

Häuser am Weg tragen in ungezählten Variationen das Muschelsymbol, mal als Türschmuck, dann wieder scheinbar ohne Regel in die Fassade eingelassen. Die Fotoapparate haben jedenfalls genug zu tun.

Auf einem kleinen Platz in Camponaraya haben weise Stadtväter – oder -mütter – einen wunderschönen überdachten Rastplatz eingerichtet. Einige Marmorsäulen tragen ein Blätterdach und beschatten sechs Parkbänke – „fertig ist die Laube". Bis jetzt haben die Füße gut durchgehalten, das langsame Tempo ist offensichtlich wirklich das ganze Geheimnis gewesen. Unsere Stimmung ist entschieden besser als noch vor drei Tagen und so genießen wir die Rast: Die beiden Rucksäcke mit den Muscheln stehen neben uns, wir naschen Kinderschokolade, Äpfel und Wasser bzw. Cola – die Welt ist schön!

Die Gebäude um uns her sind wieder einmal nach dem alten Prinzip zusammengestellt: Hütte, Haus, Hütte, Haus. Manchmal habe ich die Einheimischen im Verdacht, sie warten, bis ein Haus zusammenfällt, dann erst bauen sie ein neues an die gleiche Stelle und sparen so das Abrissunternehmen. Es ist schon abenteuerlich, was wir hier sehen, aber es scheint tatsächlich niemanden zu stören.

Noch wenige Meter, vorbei am modern gestalteten Marktplatz mit Fontäne und einigen Steinbänken, die so unmittelbar in der prallen Mittagssonne liegen, dass eine Rast einen Sonnenstich gleich käme, dann stehen wir vor der großen Genossenschafts-Weinkellerei und betreten damit das Weinanbaugebiet von „El Bierzo". Natürlich ist um diese Mittagszeit hier alles menschenleer, weit und breit lädt kein freundlicher Kellermeister zu einer Weinprobe ein, also ziehen wir weiter. Eine finnische Pilgerin in grellbunter Ausstattung wartet auf ihre Wandergruppe.

Gleich hinter der breiten Brück über der Autobahn stehen die ersten Reben. Alte knorrige Weinstöcke wechseln sich mit jungen Trieben ab, die Landschaft wird hügelig und am Horizont grüßen noch immer die schneebedeckten Gipfel. Jeder Quadratmeter wird hier für den Weinbau genutzt, dabei sind die einzelnen Rebstöcke kaum einen halben Meter hoch. Die Bauern arbeiten noch genauso wie seit Beginn des Weinbaus, Maschinen dürften hier kaum zum Einsatz kommen, jedenfalls sehen wir keine. Ein einzelner Mann mit Strohhut schreitet in unendlicher Ruhe seine Reben ab und besprüht aus einem kleinen Kanister auf dem Rücken die einzelnen Pflanzen.

Selten spendet ein kleines Waldstück etwas Schatten und Kühle. Aber immer wieder treffen wir auf den Hinweis „Santiago" und mit jedem Schritt kommen wir dem Ziel unserer Reise ein Stückchen näher. Jeder grüßt jeden, egal ob Pilger oder Winzer, man wünscht sich einen guten Weg. Die Landschaft wird mit jeder Wegbiegung schöner. Ich kann mich kaum satt sehen, unzählige Grüntöne wechseln einander ab, zwischen den Feldern schlängelt sich gelblichbraun der schmale Camino dahin und verbindet unsere hektische Welt mit einer Zeit, die vor über tausend Jahren Gegenwart war. Ich bin mir sicher, dass diese Landschaft damals exakt genauso aussah wie heute – einfach schön.

Dann sehen wir noch einmal zwei Weinbauern, die mit einer Gartenschere ihre Rebstöcke beschneiden und sich von unseren Beobachtungen kein bisschen aus der Ruhe bringen lassen. Und so erreichen wir ohne große Anstrengung nach gut viereinhalb Stunden unser Tagesziel Cacabelos.

Wir werden bereits erwartet. Das schön ausgestattete Zimmer im Hostal Santa Maria ist in wenigen Minuten vollkommen durcheinander, wir werfen erst einmal alles von uns, was irgendein Gewicht hat. Fast kommen wir uns vor wie im Hotel, so neu und sauber ist hier alles – wenn das zwei Sterne sind, dann kann es morgen in Villafranca schon nicht so schlimm werden. Denn insgeheim hatten wir uns schon etwas Sorgen um die Hygiene in einer Null-Sterne-Unterkunft gemacht.

Und weil wir uns immer schön an unser Geschwindigkeitsmaß gehalten haben, ist nun noch genügend Energie für einen Stadtrundgang „im Akku". Wir schlendern durch die schmalen Gassen der Altstadt, vorbei an den schiefen Mauern der Kirche. Ja, dort ist das Jakobsweg-Schild angeschraubt, dort an diesem Renaissancebau mit Adelswappen in der Fassade geht es morgen früh weiter. Und was ist das? Tatsächlich, ein Antiquitätengeschäft mit hochwertigen Möbeln und Hausrat im Schaufenster wirbt in diesem scheinbar ganz und gar nicht gottverlassenen Nest um Kundschaft. Der Laden ist zwar geschlossen, aber der Besitzer hat eine Telefonnummer angegeben und verspricht, bei Anruf in spätestens einer Stunde vor Ort zu sein – Respekt!

Auf dem Marktplatz ruhen sich die Alten in der Sonne aus, während wir den Schatten der alten Arkaden bevorzugen. Ein paar Schritte weiter erinnert eine römische Säule an den Ursprung der Stadt, während das Winzerdenkmal daneben in seinem ganzen Monumentalstil eher nach Neustadt an der Weinstraße als nach Nordspanien passt. Vielleicht ebenfalls eine Entwicklungshilfe des Deutschen Reiches – schnell weg mit diesen bösen Unterstellungen. Aber etwas übertrieben heroisch wirken die beiden Sandsteinfiguren schon, wie sie da den „Unbekannten Weinbauern" geben: Frau schneidet Trauben, Mann trägt Korb.

Gleich daneben führt eine Gasse zu den ehemaligen Fleischbänken und im „Gramola" steht tatsächlich gleich hinter dem Tresen zwischen Wein- und Schnapsflaschen ein echtes altes Grammophon. Ich komme aus dem Staunen kaum heraus, da klingelt das Mobiltelefon. Frank möchte nach einer Woche mal einen kleinen Bericht hören – und den bekommt er natürlich ausführlich. Ich erzähle und erzähle – und plötzlich stehen wir an der Brücke über den von einem neu errichteten Wehr gebändigten Rio Cua.

Alles macht einen sehr gepflegten Eindruck – und nun möchten wir auch noch die größte Sehenswürdigkeit des Ortes erkunden. Immer wieder wird auf großen Tafeln eine römische Ausgrabungsstätte gefeiert, nur ein richtiges Hinweisschild konnten wir noch nicht erspähen. Neben dem kleinen historischen Museum findet sich dann doch einer – und wir traben los. Der Weg zieht sich und dann kommt die Ernüchterung: Die archäologische Sensation ist etwa fünf

Kilometer außerhalb und das ist uns entschieden zu weit. Stattdessen besichtigen wir – da wir ohnehin gerade dort sind – den örtlichen Friedhof, der mit seinen weißen Gräbern und Grufteingängen unter hohen Zypressen einen geradezu unwirklichen Eindruck macht. Fast scheinen sich die Menschen hier mehr um das jenseitige Leben als zum Beispiel um ihre diesseitigen Wohnungen zu kümmern, denn hier in der Totenstadt blättert nirgends Farbe, nicht einmal ein verwelktes Blütenblatt liegt herum. Wenn mir jetzt jemand sagen würde, das sei nur eine Filmkulisse und würde morgen wieder abgebaut, ich würde es glauben, so surreal ist die Szenerie.

In glühender Hitze und mit steigendem Hunger spazieren wir die öde und menschenleere Straße zurück ins Zentrum von Cacabelos.

Gleich neben unserem Hostal ist eine kleine Dorfkneipe, aus der wildes Stimmengewirr dringt. Da wir kein Wort verstehen, dürften hier die Einheimischen essen – wir sind also richtig. Der Gastraum ist total überfüllt, in der Luft hängt der Geruch von Essen, Wein und Zigaretten, der Lärmpegel ist beachtlich. Wir werden von der kugelrunden Wirtin platziert, schnell wird eine neue Papiertischdecke ausgebreitet, dann zählt sie uns in einem irren Tempo das „Menu del Dia" auf. Ich verstehe nur Bahnhof, Jürgen geht es ähnlich. Wir nicken erst mal fleißig und stoßen die Worte „Vino y aqua" hervor. Und dann bestellen wir einfach was uns einfällt: „Ensalada mixta" wird es wohl geben, dass dazu dann Tapas kommen war zwar nicht geplant, wird aber natürlich gern genommen. Der Wein schmeckt auch ohne Etikett und Originalkorken ebenso wie die plötzlich ohne Bestellung angekommene Paëlla, was hier eine Universal-Vorspeise zu sein scheint. Ich deute auf den Nachbartisch, das da, genau das soll die Hauptspeise sein. Na also, geht doch, also „calamares con patatas", die

Wirtin ist befriedigt, warum nicht gleich so. Und ich hätte so gern die Muscheln in Tomatensoße gegessen, die am anderen Ende des Lokals einige Bauarbeiter verzehren. Aber dafür ist die Sprachbarriere leider noch zu hoch.

Uns gegenüber hat inzwischen ein Handlungsreisender Platz genommen, der sich gekonnt zwei komplette Weinflaschen einverleibt – und wir kämpfen zu zweit mit einer. Flan bzw. Tarta de queso runden das deutlich überdimensionierte Mahl ab, es ist bereits 18 Uhr und Jürgen kündigt seinen Tagesabschluss an.

Da ich noch nicht müde bin, spaziere ich noch ein zweites Mal durch den kleinen Ort und nutze diese einsame Zeit, um wieder einmal ein Lebenszeichen zu meiner lieben Kathrin zu senden. Sie vermisst mich, ich weiß es und bin ihr doppelt dankbar, dass sie mir diese Reise zugestanden hat. Unsere beiden Frauen telefonieren fast täglich miteinander und so wird das Band zwischen Jürgen und mir auch in der Heimat immer fester geknüpft, eine Freundschaft entsteht.

Im Supermarkt kaufe ich etwas Obst und Müsliriegel für die morgige Wanderung. An einer Hausecke sitzen drei alte schrumpelige Frauen in Kittelschürze vor einem wackligen Tischchen, auf dem der obligate Rotwein schon bereit steht und spielen völlig von der Welt abgeschieden Karten. Einige Jugendliche ziehen lautstark vorbei in Richtung Jugendklub, unbeachtet von den drei Frauen.

Ich setze mich für einige Minuten in die kleine Kirche und genieße dort das Dunkel, die Ruhe und den typischen leichten Weihrauchgeruch. Kurz vor Beginn der Messe gehe ich dann aber doch wieder nach draußen, wo mittlerweile ein leichter Nieselregen eingesetzt hat. Der Schlaf fordert sein Recht – trotz aller Schönheit liegt ein anstrengender Tag hinter mir, für den ich sehr dankbar bin. Es ist 20 Uhr – und die Reise geht weiter!

Dienstag, 13. Mai – Von Cacabelos nach Villafranca del Bierzo

Cacabelos – Pieros – Valtuille de Arriba – Villafranca del Bierzo

8 km

Der Himmel verspricht nichts Gutes, als wir kurz nach 8 Uhr unsere gastliche Herberge verlassen, dicke Wolken hängen in den Weinbergen und wahrscheinlich dürfte der Wetterbericht in der Zeitung heute recht haben – Dauerregen! Unsere gestrige Euphorie ist mit dem Wetter verflogen, die Luft ist schwül und feucht.

Die durchquerten Dörfer bringen Einblicke in längst vergangene Zeiten, manchmal glaubt man, in den halb verfallenen Höfen Gebäude des 16. Jahrhunderts zu erkennen. Manche sind verfallen, aber viele scheinen noch vor wenigen Jahren bewohnt gewesen zu sein – hier ist eine Treppe ausgebessert, dort ein neues Fenster eingesetzt oder einfach etwas Farbe aufgetragen. Stimmung kommt bei diesem Wetter trotzdem nicht auf.

Die Landschaft ist wahrscheinlich genauso schön und abwechslungsreich wie gestern, die Witterung verwischt leider alles in melancholische Grautöne. In Pieros oder Valtuille de Arriba, das kann ich nicht mehr rekonstruieren, warten zwei ärmlich gekleidete Kinder an einer provisorischen Haltestelle auf den Schulbus. Das Haus gegenüber hat vor Urzeiten einmal einen hellblauen Anstrich bekommen, auch Fenster und Eingangstür sind renoviert. Allein durch die Häuser der Umgebung, die eher an Notunterkünfte als an Wohnraum erinnern, kommt mir unwillkürlich ein böser Vergleich: Genauso sehen die Bilder meines Großvaters aus, die er im Krieg in Rumänien und auf dem übrigen Balkan gemacht hat. Das Wort „Rumänien" lässt mich nicht mehr los – denn gerade auf der heutigen Etappe sieht vieles so aus, wie ich mir diesen jüngsten EU-Staat vorstelle. Mir kommen beunruhigende Gedanken, die ich mit Jürgen teile: Egal in welchem europäischen Land ich in den letzten Jahren war – Nordfrankreich, Polen, Italien – überall scheint der Lebensstandard der einfachen Leute auf den Dörfern deutlich niedriger als zu Hause zu sein. Unter diesem Gesichtspunkt werden wir in Deutschland im Rahmen der Angleichung der Lebensverhältnisse innerhalb der EU wohl einiges von unserem liebgewordenen Luxus aufgeben müssen. Ob das immer noch der Preis zweier verlorener Kriege ist? Oder einfach nur der Unfähigkeit der Regierenden geschuldet?

Der Nebel hängt fest in den Weinbergen – kahle Bäume recken ihre matt glänzenden Äste wie Totenfinger in den Himmel. Der Weg ist gut ausgeschildert, der Blick bleibt manchmal an besonderen Geländepunkten hängen: Da ist die kleine Kapelle auf dem Hügel gegenüber, beschützt von drei weit ausladenden Kiefern. Oder dort ein einzelner Baum inmitten sanft rosafarbener Hügel, die in engen Reihen mit niedrigen Weinstöcken bewachsen sind. Darüber weitet sich der aluminiumfarbene Himmel.

Wir erreichen Villafranca del Bierzo mit den ersten Regentropfen. Vorbei an der Gemeindeherberge, der Kirche und der legendären Privatunterkunft von Familie Jato wandern wir die wenigen Meter hinunter in die Stadt. Einmal stehen wir vor dem obligaten Stadtplan, allerdings ohne verlässliche Nordrichtung und was viel wichtiger wäre, ohne exakte Bezeichnung, wo wir uns auf diesem Plan befinden. Dass die Informationssäule schon seit Jahren ohne die geringste Pflege Wind und Wetter ausgesetzt ist, trägt auch nicht gerade zu ihrer Lesbarkeit bei. Immerhin können wir die Worte „Calle Salvador" entziffern – na ja, der Wanderführer gibt zwar als Adresse unseres Hostals „El Cruce" die Calle San Salvador 37 an, es wird schon stimmen. Zum Glück konnten wir in Cacabelos eine Stadtplan-Skizze von Villafranco del Bierzo erhaschen, auf der zwar unsere Zielstraße nicht verzeichnet ist, aber nun kennen wir wenigstens deren ungefähre Richtung.

Der Jakobsweg führt uns zunächst weiter in die Altstadt hinein, in der mittelalterlichen Calle del Agua begegnet uns ein einsamer Pilger mit Stock, von unserem Hostal hat er jedoch noch nichts gehört. Das Kopfsteinpflaster glänzt im Regen wie flüssiges Silber, die Feuchtigkeit dringt von allen Seiten in uns ein. Wir irren durch menschenleere Gassen, stehen schließlich am Ende der Stadt vor einem Fluss und haben uns vollkommen verlaufen. „Wir hätten vorhin nach rechts abbiegen müssen" – „Wenn Du weißt, wo es langgeht, hier ist der Plan, dann geh Du vorneweg!" Wir zanken uns kurz, sehen aber ein, dass uns das weder weiterbringen noch zur reservierten Herberge führen wird. Manchmal müssen aber auch ein paar harte Worte sein, um den Zündstoff aus einer verfahrenen Situation herauszubringen. Der kurze Wortwechsel hebt unsere Stimmung ganz ungemein und wir können zumindest wieder lachen.

Jeder, den wir fragen, weiß ganz genau, dass wir hier komplett falsch sind, aber leider kennt keiner unser Hostal. „El Cruce? Nein, nie gehört." Wir rekonstruieren den Weg zurück zum Ausgangspunkt und gehen an der vermeintlichen Stelle den Alternativweg, der uns zielsicher in die Stadtmitte führt.

„Du, da drüben ist eine Tourismusinformation." – „Wo, ich sehe nichts?" frage ich ungläubig. Dabei stehen wir tatsächlich direkt davor, nur hat sich genau in dem Augenblick, in dem Jürgen das Gebäude erspäht hat, ein großer Reisebus davor geschoben. Rettung aus tiefster Verirrung ist nah!

Die junge Dame hinter dem Tresen spricht sogar einige Worte deutsch, uns gelingt ein kurzes Gespräch, dann stehen wir mit einer ordentlichen Karte und allen guten Wünschen versehen wieder auf dem Hauptplatz, auf dem gerade der Wochenmarkt aufgebaut wird. Sogar unseren Pilgerstempel haben wir schon, was soll jetzt noch schief gehen? Warum nur hat die Frau so seltsam geschaut, als wir nach dem „El Cruce" fragten? Es regnet noch immer, aber langsam scheint sich die Wolkendecke aufzulösen, jedenfalls ist es schon deutlich heller als noch vor einer halben Stunde.

Wir laufen schon wieder viel zu schnell, der Rucksack drückt, es gelüstet mich nach einer Toilette, einem Kaffee, einem Moment der Ruhe. Die Umgebung sieht immer mehr nach „Nachtjackenviertel" aus, dann stehen wir vor dem lange gesuchten Gebäude: Ach Du lieber Gott, womit haben wir denn das verdient? Alles ist schmutzig, die Fassade, der Eingang, der Angestellte – oder ist es der Eigentümer? – der aus einem verbeulten Lieferwagen verbeulte Pappkartons ausräumt und uns abschätzend mustert. Gleich neben einem Berg wild hin geschütteter Falt- und Merkblätter sitzt eine dicke Matrone hinter ihrem fettigen Tresen und saugt gelangweilt an einer erloschenen Zigarette. Mein trotz allem freundlicher Gruß bleibt unerwidert, meine Einlassung „Tenemos una reserva para esta noche – io sono Volker Storck" wird mit einem undefinierbaren Knurren beantwortet. Dann knallt sie mir den Schlüssel 101 vor die Nase. Ich beginne, allergisch zu reagieren – 101 ist gewöhnlich das erste Zimmer im ersten Stock, also direkt neben der Treppe, dem Fahrstuhl, dem Versorgungsschacht, der Küchenabluft, jedenfalls nicht gerade das Staatszimmer. Ich bleibe aber äußerlich ruhig und frage, ob das Zimmer nach hinten raus ginge. Wortlos nimmt sie den Schlüssel weg und wühlt im Schlüsselberg auf dem Sideboard. Nach kurzer Zeit liegt Nr. 205 vor mir. Sicherheitshalber frage ich nun, ob das Zimmer ruhig sei. „Ja, nachts ist es ruhig!" kommt unwirsch zurück. Immerhin tobt in Sichtweite der Herberge die Autobahn A6 vorbei.

Ich suche den Blickkontakt mit Jürgen. „Bloß weg!" scheinen seine Augen zu sagen. Ich bedanke mich überschwänglich bei der Alten, wir raffen unsere Rucksäcke auf und türmen ohne auf das lautstarke Lamentieren hinter uns zu achten. Sie hat zum Glück weder eine Anschrift noch eine Handynummer von uns, höchstens den irgendwie in Lautschrift festgehaltenen Namen Storck, aber selbst daran zweifle ich. Die Skepsis unserer Tourismusdame war jedenfalls mehr als begründet.

Und jetzt? Der Wanderführer nennt als einzige in Frage kommende Alternative nur den hiesigen Parador im ehemaligen Pilgerhospiz aus der Spätrenaissance mit extrem stolzen Preisen, da wir uns einig sind, auf die Dreibettzimmer im Hostal Comercio und die Gemeindeherberge verzichten zu wollen. Zu einprägsam waren die Erfahrungen in Astorga.

Das Unternehmen „Zimmersuche" entwickelt sich allerdings mehr und mehr zum Alptraum des heutigen Tages.

Entweder haben die Gasthöfe schon um diese Tageszeit das Schild „Completo" ins Fenster gehängt oder wir erhalten genau diese Auskunft auf Nachfrage. Hier scheinen viele Pilger eine Ruhepause einzulegen, bevor der „Camino duro" – der harte Weg – in die Berge führt. Also doch der Parador?

Wir irren einigermaßen verzweifelt durch die Stadt, immer wieder hasten wir über den Hauptplatz und die Plaza Mayor. Kaum nehmen wir wahr, dass der Regen aufgehört hat und die Sonne gegen letzte Wolkenreste kämpft.

„Ich frage jetzt noch einmal hier im San Francisco, und wenn wir dort auch nichts bekommen, dann gehen wir halt in den Parador." Jürgen ist einverstanden und so betrete ich die ziemlich dunkle Rezeption des kleinen dreistöckigen Hotels, vor dem wir gerade stehen. Unter der Treppe sitzt ein glatzköpfiger Mann hinter einem nicht mehr ganz neuen Tresen, alles sieht ein wenig abgewohnt und renovierungsbedürftig aus. Ja, ein letztes Zimmer gäbe es noch. Ich will sofort buchen, er aber besteht auf allen gebotenen Förmlichkeiten: Erst soll ich das Zimmer begutachten, dann wird er den Preis nennen, dann erst kann der Mietvertrag, den ich unter allen Umständen schließen möchte, zustande kommen.

Auch Jürgen ist über die schließlich doch noch erfolgreiche Zimmersuche begeistert. Jetzt haben wir uns das Mittagessen redlich verdient.

Da ist nur noch eine Kleinigkeit: Morgen wollen wir den Camino duro angehen – das heißt etwa 20 km immer entlang der angeblich stark befahrenen Fernstraße N VI wandern, um dann auf einer Strecke von 10 km gut 750 Höhenmeter zu überwinden. Der Wanderführer warnt vor der noch anstrengenderen Alternativroute und weist auf die Möglichkeit eines Gepäcktransportes hin. Allerdings liest sich dieser Hinweis so, als würden diesen Service nur einzelne Herbergen jeweils für ihre eigenen Gäste übernehmen. Und dann habe ich eine zündende Idee: Warum nicht den freundlichen Herrn an der Rezeption auch zu diesem Problem befragen?

Meine Spanischkenntnisse reichen inzwischen aus, um das Problem zu schildern, was mich einerseits überrascht, andererseits auch ein bisschen stolz macht. Nur das Wort „Rucksack" muss ich pantomimisch darstellen, werde aber auf Anhieb verstanden. O ja, er habe einen Kumpel mit einem Taxiunternehmen, der könne unsere Rucksäcke morgen früh nach O'Cebreiro hochfahren. 7 Euro kann das kosten, pro Person, versteht sich, und wir sollen unser Gepäck einfach morgen im Hotel zurücklassen.

Das geht mir jetzt alles entschieden zu schnell. 7 Euro klingt nicht viel, was aber, wenn das Gepäck nie ankommt? Dann ist die Reise zu Ende und wir sitzen auf 1250 Meter Höhe über Normal Null und schauen in die Röhre. Die Alternative heißt 30 km Schleppen. Sollen wir? Oder lieber doch nicht?

Wir vertrauen unserem Vermieter und bitten ihn, die Tour zu organisieren. Selbstverständlich bezahlen wir sofort und runden die Summe durch ein ordentliches Trinkgeld auf. Und dann reitet mich der Teufel – denn immerhin haben wir auch noch keine Übernachtung dort oben. Ob er vielleicht für uns telefonieren könnte? Ich reiche ihm den Wanderführer und schon nach wenigen Minuten wissen wir, dass weder in der „Mesón Antón" noch in „Venta Celta" oder auch bei „San Giraldo de Aurillac" ein Bett frei ist. Ob er denn eine Empfehlung habe? Ja, ein anderer Freund von ihm habe da eine kleine Herberge in O'Cebreiro, den könne er gern mal anrufen. Und dann gibt es ein Riesenpalaver am Telefon, von dem ich nur die Worte „Dos muchachos de Alemania" verstehe.

Am Ende des Gesprächs haben wir ein Zimmer in der „Casa Carolo" für morgen Nacht, unser Gepäck würde dort zuverlässig hingebracht werden – „Buen Camino!"

Wenn das nur mal alles gut geht, denke ich.

Jürgen hat die Dramatik der Situation dank fehlender Sprachkenntnisse nur am Rande erfasst und nimmt das Ergebnis gelassen auf. Irgendwie geht es halt immer weiter. Ich muss noch mal kurz aufs Zimmer, und als ich dann endlich aus dem Hotel auf die inzwischen Sonnen überflutete „Plaza Mayor" hinaustrete, unterhält sich Jürgen bereits fleißig mit drei Damen – und siehe da: eine davon ist „unsere" Chinesin, die wir leider in Ponferrada nicht mehr gesehen hatten. Sie dachte, wir hätten aufgegeben – umso größer die Freude, uns wieder zusehen. Die anderen beiden sind übrigens Landsleute von Jürgen – Berlinerinnen. Während die drei heute noch bis Trabadelo kommen wollen, werden wir uns jetzt wirklich eine nette Gaststätte suchen.

Diese Suche entpuppt sich dann jedoch als durchaus ernste Angelegenheit. Nach all dem Durcheinander wissen wir heute beide nicht so recht, was wir eigentlich essen wollen. Und das führt dazu, dass wir wechselseitig an jeder Kneipe, an der wir vorbeikommen, etwas auszusetzen haben. Aus einer kleinen Spelunke in einer engen Gasse gleich beim Parador riecht es extrem lecker nach Knoblauch, allerdings schreckt uns der Pappdeckelaufsteller in Gastwirt-Pose mit erhobenem Daumen doch etwas ab. Und als wir dann durch die verdreckten Fliegengitter in die Küche schauen, wenden wir uns mit Grauen ab. Wahrscheinlich schmeckt es hier genauso gut wie in den letzten Comedores, aber was man nicht sieht, ist nur bedingt Teil der Wirklichkeit.

Auf dem zentralen Platz ist Wochenmarkt. Ob sich hier eine kulinarische Alternative bietet? Überall sind Buden aufgebaut, auf Grund der aktuellen Witterung sind sie meist mit weißen Plastikplanen geschützt. In kleinen Leinensäckchen werden Gewürze und Bohnen in allen Farben angeboten, Frauen haben Kohl, Lauch, Karotten und Zwiebeln aus eigenem Anbau ausgebreitet. Die Kundschaft ist mäßig interessiert, wahrscheinlich hat hier jeder sein eigenes Beet und kauft nur zu, was Schädlinge aufgefressen haben. Daneben gibt es Obst, Klamotten, Haushaltswaren. Wir schlendern ein wenig umher, beschauen uns die örtlichen Kirchen mit ihren schön angelegten Blumenrabatten und bestaunen schließlich vor einem malerischen Renaissancegebäude mit imposantem Treppenaufgang einen Jeep der Guardia Civil, in dessen Fenster sechs Fahndungsfotos von E.T.A.-Terroristen angebracht sind. Willkommen in der Wirklichkeit – die Welt ist weder einheitlich schön noch vollkommen gut. Gleich erinnere ich mich wieder an die großen Plakate in meiner Kinderzeit, als die Erwachsenen uns in panische Angst versetzten. Überall hingen sie, auf der Post, der Sparkasse, in der Schule – wir sollten ständig auf der Hut sein, ob der harmlose Passant oder Nachbar in der Straßenbahn nicht ein gesuchter RAF-Verbrecher sein könnte.

Ein blaues Zelt auf dem Marktplatz zieht meine Aufmerksamkeit magisch an. Darunter sitzen an Biertischgarnituren rund dreißig Personen und essen. Dazu wird Rotwein ausgeschenkt, es geht lustig zu, jeder redet mit jedem und ich habe das Gefühl, dass ein einmaliger Eintritt zu unbegrenzter Schlemmerei berechtigen könnte. Ja, aber was essen die Leute denn? Kleine Röllchen, innen weiß, außen rosa bis rot werden mit Zahnstochern aufgespießt und in den Mund geschoben. Vor der Theke steht ein großer Kupferkessel, in dem es brodelt und dampft. Endlich ist „es" fertig und wird von dem Inhaber des Marktstandes mit einer großen Gabel aus dem Kochtopf gefischt: Ein kindskopfgroßer Tintenfisch liegt auf dem Teller und wird nun in einer unglaublichen Geschwindigkeit mit einer Küchenschere in kleine Stückchen geschnitten. Danach gießt der Koch Olivenöl darüber und würzt das Ganze mit Pfeffer. Fertig, der Nächste!

Ob wir uns vielleicht hier niederlassen? Ich wäre willig, etwas vollkommen Neues zu probieren, aber Jürgen winkt ab. Dann soll ich doch bitte allein zu Mittag essen. Also suchen wir weiter und landen schließlich ganz in der Nähe unseres Hotels in einer kleinen, aufgeräumten Gaststätte, in der außer uns nur Einheimische beim Mittagessen sitzen. Pilger scheinen hier die Ausnahme zu sein, sind aber nicht unwillkommen. Das bunte Steingutgeschirr ist schon etwas älter und weist kleinere Fehlstellen auf, nicht jedes Messer entspricht der EU-Norm. Was soll's, jetzt habe ich wirklich Hunger!

Vorneweg gibt es eine Fischsuppe aus der großen Terrine, Jürgen lässt sich eine Ensaladilla rusa bringen und staunt über die wilde Zusammensetzung dieses „Russischen Salats": Nudeln, Erbsen, Reis, Fleisch, vielleicht auch etwas Thunfisch werden mit reichlich Mayonnaise übergossen und fertig ist die Vorspeise. Es schmeckt nicht schlecht und taucht auf ziemlich vielen Speisekarten auf – wer genau den Spaniern erzählt hat, so sähe Salat in Russland aus, ist nicht festzustellen. Danach gibt es den allgegenwärtigen Merluzza a la blancha –gegrillter Seehecht – der sehr lecker zubereitet ist. Und natürlich leeren wir auch die inkludierte Flasche Vino tinto.

So gesättigt trödeln wir noch ein wenig durch die Straßen von Villafranca. Die Marktstände werden schon wieder abgebaut, der Himmel bleibt aufgeklart. Wir schlendern gleich hinter dem Hotel einen kleinen Bergweg hinauf und haben von dort aus einen wunderbaren Blick über das weite, grüne Tal. Gleich gegenüber liegt die deutlich mit einem großen Jakobskreuz kenntlich gemachte „Albergue municipal de peregrinos". Das Gebäude scheint ganz neu zu sein und war uns bei der Ankunft gar nicht aufgefallen. Um diese Uhrzeit dürften alle Zimmer belegt sein, denn auf der Veranda sind bereits alle Wäscheleinen mit Klamotten besetzt. Pilger sitzen im Eingangsbereich und genießen die wärmenden Sonnenstrahlen nach all den Regenstunden.

Gleich oberhalb der Herberge sehen wir die romanische Kirche mit ihrer „Puerta del Perdón". Zufällig – sofern man an Zufälle glaubt – ist das kleine Gotteshaus geöffnet, da gerade die wöchentliche Kerzenlieferung ansteht. So können wir uns den sehr einfach gestalteten Barockaltar anschauen, während fleißig Kisten in die Kirche geschleppt werden. Auf der Gnadenpforte, deren romanische Kapitelle sehr schön erhalten sind, wechseln sich florale Motive mit Fratzen und Tierköpfen ab, dazwischen eine filigran gearbeitete Kreuzigungsgruppe. Ich stelle mir vor, dass dieses Bauwerk schon vor achthundert, vielleicht tausend Jahren stand und wie vergänglich das menschliche Leben ist. An dieser Pforte werden noch Menschen Gott für seinen Beistand danken, wenn Jürgen und ich längst vergessen sein werden. Früher erhielten hier kranke Pilger die „Kleine Compostela", bevor sie in Villafranca starben und auf dem örtlichen Friedhof beigesetzt wurden. Zwar erwähnt unser Wanderführer die alten Pilgergräber, aber entweder haben wir sie nicht als solche erkannt oder wir waren auf dem falschen Friedhof.

Unser nächster Besuch gilt gleich neben der Kirche der privaten Herberge von Familie Jato, die hier seit den vierziger Jahren einfache Unterkunft und Gemeinschaftsverpflegung anbietet. Ach du liebes Bisschen – der Empfangsraum ist total überlaufen, hier drängeln sich die Menschen in Trauben und werden einer nach dem anderen aufgenommen. Ein alter Mann – wahrscheinlich Herr Jato selbst – läuft wie in Trance mit einer Thermoskanne über den Hof und bietet jedem, natürlich auch uns, Kaffee an. Aus den Schlafsälen dringt Stimmengewirr, immer wieder kommt jemand gelaufen und ist auf der Suche nach irgendetwas. Alles macht einen sehr rustikalen Eindruck und wir sind einmal mehr dankbar für unser „Luxuszimmer" im Hotel San Francisco. Wir verlassen die bunte Plastikgartenstuhlwelt unserer Mitpilger und fragen uns zum zweiten Mal auf unserer Reise, warum sich Menschen solche Unterkünfte auf niedrigstem Niveau antun.

Es kann unmöglich das Geld sein, denn dagegen spricht die zum größten Teil hochwertige Ausrüstung der Wanderer, bei der auch Videokameras und teure Wanderstöcke nicht fehlen. Ob sie glauben, hier den authentischen Jakobsweg zu finden? Wenn es so ist, dann sei es ihnen allen von Herzen gegönnt, dann haben wir einfach andere Ansprüche.

Ein letzter Abstecher führt uns vorbei an dem mächtigen Kastell, das heute wohl die Verwaltung des Weinguts „Castillo de Villafranca" beherbergt. Mit ein bisschen Anstrengung erhasche ich einen Blick hinter die Mauern, sehe allerdings nur verkrüppelte Rebstöcke und dazwischen einen einsamen Storch, der sich von mir und meiner Kamera ausgesprochen unbeeindruckt zeigt. Dann haben wir definitiv alle Sehenswürdigkeiten von Villafranca del Bierzo erkundet, es gibt nichts mehr zu besichtigen.

Morgen wollen wir früh aufstehen, denn so ganz geheuer ist uns der Camino duro trotz allem nicht – also gehen wir heute ganz brav bereits um 19 Uhr zu Bett, am Himmel hängen ohnehin schon wieder dicke, schwarze Regenwolken.

Mittwoch, 14. Mai – Von Villafranca del Bierzo nach O'Cebreiro

Villafranca del Bierzo – Pereje – Trabadelo – La Portela – Ambasmestas – Vega de Valcarce – Ruitelán – Hospital Inglés – La Faba – La Laguna – O'Cebreiro

29 km

Es ist 6.30 Uhr, als wir unser Hotel mit sehr gemischten Gefühlen verlassen. Der Mann an der Rezeption – es ist nicht unser freundlicher Bekannter – weist wortlos auf den kleinen Nebenraum, in dem auf einem Tresen bereits der Briefumschlag mit dem gestern hinterlegten Taxigeld wartet. Dort sollen wir bitte unsere Rucksäcke abstellen. Ob es gut gehen wird? Oder wird die Reise hoch oben auf dem Cebreiro zu Ende sein? Letzte Zweifel an unserem gestrigen Mut, dann stelle ich meinen Rucksack an die Wand, Jürgen wuchtet seinen daneben.

Vor dieser 29 km langen Etappe haben wir beide gehörigen Respekt, wollen nichts falsch machen. Der Wanderführer warnt „Durchschnittswanderer" sehr eindringlich vor dem

Camino duro, er sei wirklich nur für gute Wanderer mit Bergerfahrung („Solo per peregrinos buen caminantes") geeignet. Die haben wir beide definitiv nicht. Also bleibt uns nur der Weg entlang der N-VI, über deren Gefahren Hape Kerkeling in seinem Buch sehr anschaulich geschrieben hat. Ob zu dieser frühen Stunde auch schon so viele Lastwagen in die Berge donnern werden?

Wie gesagt, wir wollen nichts falsch machen. Die Stadt ist noch dunkel, als wir ins Freie treten – alles ist still. An Ausrüstung haben wir nur die Jakobsmuscheln, unsere Ausweise, die Kameras, Jacken nebst Regenschutz, Jürgen zusätzlich seinen Regenschirm und jeder einen Beutel mit Wasser und Müsliriegeln dabei. Schon nach wenigen Metern machen wir einen ersten Halt, um die Schuhe umzuschnüren. Welche Schnürung ist nun die Richtige? Alles locker und nur die letzten beiden Ösen fest? Oder alles fest und dafür die oberen Ösen offen? Wahrscheinlich machen wir uns gerade selbst und gegenseitig Panik.

Wir steigen gegenüber vom Parador die Stufen hinunter zur mittelalterlichen Calle del Agua, vorbei an der von uns gestern Nachmittag verschmähten Gaststätte mit ihren fettigen Fliegengittern. Ein erster müder Pilger huscht vorüber, schwer bepackt mit Rucksack und Wanderstab. Er würdigt uns keines Blickes, ist gedanklich wahrscheinlich längst auf dem Camino duro.

Am Ortsausgang stehen wir jenseits der alten Steinbrücke an der Wegscheide – nach rechts geht es ziemlich steil nach oben, geradeaus führt der Weg direkt auf die N-VI. Wir haben uns beide längst für den vergleichsweise einfacheren Weg entschieden, daher verlieren wir an dieser Stelle keine Worte sondern laufen einfach weiter. Inzwischen ist die Sonne aufgegangen, der Himmel ist leicht bewölkt, nach unseren bisherigen Erfahrungen werden wir nicht ganz trocken bleiben, es dürfte aber auch keine unerträgliche Hitzeschlacht bevorstehen.

Der Weg macht einen eintönigen, aber sehr ordentlichen Eindruck. Kaum haben wir Villafranca hinter uns gelassen, wandern wir auf einem gelb eingefärbten befestigten Weg neben der Fernstraße, von der er durch einen soliden Betonschutz abgetrennt ist. Links fällt steil das Tal des Rio Valcarce ab, der sich tief unten zwischen dichtem Blattwerk entlang schlängelt. Frühe Angler versuchen ihr Glück.

Inzwischen überholen uns auch einzelne Pilger, häufig bleibt unser Gruß unerwidert oder wird nur mürrisch beantwortet. Die nehmen uns in unserem Trödeltempo und ohne Gepäck nicht für voll, das ist es! Uns ist es gleich, wir wollen ankommen und sind nicht bei den Bundesjugendspielen.

Wo bleiben die Lkws? Bis jetzt haben wir gerade mal einen alten roten Golf voller Spanier gesehen, die wild hupend und winkend an uns vorbei gefahren sind. Hoch über unseren Köpfen führt mit manchmal atemberaubenden Brückenkonstruktionen die neue Autobahn A6 den Schwerlastverkehr über die Berge. Von Zeit zu Zeit hören wir eine Autohupe, das ist aber schon alles.

Manchmal wechselt der Camino von dem gelben Pfad hinter der Betonbarriere hinüber auf die andere Straßenseite und führt dort durch kleine Waldstücke oder Dörfer, die gerade aus dem Schlaf erwachen. Einmal hängen Bettdecken über einem windschiefen Geländer, ein anderes Mal wandert ein alter Mann im Zeitlupentempo mit einigen Eiern in der Hand vom Stall zum Haus zurück. Die Zeit ist in diesen Dörfern wieder einmal stehen geblieben, so scheint es.

Die Orte haben keinen eigenständigen Eindruck bei mir hinterlassen, einige Fachwerkhäuser, manchmal eine einfache Herberge, noch seltener eine Kirche oder Kapelle, das ist alles. Irgendwo zwischen Pereje und Ruitelán lockt uns nach zweistündigem Asphalttreten eine kleine Landbäckerei mit verführerischem Duft nach frisch gebackenen Croissants zu einer ersten Rast: Wir genießen in einem liebevoll mit rotweiß karierten Vorhängen drapierten Gastraum frisch gepressten Orangensaft, aufgeschäumten Milchkaffee und Butterhörnchen. Alles strahlt vor lauter Sauberkeit, an den Wänden hängen Bilder vom Cebreiro und Weinregale. Selbst die Toiletten sind klinisch rein – am liebsten würden wir hier sitzen bleiben.

Das Wetter ist bis jetzt trocken geblieben, es ist auch nicht zu kalt, wir kommen gut voran. Immer wieder treffen die alte und neue N-VI mit der Autobahn zusammen, woraus sich unwirkliche und futuristische Bilder ergeben. Ansonsten verlaufen die ersten 20 km weitgehend eintönig und ereignislos. Die Füße laufen ruhig und gleichmäßig vor sich hin, das Wetter hält, ab und zu ein Schluck Wasser, ein Müsliriegel. Fast unmerklich nähern wir uns Hospital Inglés, wo der Aufstieg aus dem Tal des Rio Valcarce hoch auf 1.250 m über dem Meeresspiegel beginnt.

Der letzte Ort vor der Bergetappe erinnert wieder an unsere Vorstellung von Rumänien, das wir jedoch beide noch nie besucht haben. Die niedrigen Hügel sind mit Moos und Flechten bewachsen, während unten im Tal kleine Büsche und Wiesen vorherrschen. Die Häuser sehen aus wie aus dem Bausatz, quadratisch, meist aus zwei Stockwerken bestehend und mit einem sehr flachen Walmdach. Auf den Wiesen grasen Kühe, am Brunnen sitzen zwei Pilger, die unser „Hola, buen camino!" endlich auch einmal froh erwidern – vielleicht weil auch sie ihr Gepäck einem Transportservice anvertraut haben.

Die Landschaft ist unbeschreiblich schön. Je höher wir kommen, desto deutlicher erscheinen die Berge, die Wiesen werden plastischer, Stille ist um uns her. Die einzigen Geräusche sind leises Kuhglockengebimmel, das gleichmäßige Singen des Windes und Vogelgezwitscher. Die Landschaft erinnert ein wenig an die Alpen. Nach jedem Höhenmeter und jeder Wegbiegung verändert sich das Bild, wird immer noch ein Stück großartiger. Eine kurze Regenhusche, dann scheint wieder die Sonne, Wolken schieben sich davor – ideales Laufwetter.

Die Farbpalette der atemberaubenden Landschaft reicht von tausend verschiedenen Grauschattierungen des nackten Felsens bis zum Lila der Erika, vom weißen und gelben Ginster bis zu unzähligen Grüntönen. Zum ersten Mal nehme ich bewusst mein eigenes Laufgeräusch, das Mahlen der dicken Gummisohlen meiner Wanderstiefel auf dem felsigen Untergrund und meinen gleichmäßigen Atem wahr. Kein Auto, keine sonstigen Zivilisationsgeräusche stören die Natur.

Taleinschnitte bieten immer neue Ausblicke und laden zum Rasten ein – in diesem Tempo kommen wir wahrscheinlich erst heute Abend an, wir haben zwar eine Übernachtung gebucht – aber der Blick zum Himmel verheißt nun doch nichts Gutes. Dicke graue Regenwolken schieben sich über die Berggipfel und mahnen zu einem etwas schnelleren Lauftempo.

Einige Kilometer vor La Laguna sitzen zwei Pilger mitten auf dem Weg und haben ihr Gepäck rund um sich herum ausgebreitet. Er studiert die Karte, sie diskutiert mit beiden Händen. Wir sind zu weit entfernt um die beiden zu verstehen – die Botschaft ist aber klar: Sie haben ihre eigenen Kräfte überschätzt und die Anforderungen des „Camino duro" unterschätzt. Während sie ihm nun klarzumachen versucht, dass man vor über 20 km besser den Gepäcktransport genutzt hätte sucht er die Lösung in der Wanderkarte. Ein bisschen sind wir stolz auf uns und laufen ob dieser geistigen Stärkung beschwingt weiter.

Der Weg teilt sich – ein ziemlich holpriger weist den Fußwanderer nach unten, während für den Fahrradpilger der Pfeil auf der gut befestigten Straße nach oben zeigt. Das heißt aber auch, dass der Fußpilger irgendwann wieder nach oben klettern muss – und die gegenüberliegende Talseite sieht ziemlich steil aus. Also lassen wir auch hier die Vernunft entscheiden und wählen den wahrscheinlich etwas längeren – dafür aber bequemeren – Radweg. Und diese Entscheidung bereuen wir nicht, als wir später die abgekämpften Kollegen sehen, die in einigen Kilometern nach schweißtreibendem Anstieg wieder zu uns stoßen.

Kuhglocken begleiten unseren Weg, manchmal sehen wir einige der gepflegten Tiere auf der saftigen Weide. Die Landschaft sieht dann immer gleich wie im schönsten Bilderbuch-Bayern aus, ich kann mir nicht helfen. Wie oft habe ich in den letzten Tagen schon mein Spanienbild korrigieren müssen. Diese Gegend hat so überhaupt nichts mit Barcelona, Madrid oder Mallorca zu tun, und mehr hatte ich bisher von der iberischen Halbinsel nicht gesehen.

Irgendwo zwischen La Faba und La Laguna taucht hinter einer Wegbiegung eine rustikal, aber gemütlich und sauber aussehende Herberge auf, die mit großen bunten Buchstaben einen sehr eigenartigen Service anbietet: „O'Cebreiro en caballo y burro". Angesichts des immer steileren Weges kann ich mir gut vorstellen, dass der ein oder andere Pilger sich für die letzten Kilometer ein Pferd oder Eselchen mietet, um im Ziel einzureiten. Unsere Rechnung ist bisher aufgegangen – ohne drückendes Gepäck und im bewährten Trödeltempo von maximal zwei Stundenkilometern haben die Füße gut durchgehalten.

Am Ortsende betreten wir einen mit großen Steinplatten grob gepflasterten Bergweg, über den schon vor vielen hundert Jahren fromme Pilger die Passhöhe erklommen haben. Hier wird die Geschichte des Jakobsweges wieder einmal zum unmittelbaren Erlebnis.

Und dann überrascht uns ein Regenguss, der kaum die Zeit lässt, die Schutzkleidung überzuziehen. Und zehn Minuten später – der Himmel hat sich in dieser Zeit wieder vollständig aufgeklart – wird es schwül und drückend, fast tropisch. Die Landschaft erscheint durch den langsam aufsteigenden Dunst nun noch geheimnisvoller. Überall in den Tälern hängen flüchtige Nebelschwaden, es sieht aus wie auf den mittelalterlichen Gemälden des Regensburger Meisters Albrecht Altdorfer. Immer wieder bleiben wir stehen und schauen – eine solche Landschaft habe ich noch nirgendwo sonst gesehen.

Und dann sehen wir endlich auch den ersten Palloza. Zwischen zwei schmalen Granitplatten stehen hölzerne Stelzen, die darüber geschichteten Holzbalken dienen als Fundament für einen runden, mit Stroh gedeckten Speicher. Diese mäusesichere Bauweise ist seit Jahrhunderten unverändert und ähnelt sehr den Museumsbauten von Geilo in Norwegen. Schon die Kelten haben in solchen Häusern zusammen mit ihrem Vieh gewohnt – ich kann mich lange von dem archaischen Bild nicht losreißen, denn hier stehe ich nicht im Museum, sondern am Tor eines bewirtschafteten Bauernhofes in Westeuropa. Hühner scharren im Schlamm, das kleine Wohnhaus mit angebautem Stall gleich hinter dem Palloza ist aus scharfkantigen Feldsteinen roh gefügt – hier ist von Reichtum nichts zu spüren. Ob es hier fließendes Wasser gibt? Trotzdem macht alles einen ordentlichen, aufgeräumten Eindruck. Neben dem Eingang zum Stall ist ein Schutzsymbol eingemeißelt: Zwei grimmige Gesichter, zwischen sich ein Kreuz, das auf einer liegenden Mondsichel steht. Wie alt mag diese christlich-heidnische Markierung sein? Hundert Jahre, zweihundert, vielleicht sogar vierhundert? Empfinden die Menschen hier oben in der Einsamkeit ihrer Bergwelt die fast hörbare Ruhe und Gleichartigkeit ihrer Tage als Glück oder als Belastung?

Noch wenige Schritte, dann sehen wir den ersten Kilometerstein auf galizischem Boden: „K. 152,5 Os Santos +", darunter der gelbe Richtungspfeil des Camino, darüber eine in Stein gehauene Muschel. Vorübergehende Pilger haben kleine Steine auf ihm abgelegt, andere ihn mit bunten Farben beschmiert. Wieder geht der Blick zurück – ich zähle allein von dieser Stelle aus sechs Bergrücken bis zum Horizont. Die Sonne scheint und die niedrigen Wolken zeichnen Schattenbilder auf die Hänge. Genauso sehen die Fantasy-Landschaften bei „Herr der Ringe" aus, es fehlen nur die kleinen Hobbit-Wohnungen. Das hier ist jedoch kein Kino, es ist die Realität – ist sie es wirklich? Saßen wir beide, Jürgen und ich, tatsächlich noch vor drei Wochen in der Bank am Schreibtisch und dachten über Richtlinien, Computerprogramme und neue Kreditstrategien nach?

Noch ein steiler Anstieg über scharfkantige Felsbrocken, dann ist die offizielle Grenze nach Galizien überschritten: Ein großer bunt bemalter Wappenstein mit rotem Jakobuskreuz weist uns darauf hin – und in beiden gekrönten Wappen ist der wundertätige Kelch von O'Cebreiro zu sehen. „Galicia" und gleich darunter „Camino de Santiago". Der Stein muss erst vor wenigen Tagen restauriert worden sein, denn die Reste von Schmierereien sind noch schwach zu erkennen: „Independencia – Unabhängigkeit" hatte jemand ungelenk auf den Grenzstein gemalt, ein anderer ein geflügeltes Herz mit Kreuzzeichen. Dazu ganz viele ganz kleine Inschriften mit Filzstift: „22-2-08 Yago, Nodo, Julio, Poly – A Granja." Es ist der Wunsch nach einem kleinen bisschen Unsterblichkeit, der die Menschen aller Jahrhunderte bewegt hat, sich an solchen markanten Stellen häufig in naivster Weise zu verewigen. Und so reicht ein unzerrissenes Band von den ältesten Höhlenmalern in Südfrankreich über die Graffiti-Künstler unserer Tage bis zu den Schmierfinken hier oben in der galizischen Bergwelt.

Mir fehlen die Worte, um diese Landschaft zu beschreiben, die mit jedem Höhenmeter schöner und wilder wird. Immer wieder bleiben wir stehen und schauen hinter uns – es ist wie eine Sucht. Wir wissen längst, dass diese Etappe kaum noch zu übertreffen sein wird.

Alle unsere Sorgen waren unbegründet – wir betreten um 15 Uhr bei Sonnenschein und stark bewölktem Himmel nach rund achteinhalbstündiger Wanderung das Bergdorf O'Cebreiro.

Eben ist ein kleiner Reisebus vor der Kirche angekommen, der fränkische Busfahrer gibt Hinweise, wo die Touristen am besten Pilger fotografieren können, welches die authentischsten Pilgerkneipen im Dorf sind. „Und denkt dron, heut Abend geht's pünkdlich um 19 Uhr weider!" Wir verkneifen uns das Gelächter und ziehen fröhlich an der Gruppe vorbei.

Alles hier ist aus dunklem Felsgestein gebaut, die Häuser, die Straße, manchmal sogar die Dächer. Trotz des Sonnenscheins herrschen im ganzen Ort die verschiedensten Grautöne vor – und trotzdem wirkt er einladend. Wir gehen unschlüssig weiter, vor einem mit Stroh gedeckten Rundhaus, das auch aus der Keltenzeit stammen könnte, liegt müde ein Schäferhund, gleich daneben steht ein nagelneuer Landrover. Vergangenheit und Gegenwart vereint auf wenigen Quadratmetern. Und die Zukunft? Während ich sicher bin, dass es auch in hundert, ja vielleicht sogar in tausend Jahren solche Häuser hier oben in den Bergen geben wird, bin ich bezogen auf das Automobil deutlich skeptischer.

Und dann entdecken wir endlich auch das Schild „Carolo" an einer Hauswand. Also scheint es die Herberge schon mal zu geben. Wir betreten den gemütlichen, zu dieser Stunde deutlich überfüllten Gastraum in einem mit Renaissance-Wappen geschmückten Haus und sagen den alles entscheidenden Satz: „Tenemos una reserva para una habitacion – io sono Volker Storck". Ja, wir werden schon von der freundlichen Wirtin und Hausherrin erwartet, hier steht auch schon das Gepäck – „Wo ist mein Rucksack? Mein Rucksack ist nicht da!" – Jürgen ist für wenige Sekunden fast aus dem Häuschen, dabei steht er direkt vor seinem Gepäck, das ein wenig unter den Kickertisch gerutscht war.

Das Zimmer ist – nicht nur verglichen mit unseren bisherigen Erfahrungen – ein Traum. Alles glänzt vor Sauberkeit, alles ist frisch renoviert, wenn nicht sogar neu gebaut. Die Armaturen, die Fliesen, die Dusche, alles strahlt Wohnlichkeit aus. Die Zimmer sind im altdeutschen Stil eingerichtet, über den beiden Betten liegen freundliche Tagesdecken, der Schrank ist frisch ausgewischt. So haben wir es kaum zu hoffen gewagt – später erfahren wir, wie schwer es ist, in dem Geheimtipp „Casa Carolo" ein Zimmer zu bekommen. Glück gehabt – und noch mal ganz herzlichen Dank an unseren freundlichen Herrn von der Rezeption des „Hotels San Francisco". Ach ja – und für alle künftigen Pilgergenerationen: 982 367 168 lautet die Telefonnummer dieser gastlichen Stätte.

Und jetzt wollen wir die Küche des Hauses testen – draußen regnet es inzwischen in Strömen, also warum weit laufen? Wir genießen eine hausgemachte Gemüsesuppe, danach „Pollo asado", ein in Öl und getrockneten Tomaten eingelegtes Hühnchen, Jürgen geht mit Merluzza lieber auf Nummer Sicher und bereut auch diese Wahl nicht. Was jetzt noch? Wir sitzen in der Gaststube, beobachten das Kommen und Gehen. Wenige Pilger haben eine Reservierung, die meisten werden mit einem bedauernden Kopfschütteln weiter geschickt – „completo".

Was haben wir wieder einmal für ein unverdientes Glück gehabt! Sollten wir da nicht besser? – Ja, wir sollten! Also bemühe ich noch einmal meine Sprachkenntnisse und schaffe es, die Wirtin zu bitten, für uns die nächsten beiden Unterkünfte in Alto do Poio und Triacastela zu buchen. Jetzt haben wir uns die Dusche aber wirklich redlich verdient!

Im Tagebuch notiere ich die denkwürdigen Sätze: „Halbzeit – mit den heute gelaufenen 29 km haben wir gleich drei Höhepunkte erlebt: Die Hälfte unserer Strecke nach Santiago ist bezwungen, die längste Etappe absolviert und die Grenze zwischen Kastilien und Galizien überschritten."

Und weiter: „In der Rückschau hat alles so sein sollen: Wäre die reservierte Unterkunft in Villafranca keine Katastrophe in sanitärer Hinsicht gewesen, wären wir nicht im Hotel „San Francisco" gelandet, hätten den netten Portier nicht kennen gelernt, der den Tipp mit der Meson Carolo hatte, als das eigentlich ins Auge gefasste Hotel in O'Cebreiro belegt war. Und dann das Wetter: Es scheint so, als meinte es jemand sehr, sehr gut mit uns."

Am Nachmittag schlendern wir bei strömendem Regen und völlig vernebeltem Bergblick durch den Ort. Fast niemand ist auf der Straße, ab und zu huscht ein verspäteter Pilger vorüber. Aus einem kleinen Andenken-Laden dringt Dudelsackmusik – da wir jedoch alles neu Gekaufte bis nach Santiago tragen müssten, bleiben die Geldbörsen geschlossen. In der Kirche holen wir uns einen Riesenstempel, der eine halbe Seite unseres Credencial füllt: Der ganze Ort ist darauf abgebildet, die Kirche, die Steinhäuser und „Santo Grial", der Heilige Gral von Galizien. Ganz unten in der linken Ecke des Stempels sitzt ein Mann mit Dudelsack. Hinter der Kirche wird auf einem Gedenkstein seine Geschichte in fünf Sprachen erzählt: „Im Volksmund heißt es, ein deutscher Pilger, der sich im Nebel erfüllten Tal des Valcarce verirrt hatte, hält inne und hört von weit oben kommend den Klang der Dudelsackmelodie. Es war ein „alalá", das hier ein Schäfer spielte. Jener geheimnisvolle Klang brachte den Pilger bis zum Heiligen Gral."

Es regnet und regnet und regnet.

Irgendwann haben wir wirklich alles gesehen, sogar die Europakarte auf der Rückseite des Pilgerdenkmals, auf dem das dichte Netz der Jakobswege verdeutlicht wird. Wo kommen sie nicht überall her: Aus Warschau, aus Wilna, aus Moskau, Sankt Petersburg, Dublin, Berlin, Frankfurt.

Der kleine Dorfladen verkauft Wasser zu völlig überteuertem Preis, wenigstens in dieser Hinsicht ist die Gegenwart hier oben angekommen. Warum auch nicht? Die Alternative wäre wie so oft „Schleppen" gewesen. In der Bushaltestelle habe ich plötzlich das dringende Bedürfnis, meinen Arbeitskollegen Markus anzurufen und mich bei ihm für seine Gepäckratschläge zu bedanken. Ohne seine Tipps hätte ich wahrscheinlich einiges für teures Geld nachkaufen müssen, hätte mit normaler Kleidung mehr zu schleppen gehabt und sicher auch wesentlich mehr geschwitzt. Und das musste ich jetzt mal loswerden.

Da es noch immer regnet und heute vermutlich auch nicht mehr aufhören wird, wir aber auch keine Lust verspüren, um 18 Uhr ins Bett zu klettern, suchen wir uns für ein Feierabendbierchen die gemütliche „Meson Anton" aus, was sich als echter Volltreffer erweist. Alte Männer – einer sogar in den traditionellen Holzschuhen, die wir im Schuhladen in Ponferrada noch bestaunt hatten – stehen am Tresen. Das Bier wird aus kleinen Gläsern getrunken, der Hauswein dagegen aus Steingutkannen, jeder kriegt irgendwann irgendwas zum Essen hingestellt. Wir erhalten Schinken und Brot – ansonsten werden wir als einzige Fremde nicht weiter beachtet. Immer wieder öffnet ein Gast den Kühlschrank und holt sich ein Stückchen Käse heraus. Also bitte auch ich um eine Kostprobe, immerhin gilt der Käse aus O'Cebreiro als Spezialität. Prompt steht ein großer Holzteller voll Ziegenfrischkäse mit Honig und Brot auf dem Tisch – lecker! In der Ecke dudelt der Fernseher mit irgendeinem Fußballspiel, die Gespräche sind für uns absolut unverständlich und drehen sich wahrscheinlich hauptsächlich um Wetter, Nachwuchs und Geschäft.

Es muss hier eine geheimnisvolle Übereinkunft geben, denn ständig werden die manchmal noch halbvollen Trinkgefäße der Einheimischen nachgefüllt. Als sich gegen 20.30 Uhr die Kneipe schlagartig leert, sehe ich aber niemanden bezahlen. Lediglich zwei einsame Jakobspilger nehmen nun noch ihre Mahlzeit ein. Jürgen und ich trinken unser letztes Bier nach einem ereignisreichen Tag aus, die wenigen Schritte zum Bett sind dann schnell gemacht.

Der Regen hat nicht mehr aufgehört.

Donnerstag, 15. Mai – Von O'Cebreiro nach Alto do Poio

O'Cebreiro – Liñares – Alto de San Roque – Hospital – Padornelo – Alto do Poio

9 km

Inzwischen hat sich der Wanderführer zum meistgelesenen Buch unserer Pilgerreise entwickelt. Wie oft haben wir in den letzten Tagen die Tourbeschreibung der „Etappe 34 – Von O'Cebreiro nach Triacastela" durchgelesen. Aber wie wir es auch immer wenden – entweder wir weichen heute von unserem Grundsatz „Kurze Etappen – langsames Tempo" ab oder wir haben heute tatsächlich nur 9 km vor uns. Laut Wanderführer erwartet uns die erste Unterkunftsmöglichkeit in Alto do Poio rund hundert Höhenmeter über O'Cebreiro. Die nächste Herberge steht dann jedoch erst in Biduedo, was einer Gesamttagesetappe von 15 km entspräche. Keiner weiß, was die Berge von uns verlangen, die Füße haben den gestrigen Anstieg hervorragend überstanden, warum also jetzt sofort das Schicksal herausfordern. Davon abgesehen hatten wir uns ja auch bereits gestern Mittag nach langen Überlegungen für die

Vernunftvariante entschieden und Quartier in Alto do Poio gemacht. Also ist heute Morgen keine Eile angesagt.

Erst mal frühstücken wir in aller Ruhe: Wieder gibt es landestypisch das getoastete Weißbrot, Marmelade, Milchkaffee und Jürgens geliebten Tee mit Zitrone. Während wir gemütlich plaudernd den spanischen Wetterbericht erörtern, erscheint ein breit schwäbelnder Pilger auf der heimischen Kabarettbühne. In haarsträubendem Spanisch erkundigt er sich nach einem Gepäckservice. Die durchaus berechtigte Gegenfrage „Adónde (=Wohin)?" wird aber leider nicht verstanden und führt zu dem mehrfach wiederholten absurden Wortwechsel „Gibt es den Service?" – „Wohin? – „Den Service?" – „Ja, wohin?"

Ich biete dem entnervten Schwaben meine bescheidene Übersetzungshilfe an, diese wird aber zunächst nicht angenommen. Es geht weiter: „Esto transporte mochilas?" – „Si, adónde?" Irgendwann hat der Mann die Gegenfrage dann doch allein verstanden und merkt nun, dass er diese ohne seinen Partner gar nicht beantworten kann. Sicherheitshalber kommt er dann doch an unseren Tisch und erkundigt sich, ob wir noch länger hier im Frühstücksraum sitzen würden. Aber sicher, dieses morgendliche Kabinettstückchen lassen wir uns doch nicht entgehen, soviel Zeit haben wir allemal. Als sich der Pilger schließlich mit seinem Partner einig geworden ist, wo die Reise hingehen soll, ist auch der Taxifahrer eingetroffen. Ich bin mir ziemlich sicher, dass es einer unserer Flatrate-Weintrinker von gestern Abend ist, dessen Fahrkünste in diesen Bergregionen angesichts des zweifellos vorhandenen beträchtlichen Restalkohols im Blut gewaltige sein müssen. Und siehe da, aus dem Gepäcktransport nach Sarria wird kurzerhand nun sogar eine schwäbische Taxifahrt.

Inzwischen dürften wir zu den letzten Pilgern des heutigen Tages gehören. Nebelschwaden ziehen unter tief hängenden Wolken, die Luft ist voller kleinster Tröpfchen, es ist kalt. Manchmal verändert sich die Landschaft schon während des Scharfstellens der Kamera, so schnell zieht der Nebel. Ab und zu lugt ein kleiner Sonnenstrahl durch die Wolken.

Unser erster Weg führt in die Kirche, die um diese Morgenstunde schon geöffnet ist. Wir sind allein in dem Gotteshaus und können uns in aller Ruhe den Heiligen Gral von Galizien betrachten, der in einer Nische hinter einer dicken Glasscheibe auf rotem Samt steht und hell angeleuchtet wird. In diesem goldenen Becker hat sich also vor siebenhundert Jahren das Blutwunder vollzogen. Ein Mönch, so berichtet der Wanderführer, habe sich über einen Bauern geärgert, der durch Eis und Schnee den Weg zur Messe gefunden hatte. Wegen diesem Esel müsse nun der Priester die heilige Handlung vornehmen. Und genau in diesem Augenblick habe sich der Wein in das leibhaftige Blut Christi verwandelt – dieses Wunder wurde von Rom anerkannt und Galizien hatte sein eigenes Heiligtum.

Es ist bereits nach 10 Uhr, als wir endlich aufbrechen – zwei Hunde kreuzen unseren Weg, alles ist sehr still. Gemütlich wandern wir auf der ruhigen Landstraße unserem Tagesziel zu. Wenn die Wolkendecke für einen Moment aufreißt, sehen wir die gleichen Bilder wie gestern: tiefe Täler in bunten Farben, ein weiter Horizont und viel Grün. Die Wege sind manchmal abenteuerlich und ich bin froh, dass wir uns beide für gute Wanderschuhe entschieden haben. Manchmal ist der Schlamm knöcheltief, dann wieder stolpern wir über spitze Steine und grauen Schotter.

Am Alto de San Roque sehen wir auf 1.270 m ü. NN. das Denkmal des einsamen Jakobspilgers, der sich gegen Sturm und Naturgewalten stemmt. Ja, ich kann mir gut vorstellen, dass das Wetter hier oben noch unangenehmer sein kann als heute. Für den Augenblick reicht es aber auch so, wie es ist - es beginnt nämlich zu regnen. Und dabei hatten wir gerade ein wenig Hoffnung geschöpft angesichts eines blauen Himmelsflecks.

Hospital lädt zu einer kurzen Rast ein. Wieder scheint die Zeit still zu stehen. An der unbefestigten Dorfstraße träumt seit einigen hundert Jahren eine grob gefügte Kapelle im romantischen Dornröschenschlaf vor sich hin. Der rechteckige Glockenturm, schmucklos bis auf das Jakobskreuz auf dem Dach, ist gleichzeitig das höchste Gebäude im Ort. Die Glocken hängen an vom Alter gebeugten Holzbalken – obwohl alles einen verlassenen Eindruck macht, ist es sauber, geradezu aufgeräumt. Überall erinnern Jakobskreuz und Muschel an den Weg, in die Kirchentür sind die jahrhundertealten Symbole eingeschnitzt, auf das Gitter am Eingang geschmiedet. Die Gräber rund um das Kirchlein sind mit frischen Blumen geschmückt, eine Katze sonnt sich. Draußen auf der Dorfstraße gähnt gelangweilt ein Hund, sonst sehen wir kein Lebewesen. Ein Pilger radelt vorbei – „Buen Camino" und schon ist er wieder verschwunden. Orchideen wachsen auf dem Gottesacker, alles ist hier in tiefstem Frieden – wir könnten heute das Jahr 1908, 1808, 1708 schreiben, die Szenerie machte keinen Unterschied, sieht man von dem einsamen Lichtmast und den Stromleitungen ab, die auch hier oberirdisch angebracht sind.

Ein paar Schritte weiter macht ein Kettenhund auf sich aufmerksam, der hier auf allerlei Gerümpel aufpasst. Aus einem Schornstein steigt Rauch auf, der Geruch lässt eine kräftige Gemüsesuppe vermuten. Also ist Hospital tatsächlich nicht verlassen. Ob ich hier wohnen möchte? Bis zum Lebensende? Vielleicht mit einer großen Bibliothek, meinen

Schallplatten. Und dann? Wie lange würde es dauern, bis ich wieder einmal in die Stadt fahren möchte? Etwas anderes sehen möchte? Nein, so idyllisch, vielleicht sogar romantisch dieser Ort im ersten Moment erscheint, leben möchte ich hier nicht und könnte ich wahrscheinlich auch nicht mehr.

Die Hänge sind voller Erika, die weiten Wiesen saftig, das Grün der Bäume variiert vom zarten Hellgrün junger Triebe bis fast schwarz. Und dann der letzte steile Anstieg – Alto do Poio ist erreicht und mit 1.337 m ü. NN. der höchste Punkt unserer Reise, sieht man vom „Cruz de Ferro" ab, das wir ja nicht zu Fuß absolviert hatten.

Das „Hostal Restaurante Santa Maria do Poio" macht einen ordentlichen Eindruck, unser Zimmer ist sauber, die Heizung bullert fröhlich vor sich hin. Vor dem Haus steht ein Fernfahrer-Lkw, was gewöhnlich auf eine gute Küche hinweist. Ich denke schon wieder ans Essen und muss grinsen, immerhin sind wir erst seit knapp drei Stunden unterwegs. Aber viel wichtiger ist angesichts unseres Zimmers und der sauberen Dusche unsere Wäsche, die in der feuchten Bergluft nicht ganz so schnell trocknet wie im Tal. In nur einer halben Stunde gelingt es uns, das gesamte Zimmer in einen Waschsalon zu verwandeln. Vom Fenstergriff bis zur Badtür reicht die Wäscheleine, die nun mit frisch gewaschenen Unterhemden, Unterhosen, Hemden und den feucht gewordenen Hosenbeinen bestückt wird. Feuchte Wollsocken runden das einmalige Duftaroma ab. Morgen früh wird alles trocken sein – denken wir.

Jetzt haben wir uns das Mittagessen aber doch verdient. Der Speiseraum erinnert in seiner etwas einfallslosen Möblierung an einen Schnellimbiss irgendwo im Ruhrgebiet zu Beginn der achtziger Jahre. Natürlich gibt es ein Pilgermenü, aber dann erschreckt uns die Wirtin mit einigen deutschen

Wortbrocken. Sollte „Schneck" wirklich „Schneck" sein? Hier oben? Schnecken? Ich bitte um die spanische Übersetzung dieser angeblichen Spezialität – und dann stellt sich alles als ein großes Missverständnis, nämlich ein „Steak" heraus. Der Gemüsesuppe folgt das „Fileto" und gemeint ist ein dünnes, sehr, sehr leckeres Rindersteak mit selbst gemachten Pommes. Danach als obligate Nachspeise – „para postre" – unser vielgeliebter Flan. Es sammeln sich noch andere Pilger zum Essen, die meisten zieht es aber danach wieder nach draußen, wo es kalt und neblig ist. Der Regen dürfte heute nicht mehr aufhören.

In unserem vorhin so gelobten Staatszimmer wird es inzwischen immer kälter und meine Bitte um Wärme und Heizung bleibt ungehört. Sowohl die deutsche Vokabel als auch das spanische Wort „calefacción" scheinen für die Wirtin mit serbischen Wurzeln unbekannt zu sein. Missgelaunt wickeln wir uns in alle verfügbaren Decken und halten Mittagsschlaf.

Als ich aufwache, friere ganz erbärmlich. Das kann ja noch lustig werden, denke ich und ziehe mich leise an. Vielleicht ist es unten im Gastraum wenigstens ein paar Grad wärmer. Ich setze mich zwischen einige Pilger und laut diskutierende Fernfahrer, wärme mich mit Tee „con lemon" und schreibe Tagebuch. Einer pfeift leise, aber deutlich erkennbar die ersten Takte der „Internationale", der Wirt steht mürrisch hinter dem Tresen, während seine bessere Hälfte in der Küche das Mittagsgeschirr schrubbt.

Es dauert nicht lange und ich komme mit meinen Tischnachbarn ins Gespräch: Werner und Britta wohnen in Heidelberg und sind bereits seit vielen Jahren auf dem Jakobsweg unterwegs. Immer in Etappen nähern sie sich dem großen Ziel „Santiago de Compostela" und dieses Jahr soll es endlich soweit sein. Was haben die beiden nicht alles zu erzählen – und wie viele Orte haben sie durchwandert, in denen ich mit meiner Kathrin die Urlaube verbracht habe. Britta zeigt mir ein kleines Medaillon, das sie bei der Pilgersegnung in der Kathedrale von Le-Puy-en-Velay erhalten hat – und schon bin ich in Gedanken auf der steilen mittelalterlichen Straße, die hinauf zum Gotteshaus führt. Überall sitzen die Klöpplerinnen vor ihren Geschäften, Touristen eilen mit ihren Fotoapparaten umher.

Schließlich gesellt sich noch Tilli aus der Schweiz zu uns. Auch sie ist eine erfahrene Jakobspilgerin, hat bereits viele tausend Kilometer hinter sich. Ich höre Geschichten aus der Zeit, als der „Camino" noch nicht so überlaufen war wie heute, als in den Dörfern noch manchmal eine kostenlose Unterkunft angeboten oder ein Essen ohne Bezahlung gereicht wurde, als kleine Gespräche den alten Menschen in den Bergen die weite Welt öffneten. Tilli – sie ist fast 70 Jahre alt – erzählt von einem jungen Deutschen, der drei Tage lang im Fieber lag und den ersten Tag wieder allein wanderte. Er hatte Durst, Tilli kam nicht allein über eine überflutete Straße. Sie gab ihm von ihrem Wasser ab, er half ihr über die Leitplanken der Autobahn hinweg zurück auf den Weg. „Und so war der eine für den anderen zum Engel geworden. Ja, es gibt Engel!" so beendet sie ihre Geschichte.

Irgendwann beklagt sie sich über die wirklich kaum erträgliche Musik im Gastraum, der langsam immer kälter wird. Früher sei die Musik im Radio doch wesentlich harmonischer gewesen, heute sei das ja alles nur noch ein ewiges „Bumm-bumm-bumm". Ich pflichte ihr aus reinem Herzen bei und erzähle von meinen Schellackplatten zu Hause. All die Sänger, die mich mit ihren längst verstummten Stimmen seit über zwanzig Jahren begleiten, kennt sie: Schlusnus, Tauber, Schmidt und wie sie alle heißen. Sie erzählt von ihrem

Grammophon, ich von meinen – und auch Werner und Britta haben eines im Wohnzimmer stehen. „Komm doch mal bei uns vorbei, wenn Du wieder in Deutschland bist, du bist herzlich eingeladen. Wir haben im Keller noch ein paar Schellackplatten liegen, die kannst Du gern bekommen, wenn Du Spaß dran hast". Wir tauschen Adressen aus – ob wir uns tatsächlich noch einmal in Deutschland sehen werden?

Jürgen hat sich unserer Runde angeschlossen und bei angeregten Gespräche über alles mögliche – aber immer wieder zurück kommend auf unseren gemeinsamen Weg – essen wir dick angezogen, denn die Kälte kriecht nun aus allen Ecken, gemeinsam zu Abend. Noch einmal gibt es das „Pilgermenü". Immerhin und für mich völlig überraschend kann ich mit meinem bisschen Spanisch Tilli zu einem vegetarischen Essen verhelfen, worüber sie sich sehr freut.

„Kennt ihr eigentlich die Schweizer Pilgerapotheke?" Fragende Blicke – und schon saust Tilli hoch in ihr Zimmer und kommt mit einer kleinen Blechschachtel zurück, nicht größer als eine Pillendose. Jeder zieht reihum eine Karte, die er dann auch behalten darf – meine lautet „Ich vertraue meinem Weg."

Die kleine Karte mit dem Pilgersymbol begleitet mich seit diesem Abend in meiner Brieftasche – vertraue ich meinem Weg? Kenne ich ihn überhaupt? Und nutze ich die Zeit hier in Spanien, um darüber nachzudenken? Noch sind einige Tage Zeit bis Santiago, vielleicht kommt diese Mahnung genau zum richtigen Zeitpunkt.

Wir verabreden uns alle für morgen früh zum Frühstück.

Freitag, 16. Mai – Von Alto do Poio nach Triacastela

Alto do Poio – Fonfría – Biduedo – Filloval – As Pasantes – Triacastela

12 km

Ich bin wie gerädert, die Nacht war kaum auszuhalten wie das ganze Hostal. Immer wieder haben sich durch meinen unruhigen Schlaf die zahlreichen Unter-, Woll- und Überdecken verheddert und sind schließlich zu Boden gerutscht. Während Jürgen ruhig und gleichmäßig schlief, musste ich in tiefster Dunkelheit meine paar Decken wieder in eine irgendwie geartete Ordnung bringen, um wenigstens ein bisschen Wärme abzubekommen. Dann ganz ruhig hinlegen, möglichst nicht bewegen, Arme an den Körper – und einschlafen.

Es war bitterkalt – am Morgen zeigt das Innenthermometer an Jürgens Uhr in unserem Zimmer stolze 14°C. Alles ist feucht, kalt und klamm. Von den Scheiben tropft das Kondenswasser, natürlich ist auch die Wäsche nicht trocken geworden. Ich bin froh, dass diese Nacht vorbei ist, ich habe so bitter gefroren, wie ich es nie in Spanien für möglich gehalten hätte.

Unter den Wolldecken ist es einigermaßen warm, aber pünktlich um 7 Uhr ist die Nacht zu Ende, denn wir haben uns ja mit Tilli, Britta und Werner zum Frühstück verabredet. Der Blick aus dem Fenster zeigt eine einzige dunkelgraue Suppe, das Haus auf der gegenüberliegenden Straßenseite und der Strommast sind völlig verschwunden. Das kann ja eine heitere Wanderung werden. Jürgen knurrt irgendetwas Unverständliches vor sich hin, ich verstehe nur die Worte „Kein Wetter" und „im Bett bleiben".

Die unmittelbare Aussicht auf heißen Café con leche, ein frisch getoastetes Weißbrot und irgendeine Leckerei als Belag lassen meine Stimmungskurve kurzzeitig ansteigen, immerhin genügt das, um aus dem Bett zu kriechen. Und vielleicht, ja vielleicht ist es im Frühstücksraum ja wenigstens zwei, drei Grad wärmer als in dieser Eiskammer.

Wir packen die Rucksäcke, was mittlerweile schon ziemlich gut von der Hand geht. Ist beim Zuschnüren zuviel Platz, dann fehlt etwas – ist der Gegendruck genau richtig, dann haben wir nichts vergessen. Zuviel könnte also nur im Rucksack sein, wenn wir etwas mausen – oder vom anderen versehentlich einpacken. Diese Packerei ist eine Sache von höchstens fünf Minuten. Ungefähr genauso lange dauert heute die Körperpflege. Wenigstens gibt es warmes Wasser, was binnen Sekunden das Bad in eine Saunalandschaft verwandelt.

Müde und zerschlagen steigen wir die schmale Stiege nach unten – unsere Gefährten haben eine ähnliche Nacht hinter sich und sitzen bereits am Frühstückstisch. Tilli hatte übrigens ein echtes Spezialzimmer, ihr Fenster ging nicht wie bei uns nach Draußen, vielmehr hatte sie freien Blick durch eine vorhanglose Fensterscheibe auf den Flur der Herberge. Das bedeutet natürlich im Umkehrschluss, dass alle Herbergsgäste Tilli beim Schlafen zuschauen konnten.

Und wenn wir nun nicht vorgebucht hätten? Wenn wir vielleicht in der Nachbarschaft – das heißt dem zweiten Gebäude des Ortes Alto do Poio – übernachtet hätten? Tausend Gedanken schwirren durch den Kopf, jetzt gibt es aber erst einmal Frühstück.

Zu unserer nicht geringen Überraschung ist sogar der griesgrämige Wirt trotz gestriger Diskussion bereits wach. Was hatte er sich gestern Abend noch geziert. Ob wir denn wirklich schon um halb acht frühstücken müssten? Ob denn nicht 9 Uhr reichen würde? Jetzt steht er mit regelrechter Totschlägermiene hinter dem Tresen, auf dem noch die Tasse meines letzten Getränks von gestern steht und wartet mit einer neuen Überraschung auf: Ja, Frühstück könnten wir bekommen, Kaffee, Butter, Marmelade, alles sei da. Nur eine Kleinigkeit, Brot, Brot sei keines mehr da. Das hätten wir gestern Abend alles aufgegessen, und der Brotwagen käme heute nicht vor 10 Uhr. Am Nachbartisch kauen derweil einige Fernfahrer genüsslich frisch getoastetes Weißbrot. Für uns holt er nach einigem Überlegen kleine abgepackte Kuchen aus irgendeiner Ecke, die könnten wir natürlich gern essen. Ob er lügt? Ich glaube nicht – ich halte ihn für gerissen, als Wirt für untragbar, für einen Halsabschneider, aber nicht für einen Lügner. Wir haben halt Pech gehabt, die Fahrer waren einige Minuten schneller als wir oder kannten schon das Problem. Jedenfalls hätten sie ihn wahrscheinlich nicht so pfleglich behandelt wie wir Pilger, wenn er ähnliche Spiele für sie vorbereitet hätte, da bin ich mir sicher.

Nun sitzen wir fünf also früh morgens bei heißem Kaffee bzw. Tee und schmieren abgelaufene Marmelade aus kleinen

Plastiknäpfchen auf klebrige Maddalenas. Tilli hält es um kurz vor acht als erste nicht mehr aus. Kaum tritt der erste Sonnenschein, der im wahrsten Sinne des Wortes nur ein Schein ist, durch die Nebelschwaden, bricht sie auf: „Ich muss hier weg!" – „Buen camino, Tilli!" – leider haben wir diese tapfere kleine Frau nicht noch einmal getroffen, sie ist uns allen regelrecht davon gelaufen.

Etwas Positives bleibt trotz aller Ungemach festzuhalten – der kleine Frühstücksraum war tatsächlich ein paar Grad wärmer als das Zimmer – auch wenn das wahrscheinlich nur von der Abwärme der Kaffeemaschine kam.

Schließlich – so gegen 8.15 Uhr – machen auch wir uns auf und beginnen den langsamen Abstieg nach Triacastela. Rund zwölf Kilometer liegen vor uns, zahlreiche Dörfer am Weg versprechen Abwechslung und die knapp 700 Höhenmeter sollten zu schaffen sein.

Der Nebel steigt aus dem Tal herauf, die einzelnen Schwaden ziehen über die Berglandschaft und schon erscheinen erste blaue Himmelflecke. Wir genießen die frische Bergluft, hören auf das Vogelgezwitscher, das Auge freut sich an den bunten Blumen am Wegesrand. Wir sind noch keine Stunde gelaufen, da sehen wir eine einladende Pension, untergebracht in zwei Pallozas, frisch mit Stroh gedeckt. Ja, wenn wir das gestern Abend gewusst hätten! Und, was wäre dann gewesen, wirft Jürgen trocken ein? Wir hätten liebe Menschen nicht kennen gelernt und auf einen wunderschönen, einen unvergesslichen Abend verzichten müssen. Nein, es war alles genauso richtig, wie es war.

In Fonfría verhüllt der Nebel den kleinen Glockenturm der Dorfkapelle, jetzt müsste nur noch der Hund von Baskerville erscheinen, denke ich. Und das soll Spanien sein? Alles ist viel bunter, abwechslungsreicher als ich es mir jemals vorgestellt hätte. Oder liegt es daran, dass ich viel langsamer unterwegs bin als sonst, mehr wahrnehme, mehr Eindrücke verarbeite? Es sind diese Gedanken und Gespräche mit Jürgen, die mir immer mehr bewusst machen, dass ich vom Wandertouristen zum Pilger werde. Und dass mich dieser Weg sehr wahrscheinlich nie mehr loslassen wird.

In den Pfützen auf dem Weg spiegelt sich der von Wolken verhangene Himmel, die Landschaft erinnert an Irland, die Luft ist voller kleinster Wassertröpfchen. „Es mistelt, das ist gut für die Haut" würde meine Kathrin jetzt sagen. Unwillkürlich muss ich schmunzeln und nehme mir fest vor, diesen Gedanken heute Abend per Telefon an sie weiterzugeben.

Am Kilometerstein 136,5 in Viduedo – der Wanderführer spricht spanisch-korrekt von „Biduedo" – steht eine kleine Kapelle, die wohl die Dorfbewohner selbst aus umher liegenden Felsbrocken zusammengebaut haben. Leider ist das Kirchlein verschlossen, durch ein Gitter kann man aber einen schnellen Blick auf das einfache Marienbild über dem Altar werfen. Aus Weichholz hat es vor vielleicht zweihundert Jahren ein örtlicher Künstler geschnitzt, die Proportionen lassen zu wünschen übrig, vier Säulen tragen einen angedeuteten Baldachin über der Himmelskönigin. Das ganze Kunstwerk ist vor Jahren einmal bemalt gewesen, Reste der Marmorierung sind noch zu erahnen. Alles ist sauber, auf dem Altar stehen frische Blumen – Ausdruck einer tiefen Frömmigkeit in dieser einsamen Bergregion.

Während wir noch ausgiebig Fotos machen, überholen uns Werner und Britta mit strammem Wanderschritt. Ob wir sie noch einmal wieder sehen werden?

Wenige Schritte weiter steht ein Kuhstall, lautes Kuhglocken-Gebimmel begrüßt den jungen Morgen. Noch ist der Bauer nicht zu sehen, aber die gepflegten Tiere wissen, dass es nicht mehr lange dauern kann, bis sie gemolken und auf die Weide gebracht werden.

Und dann ist es soweit, der Himmel reißt auf, Sonne dringt durch die Wolkenlücken und malt in zauberhaft zarten Pastelltönen eine Landschaft vor unsere Augen, die schöner nicht sein kann. Der Ginster umrahmt diese Pracht mit sattem Gelb. Auf den sanften Hügeln Galiziens warten saftig grüne und taufrische Wiesen auf die Tiere, jedes Grundstück ist von Hecken und einzelnen Bäumen begrenzt, Mauern und Stacheldraht scheinen nicht nötig zu sein. Schmale Straßen und Wege schlängeln sich von Ort zu Ort, ab und zu sieht man ein frühes Auto. Wie weiße Farbtupfer liegen die Gehöfte und Dörfer verstreut – über allem ist Ruhe und Frieden.

Mein Blick geht weit, der Horizont verschwimmt im Blau der Ferne – so muss das Paradies ausgesehen haben. Ich komme ins Schwärmen, kann mich kaum satt sehen, auch für Jürgen bieten sich Fotomotive ohne Zahl und unsere Stimmung wird wieder einmal euphorisch.

Auf einem einzigen Quadratmeter dieser sagenhaft schönen Landschaft sehe ich in verschiedensten Schattierungen die Farben weiß, gelb, hellgrün, froschgrün, tannengrün, lila, braun. Bei diesem frühen Licht scheinen die Pflanzen regelrecht von innen zu leuchten und werfen lange Schatten. Die Luft ist klar und sauber. Und da ruft der Kuckuck – unser Pilgervogel, der uns schon die ganze Zeit über begleitet. Ich habe noch nie soviel Ginster gesehen!

Heute gehören auch wir zu den frühen Pilgern, den Gruß „Buen Camino!" haben wir noch nie so selten gehört wie heute. Aus einer kleinen Herberge winken die beiden Berlinerinnen aus Villafranca del Bierzo. Wo mag „unsere" Chinesin sein? Wo Herbert und Benni?

Der Weg geht nun steil nach unten, wir schalten das Hirn aus, die Füße laufen fast von alleine. Langsam verändert sich die Landschaft, wir kommen in den Wald. Dicht an dicht stehen die Eichen, warum ist die Eiche eigentlich ein deutscher Baum? Irgendwas war da mit Ygdrasil und der Ureiche, Donar mit seinen beiden Raben Hugin und Munin, ich weiß, aber hier in Galizien scheint es mehr Eichen zu geben, als ich bisher in ganz Deutschland gesehen habe. Schon wieder eine neue Facette in meinem Europabild.

Unsere Gespräche kreisen inzwischen um die Frage, auf welchem Weg wir morgen weiterlaufen sollen. In Triacastela teilt sich der Camino und führt auf zwei Routen nach Sarria. Der Wanderführer beschreibt nur die kürzere Strecke über San Xil. Werner und Britta hatten gestern erzählt, dass sie den weiteren Weg über Samos versuchen wollten, um dem berühmten Benediktinerkloster San Xulián y Basilisa de Samos einen Besuch abzustatten. Bis Sarria sind es auf der kürzeren Route 17 km mit einem Höhenunterschied von rund 500 m. Allerdings geht es von Triacastela erst noch mal hoch, bevor der Abstieg beginnt. Der Wanderführer weist erst kurz vor Sarria eine Herberge in Pintín aus. Uns erscheint diese Strecke für eine Tagesetappe zu lang, wir wollen schließlich nicht übertreiben. Wie wäre es also, wenn auch wir über Samos liefen und dort eine Zwischenübernachtung einlegten? Immerhin sieht der Weg auf der Karte von Triacastela nach Samos und von Samos nach Sarria ungefähr gleich weit aus.

Leider verzeichnet unser Wanderführer für Samos nur eine mit „keine Küche, keine Heizung, spartanisch" beschriebene Herberge und zwei kleine Hotels – vielleicht ist das ja auch wirklich alles, wer weiß. Jedenfalls ärgere ich mich ein wenig, nicht genauer in Tillis französischem Reiseführer „miam, miam – dodo" nachgeschaut zu haben. Sicherheitshalber beschließen wir, die Wegfrage unmittelbar von der Übernachtungsfrage in Samos abhängig zu machen.

Also versuche ich von unterwegs aus mit dem Handy eine Reservierung in Samos zu erreichen. Leider vergeblich – während die Nummer des „Hostal Victoria" ständig besetzt ist, geht die andere – nämlich das von uns bevorzugte „Hotel A Veiga" – ins Leere. Es dauert lange, bis ich merke, dass ich nur noch auf das Handy fixiert bin und die zauberhafte Landschaft, den vielstimmigen Vogelgesang und die bunten Blumen um mich her überhaupt nicht mehr wahrnehme. Ich habe mich regelrecht in die Telefonie hinein gesteigert, will die Reservierung erzwingen. Als mir das bewusst ist, schalte ich die Maschine aus. Jürgen ist einverstanden, wir wollen das Problem noch einmal in Ruhe von Triacastela aus angehen. Und wenn es nicht klappt, dann laufen wir eben direkt nach Sarria, an diesem wichtigen Kreuzungspunkt werden wir schon eine Übernachtungsmöglichkeit finden.

Auf immer grundloseren Wegen erreichen wir schließlich gegen Mittag Triacastela – bei Regen wäre der Weg kaum zu schaffen gewesen. Wieder war unser unsichtbarer Begleiter am Werk. Und er bleibt weiter aktiv: Gleich am Ortseingang weist ein kleines Schild auf die romanische Kirche hin, darunter stehen die Worte „Sello parroquial".

Da die dicken Regenwolken am Himmel schon wieder nichts Gutes verheißen, folgen wir dem Pfeil und stehen nach wenigen Schritten vor der Wallfahrtskirche des Ortes. Nach vierstündiger Wanderung, die uns trotz Trödeltempo ganz ordentlich ins Schwitzen gebracht hat, betreten wir das kühle Gotteshaus. Wir sind allein, haben Zeit uns umzuschauen.

Gleich neben dem Taufbecken am Eingang steht ein klappriger Campingtisch, darauf liegen Pilgerstempel und Stempelkissen. Nicht festgebunden wie es zu Hause üblich – oder nötig – wäre, sondern einfach so. Wer sollte diesen Stempel auch als Souvenir mitnehmen? Pilger? Jemand anderes kommt hier in dieser Abgeschiedenheit sowieso nicht vorbei – also warum anbinden? Und was ist das? Gleich daneben liegt ein kleiner Stapel Visitenkarten mit dem Foto eines idyllisch inmitten von Hügeln und Zypressen gelegenen Hotels. Ich nehme mir eine davon weg und lese die Adresse: „Hotel - Restaurante A Veiga, Samos (Lugo) – Telefonnummer 982 546052". Nicht ...512 wie im Wanderführer, sondern einfach nur ...52 – ein kleiner Druckfehler hätte mir fast den Weg durch den verwunschenen Wald vorbei an den uralten Steineichen verdorben.

Ich gehe nach draußen und in weniger als zwei Minuten habe ich auf Spanisch die Reservierung für morgen klargemacht. Es sollte einfach nicht sein, dass ich in der freien Natur telefoniere. Als wir eine Stunde später noch einmal in der Kirche vorbeischauen, sind die Visitenkarten übrigens verschwunden – und abends nach dem Pilgergottesdienst entdecken wir sie dann wieder im nahe gelegenen Mülleimer. So, als habe ER sie nur für uns bereit gelegt. Ist das Blasphemie? Oder glaube ich jetzt schon an Wunder?

Zunächst einmal wandern wir kreuz und quer durch den kleinen Ort auf der Suche nach der „Pensión Vilasante", von der wir leider keine Adresse haben. Endlich finden wir das im lustigen Patchworkstil verklinkerte und in Rosatönen angemalte Gebäude – ein alter Mann sitzt mit einer bunten Flickendecke über den Knien in einem Wohnzimmer, das mit dunklen Eiche-Rustikal-Möbeln komplett zugestellt ist. Die Längsseite des Raumes nimmt ein völlig überdimensionierter Tresen ein, hinter dem nun eine Frau in Kittelschürze auftaucht. Ich spare mir die Frage „Hablo ingles" und erzähle lieber gleich irgendetwas auf Spanisch. Und tatsächlich – im Reservierungsbuch steht ein Name, den man mit einigem guten Willen als „Storck" entziffern kann. Gegenseitiges Anlächeln und schon haben wir einen Schlüssel in der Hand.

Die Frau führt uns am frisch eingedeckten Comedor vorbei ins Treppenhaus, das einen wesentlich helleren und damit freundlicheren Eindruck macht als der düstere Empfangsraum. Das Zimmer ist einfach und mit ziemlich wackligen Möbeln eingerichtet, aber sauber. Die letzte grundlegende Renovierung dürfte vor etwa dreißig Jahren stattgefunden haben, dafür spricht nicht zuletzt die in braun-orange ausgeführte Einrichtung. Automatisch werden Kindheitserinnerungen an Pril-Blumen und runde Plastiklampen wach. Ein Blick in die Nasszelle bestätigt noch einmal die hygienischen Bedingungen, auch die Heizung scheint intakt zu sein, hier können wir bleiben.

Ich drängle ein wenig, denn ich möchte nach der Dusche noch vor der Siesta zum Supermarkt, denn für heute habe ich noch eine wichtige selbst gestellte Aufgabe zu erfüllen: Einige wenige mir wichtige Menschen sollen eine Postkarte vom Jakobsweg bekommen! Dass ich mir dafür Triacastela ausgesucht habe hat einen ganz einfachen Grund: Als ich vorhin in der Kirche den einsamen Stempel sah, dachte ich, ein solcher Abdruck würde den Urlaubsgruß doch ganz entschieden aufwerten. Und deshalb brauche ich die Karten jetzt vor der Mittagspause, da heute Abend zum Pilgergottesdienst vermutlich zu viele Menschen meinem profanen Treiben missbilligend zusehen könnten.

Wie geplant gelingt der Kauf von genau zehn „Cartes postales" nebst Briefmarken nach „Alemania". Bei dieser Gelegenheit füllen wir im „Dorfkonsum", denn mehr ist der hiesige Supermercado beim besten Willen nicht, unseren Wasser-, Obst-, und Müsliriegel-Vorrat auf. Doch, ja, Kinderschokolade könnten wir auch mitnehmen – und was ist damit? Nein, lieber nicht, das kostet nur unnötig Gepäck, auch wenn das kleine Jakobswegbüchlein in deutscher Sprache eine nette Erinnerung für später wäre. Es wird schon Souvenirläden in Santiago geben, da bin ich mir sicher. Gut, und da gegenüber steht auch ein Briefkasten, jetzt kann nichts mehr passieren, wir schaffen nur noch schnell die Einkäufe in unsere Pension, dann suchen wir uns eine Kneipe, bevor es nichts mehr zu essen gibt.

Kaum stehen wir wieder auf der Straße, kommen wir auch schon mit zwei Pilgern aus Berlin ins Gespräch. Die beiden hatten gestern Abend in Alto do Poio um ein Bett nachgefragt und waren von unserem mürrischen Wirt abgewiesen worden – „completo!" Sie wollten dann eigentlich gegenüber übernachten und waren – das erzählen sie heute – nach kurzem Überlegen trotz Dauerregen und Kälte weiter gelaufen. Während nämlich bei uns „nur" die Heizung nicht funktionierte, lagen drüben verschimmelte Matratzen auf verschimmelten Fußböden an verschimmelten Wänden. Allgegenwärtig sei der beißende Schimmelpilzgeruch gewesen. Und trotzdem seien einige Pilger lieber geblieben als ins Ungewisse zu wandern.

Unsere beiden Berliner hatten sich aber richtig entschieden, hatten wie wir heute morgen die freundliche Meson in den beiden Pallozas entdeckt und waren dort aufs fürstlichste untergekommen. Ein junger Wirt betreibe das Anwesen und werde als gefährliches – vielleicht weil freundliches und beheiztes – Konkurrenzunternehmen von dem Griesgram auf dem Berg mit ziemlich unsauberen Methoden bekämpft. So weise er anfragende Pilger immer darauf hin, dass es erst in Triacastela – also in rund 12 km die nächste Herberge gäbe.

Auch zerstöre er immer wieder die neu aufgestellten Hinweisschilder, die Gäste auf die freundliche Herberge aufmerksam machen sollen. Es herrscht eben auch auf einem Pilgerweg nicht eitel Sonnenschein und der Mensch bleibt zuletzt doch immer nur ein Mensch mit all seinen kleinen Eifersüchteleien und auf seinen Vorteil bedacht.

In einem gemütlich in hellem Holz eingerichteten Nebenraum der am meisten besuchten Gaststätte nehmen wir gleich gegenüber vom Fernsehapparat Platz. Natürlich läuft in voller Lautstärke eine Quizshow: Ein Irgendjemand bekommt von einem anderen zweifellos prominenten Jemand Fragen gestellt, die wir natürlich nicht verstehen, beantwortet sie und gewinnt oder verliert. Ähnliches läuft hier auf fast allen Sendern – wenn nicht gerade eines der ganz offensichtlich sehr beliebten Musikvideos dudelt oder ein Fußball-Match der nächstgelegenen Sandplatz-Liga übertragen wird.

Unser Menü besteht wieder einmal aus Ensalada mixta für Jürgen und Paëlla für mich, es folgt gebratenes Rindfleisch mit Pommes. Wir nehmen dieses eintönige Essen mittlerweile als gottgegeben hin und registrieren kaum noch die geringen Unterschiede. Spannend wird es immer erst beim Nachtisch – wird es Flan geben? Und wird er in seiner Qualität an den in der Pizzeria von Ponferrada verzehrten heranreichen? Das wird er tatsächlich nie – das wissen wir aber zum Glück heute noch nicht, und so bleibt es wenigstens in dieser Frage bis zum Schluss der Reise spannend.

Wir leiten die tägliche Siesta mit einem kleinen Verdauungsspaziergang ein. Noch immer sind dicke graue und schwarze Wolken am Himmel, aber noch bleibt der Regen aus. Vorbei an der staatlichen Herberge, die einen fast hotelartigen Eindruck macht und nagelneu zu sein scheint traben wir den Weg zurück zur Kirche. Richtig liegt dort noch der

Pilgerstempel und ich verziere meine zehn Ansichtskarten. Inzwischen schaut sich Jürgen nach lohnenden Fotomotiven um – wir können uns völlig frei in dem Gotteshaus bewegen, nirgends eine Absperrung, keine Schilder versperren den Zutritt zum Altarraum. Die Bibel liegt offen, das Mikrophon steht an seinem Platz, der Priester scheint viel Vertrauen zu seinen Schäflein aus aller Welt zu haben. Über dem Hostienschränkchen wacht der Heilige Jakobus, umgeben von Jesus, Maria, dem Heiligen Franz und anderen Figuren. Alles ist schlicht, aber geschmackvoll, trotz Vergoldung wirkt die Altartafel nicht überladen und passt perfekt in dieses kleine Gotteshaus.

Auf der Balustrade über dem Eingang liegen einige Matratzen – im Sommer scheint es also manchmal vorzukommen, dass Pilger hier übernachten müssen – Gäste im Haus des Herrn. Angesichts des Alters der Liegestatt und des fingerdicken Staubes vermischt mit Mäusedreck schüttelt es mich. Wir haben uns trotz des feuchten Wetters ganz sicher die richtige Jahreszeit für unsere Reise ausgesucht, im Hochsommer muss es hier ziemlich eng zugehen.

Inzwischen hat der Regen angefangen – erst langsam, aber kaum sind wir einige Meter von der Kirche entfernt, schüttet es aus allen Kübeln. Mit knapper Not flüchten wir uns in ein kleines Buswartehäuschen, dann öffnet der Himmel auch die letzte Schleuse. Ein alter Mann steht in der Ecke und begrüßt uns würdevoll – aber bevor auch nur in Ansätzen ein Gespräch zustande kommt, dringt Kinderlachen an unser Ohr. Und schon wackeln etwa zwanzig klatschnasse kleine Pilgerlein an uns vorbei – stilecht ausgerüstet mit Schlapphut, Rucksack, Muschel und Pilgerstab schreien sie lachend jedem Passanten – es sind im Augenblick nicht viele, also müssen der Alte und wir herhalten – ein fröhliches „Holla!" entgegen. Die Kinder sind von einer alternativen Schule irgendwo aus dem Saarland und haben ein Begleitmobil dabei, das wir schon mehrmals gesehen haben. Voll gepackt mit Zelten, Lebensmitteln und Spielzeug macht es täglich Quartier – heute im Garten der staatlichen Herberge. Der Stimmung tut das Wetter jedenfalls keinen Abbruch.

Als der Regen ein wenig nachlässt, eilen wir zu unserer Pension, legen uns aufs Bett und ruhen.

Es ist aber so, wie es immer ist – kaum habe ich die Botten von mir geworfen und liege in der Horizontalen, schon kitzelt mich ein vorwitziger Sonnenstrahl an der Nase. Da hält es mich natürlich nicht im Zimmer – schließlich trage ich noch zehn ungeschriebene Postkarten in der Jackentasche. Ich verabrede mich mit Jürgen in der Bar, die zu unserem heutigen Mittagsrestaurant gehört und ziehe mich wieder an. Tatsächlich, alle Wolken sind verschwunden, die Sonne wärmt angenehm auf der Haut – ich setze mich ins Straßencafe und beschaue mir das langsam erwachende Treiben. Als nach einiger Zeit immer noch keine Kellnerin erschienen ist, habe ich verstanden – hier ist offensichtlich Selbstbedienung. Und richtig, völlig selbstverständlich wird meine Bestellung – Orangensaft und Milchkaffee – angenommen und wenige Minuten später balanciere ich mein Tablett nach draußen. Jetzt geht es aber wirklich los!

Wem ich schreibe? Die Liste ist schnell zusammengestellt – zuerst soll Kathrin einen Gruß bekommen, dann ihre Eltern, meine Eltern, meine Oma. Wichtig ist mir mein Patenkind Lars und Kathrins Cousin Philipp. Dazu noch einige Freunde, fertig.

Gegen 5 Uhr erscheint auch Jürgen wieder auf der Bildfläche und setzt sich mir gegenüber – noch bin ich aber beschäftigt, schreibe Karte auf Karte und stehe für ein

Gespräch nur bedingt zur Verfügung. Kaum bin ich fertig, schlendern Werner und Britta an uns vorbei. Sie sind in einer anderen Herberge ganz vorn am Ortseingang untergekommen, haben ein wenig geruht und sind nun auf einer ersten Erkundungstour durch Triacastela. Auch sie haben ihren Stempel schon abgeholt und dabei wie wir den Hinweis auf den heutigen Pilgergottesdienst erspäht. Ob wir auch hinkämen? Das hatten wir tatsächlich vor, allerdings möchte ich zuvor noch die Postkarten im einzigen Briefkasten des Ortes einwerfen. Warum allerdings die Post nach Thüringen zwei Tage, die Karte nach Frankfurt über vier Wochen brauchen wird, das bleibt das Geheimnis der Königlich Spanischen Post.

Auf unserem Weg kommen wir noch einmal an dem kleinen Supermarkt von vorhin vorbei, und so kann Jürgen seinen Batterie-Vorrat auffüllen, während ich die sehr begrenzte Warenvielfalt betrachte. Hier ist nichts von zwanzig Käsesorten oder tausend verschiedenen Joghurts zu sehen. Vieles erinnert an meine Kindheit, als beim Kaufmann um die Ecke ein bisschen Wurst, Milch, Brot, Obst und einige Konserven zu haben waren. Dazu Putzmittel, Lappen, Insektenvernichter, Waschpulver, Zahnbürsten – was man halt so auf dem Dorf braucht. Die Besonderheiten gab es sowieso nur in der Stadt – und genau so scheint es hier noch heute zu sein. Wie sich das mit der überall und ständig präsenten Fernsehkultur verträgt, ist mir schleierhaft, denn auf der Straße sieht man durchaus auch junge Leute. Eine unumkehrbare Landflucht scheint es hier in Galizien jedenfalls noch nicht zu geben.

Wir treffen Werner und Britta gegen halb sieben in der Kirche, während die meisten Pilger sich bereits auf das Abendessen vorbereiten.

Augusto Losada López ist Pfarrer in Triacastela und scheint ein lustiger Geselle zu sein. Die wenigen Einheimischen begrüßen ihn mit einem fröhlichen „Hola, Señor Padre!", was mit herzlichem Händeschütteln erwidert wird. Hier herrscht keine verstaubte Kirchenatmosphäre, dieser Mann steht mitten im Leben und bei seiner täglich wechselnden Gemeinde. Tatsächlich wird jeder einzelne mit Handschlag empfangen, jeder erhält einige freundliche Worte – und mancher, der am Eingang noch abwartet, wird persönlich zum Gottesdienst eingeladen. Von allen will er wissen, wo er herkommt, welche Sprachen er spricht, ob es ihm gut geht. Dadurch entsteht eine erwartungsvolle, eine gespannte Stimmung.

Um 19 Uhr sind wir rund dreißig Personen, die in der kleinen Kirche Platz genommen haben. Bevor die Liturgie beginnt, geht Señor Lopéz durch die Reihen und verteilt zur Einstimmung ein Blatt mit eigenen Gedanken über den Jakobsweg. Dabei weist er ausdrücklich auf seine mehrsprachige Internet-Homepage und seine Email-Adresse hin. Die Texte sind in ziemlich vielen Sprachen vorrätig – und auf diese einfache Weise stellt Pfarrer Lopéz fest, dass heute gerade einmal vier Spanier den Weg zur Messe gefunden haben, dazu kommen zwei Franzosen aus Kanada, einige Engländer, der überwiegende Rest sind heute Abend jedoch Deutsche – und er spricht leider nur Spanisch. Ob man da nicht etwas unternehmen könne?

Kurzerhand bestimmt er drei Pilger, mit denen er sich vorhin bereits ausgiebig unterhalten hat, zu Dolmetschern seines Gottesdienstes. Die junge Deutsche meistert ihre Aufgabe in bewundernswerter Weise, so als hätte sie noch nie etwas anderes getan. Die Predigt dreht sich um die Themen „Der Camino ist ein Finden zu sich selbst" – „Die Probleme sind in Dir – auch ihre Lösung liegt in Dir! Suche sie nicht außerhalb – versuche Jesus von Nazareth mit Deinen eigenen

Mitteln nachzufolgen. Sei dankbar für Dein Leben, Deine Stärken, Deine Schwächen. Lebe Deinen Glauben."

Die einfachen, aber sehr ernsten Worte werden mit einem gewissen Augenzwinkern vorgetragen und wirken dadurch außerordentlich erfrischend. Störend sind natürlich wieder einmal meine Landsleute. Die sind es wohl gewohnt, bei jeder noch so kleinen Handbewegung des Priesters sofort aufzustehen – und das stört Señor Lopéz ganz gewaltig. Ob wir also bitte nur bei der Wandlung aufstehen würden – sonst komme er mit seinem Anliegen einfach durcheinander. Und schließlich sei es auch von den Dolmetschern ein bisschen viel verlangt, dieses ständige Aufstehen und Setzen. Und prompt steht die ganze Gemeinde bei der nächsten Handbewegung wieder wie ein Block auf – Deutsche halt, die so und nicht anders ihre Liturgie haben wollen. Wo kämen wir da auch hin?

Pfarrer Lopéz lächelt und resigniert – dann also doch das volle Programm.

Nach diesem Gottesdienst will noch keiner in die Herberge, also beschließen wir, gemeinsam mit Werner und Britta irgendwo einzukehren, obwohl wir eigentlich satt sind. Auf der Hauptmeile von Triacastela haben alle Bars geöffnet, überall dringt laute Latino-Musik und Fernsehgeplapper auf die Straße. Wir finden ein kleines Lokal, wo man uns einen Vierertisch direkt neben dem Eingang anbietet – was soll's. Wir studieren die Speisekarte, bestellen Wein und Entremeses und lassen uns den gemischten Aufschnitt- und Käseteller gut schmecken. Als Hauptspeise kommt Spargelomelette für Jürgen und mich, unsere beiden Mitpilger genießen eine Fabada gallego, den typisch galizischen Weiße-Bohneneintopf mit Blutwurst, den sie anschließend voller Begeisterung loben. Also werde ich das bei nächster Gelegenheit auch einmal probieren, obwohl ich deutliche Vorbehalte gegenüber

Blutwurst habe. Eine weitere Empfehlung von Britta ist Cuajada, ein aus Schafmilch hergestellter Räucherjoghurt, auf den sie heute Abend leider verzichten muss. Wir versprechen, im nächsten Supermercado darauf zu achten.

Bis kurz vor 22 Uhr sitzen wir zusammen. Werner ist Lehrer in Heidelberg und berichtet von seinem neuen Chef. Er erzählt, wie er auf dem Camino gelernt hat, sich zurückzunehmen, Dinge sich entwickeln zu lassen, bevor er selbst einschreitet. Die Ruhe und Gelassenheit des Weges in die meist sehr hektische Arbeitswelt hinüberzuretten – das soll meine Lehre des heutigen Tages sein.

Wir verabschieden uns herzlich – die beiden wollen schon am Freitag in Santiago sein und werden uns morgen endgültig überholen – „Buenas noches y buen Camino!".

Samstag, 17. Mai – Von Triacastela nach Samos

Triacastela – San Cristobál – Samos

9 km

Nur wenige Schritte von unserer „Pensión Vilasante" teilt sich der Camino am Kilometerstein 129,5. Rechts geht es nach San Xil, während unser Weg links am Pilgerdenkmal vorbei nach Samos führt.

Nach einem Blick an den Himmel brechen wir heute früh sicherheitshalber gleich in Regenkleidung auf, es ist bereits 8.40 Uhr als wir Triacastela verlassen – für Pilger also schon relativ spät. Die erste Strecke führt uns an der Straße entlang, wir trotten schweigend hintereinander her. Ab und zu durchbricht ein Auto für wenige Sekunden die Stille des Morgens. So bewusst wie selten nehme ich die Geräusche des erwachenden Tages wahr: Vogelzwitschern, ein „Kuckuck" unseres Pilgervogels, das gleichmäßige Geräusch des Wassers, das am Straßenrand eine Felswand hinunter rinnt, meine regelmäßige Schrittfolge. Unerwartet überholen uns nach drei ebenfalls ruhigen Pilgern Werner und Britta – die Begrüßung ist herzlich und ironisch meint Werner, dass wir heute aber einen sehr kontemplativen Schritt drauf hätten. Als die beiden vorbei sind, schweigen wir weiter. Die Ruhe tut gut, die Füße laufen von allein – irgendwie bin ich nicht zum Reden aufgelegt, die gestrige Predigt geht mir noch nach.

Das leichte Nieseln geht in einen Regen über, die Landschaft erinnert an deutsche Mittelgebirge. Wir wandern unter uralten Eichen und Kastanienbäumen. Die Dörfer sind fast verlassen, einige wenige Alte kultivieren eine tradierte Lebensform, die im 21. Jahrhundert eigentlich bereits ausgestorben sein sollte – zumindest in Mitteleuropa. Matschige Dorfstraßen, verwahrloste Ställe, magere Hühner auf der Straße, rostiges Gerümpel im Vorgarten, dazwischen Salat- und Kohlpflanzen. Wir staunen immer wieder. An einem Wehr trägt ein uralter Feigenbaum unzählige Früchte, dahinter ist das kleine Mühlengebäude zu sehen. Dieses Bild vereinigt Ruhe, Frieden und Romantik auf wenigen Quadratmetern – nur leben möchte ich hier nicht geschenkt.

Die Kennzeichnung des Weges ist auf dieser Nebenstrecke eher rudimentär, unsere Karte ist auch keine große Hilfe – und plötzlich wissen wir nicht mehr, wo wir sind und wo wir hinmüssen. Natürlich ist auch weit und breit kein Mensch zu sehen, wir stehen in einem weitgehend verlassenen Ort vor einem längst aufgegebenen Postamt mitten auf einer Straße, von der wir weder den Namen noch eine eventuell existierende Nummer kennen. Es regnet und wird langsam kühl. Und jetzt?

Erst mal weiter auf der Straße, am Ortsende müsste eigentlich irgendein Hinweis angeschrieben sein. So ganz falsch können wir hier nicht sein, das reden wir uns zumindest ein. Ob das am Ende schon Samos ist? Ein Gebäude auf der rechten Straßenseite erinnert an das Hotelfoto auf der

Visitenkarte – vielleicht? Alles Fehlanzeige, am Ortsende steht ein Name, der in der Karte nicht verzeichnet ist, die Straße hat keine Nummer – und ist damit auch nicht die Lu633, die laut Karte nach Samos geführt hätte.

Ausgezeichnet, wir haben uns auf lächerlichen sieben Kilometern bei strömendem Regen verlaufen! Da fällt mir ein, dass wir vorhin an einer kleinen Kneipe vorbei gekommen sind, die inzwischen eigentlich geöffnet sein müsste. „Lass uns zurücklaufen, das hier hat doch keinen Sinn." Jürgen stimmt missgelaunt zu.

Es dauert gar nicht so lange, wenn man etwas schneller läuft – und schon sitzen wir im Gastraum, der mit seinen rotweiß karierten Tischdecken und den ausgedienten Küchenstühlen einen sehr ländlichen Eindruck macht. Ich bestelle bei der Wirtin hinter dem wackligen Tresen einen Kaffee und ein abgepacktes Kuchenstück, immerhin hatten wir heute Morgen nicht gefrühstückt. Jürgen mosert ein bisschen, über das Wetter, den Weg, meinen Drang zu regelmäßigem Essen, schließlich nimmt aber auch er einen heißen Tee. Wir haben uns in den letzten Tagen gegenseitig ziemlich gut kennen gelernt und ich denke, wir wissen vom jeweils anderen, wann es ernst wird und wann die Moserei einfach nur mal raus muss. Und das heute dürfte zur zweiten Kategorie gehören.

Ein älterer Pilger kommt herein, wirft seine nassen Sachen von sich und bestellt Kaffee. Obwohl er nur einen Arm hat, macht er nicht den Eindruck eines Behinderten. Jede Bewegung sitzt, er hat gelernt mit seiner Beeinträchtigung zu leben, das sieht man bei jeder Tätigkeit. Wir lächeln uns an – er spricht leider nur spanisch, erklärt uns aber den Weg. Ja, die Straße führe nach Samos, sei aber ziemlich stark befahren, und was das bei diesem Wetter heiße, könne ich mir doch sicher vorstellen. Der andere Weg führe direkt gegenüber von der

Kneipe einen steilen Weg hinunter und dann immer durch den Wald. Er sei zwar ein bisschen länger, auch hügeliger – aber entschieden schöner. Na ja, einen Teil davon kennen wir ja schon, da waren wir heute Morgen auch schon unterwegs, sind aber irgendwann umgekehrt, weil einfach überhaupt kein Schild – und kein Pilger – mehr kam.

Da der Regen nicht aufhören will, verabschieden wir uns und schwingen die Rucksäcke wieder auf die Schultern. Weiter geht's!

Unten im Tal angekommen, sehen wir den Einarmigen, wie er oben auf der Straße in Richtung Samos unterwegs ist. Aber er sagte ja, dass er beide Wege kenne. „Noch mal klettere ich nicht zur Straße hoch" erkläre ich Jürgen vorsichtshalber, der keine Einwände dagegen hat. Der Weg führt durch dichten Wald, manchmal sind die Wege gerade breit genug für einen von uns. Rechts und links steht mannshoher Farn, jeden Augenblick könnte ein Zwerg oder eine Märchenfee erscheinen und nach unerfüllten Wünschen fragen. Kein Mensch scheint hier unterwegs zu sein, nur wir beide. Immer wieder kommt ein kleiner Anstieg, danach geht es wieder runter – die sieben Kilometer haben es in sich. Und da, an einem kleinen Stein leuchtet ausgewaschen eine gelbe Markierung, wir sind tatsächlich auf dem richtigen Weg. Links recken kahle Weidenbäume ihre Finger in die Luft, im Dunkeln muss das richtig unheimlich aussehen. Ein ausgetrocknetes und mit Rasen bewachsenes Flussbett kommt ins Blickfeld, die Landschaft verändert sich nach jeder Wegbiegung. Immer wieder bleiben wir stehen, weisen uns gegenseitig auf ein lohnendes Motiv hin – und merken gar nicht, dass der Regen aufgehört hat.

Plötzlich bricht die Sonne durch und bescheint einige kleine Häuschen. Der Ort San Cristóbal macht einen schmucken Eindruck, und das liegt nicht nur am Wetter. Die Gebäude sind mit grauem Schiefer gedeckt und frisch geweißelt, überall werkelt es in den Gärten. Ein Haus am Weg lädt zum Fotografieren ein – es könnte hundert, aber auch fünfhundert Jahre alt sein. Ein alter Holzrechen, ein Kummet, Stroh – kein Innenarchitekt könnte es romantischer arrangieren. Und doch ist die Hütte bewohnt und scheint auch stabiler zu sein, als es aussieht.

Und dann – nach einer letzten steilen Wegbiegung – bietet sich rechts ein geradezu atemberaubendes Bild: Ein kleiner Aussichtspunkt gibt über dichtes Brombeergestrüpp hinweg den Blick frei auf ein weites Tal, dessen Hänge dicht bewaldet sind. Tief unter uns füllt die gewaltige Anlage von Samos die ganze Breite des Tals aus, hoch überragt vom Vierungsturm der Klosterkirche. Allein für diesen Blick hat sich der beschwerliche Weg gelohnt, da sind Jürgen und ich uns einig. Wenn jetzt noch die Sonne schiene – aber wir wollen nicht undankbar sein.

Es kann eigentlich nicht mehr weit sein – und dauert trotzdem noch fast eine Stunde, bis wir vor dem Kloster ankommen.

Wir steigen den steilen Pfad hinunter ins Tal, überqueren die kleine Brücke über das Flüsschen „Sarriá" und stehen endlich mitten im Ort. Und wen treffen wir als erstes? Werner und Britta natürlich, die eben mit ihrem Mittagessen fertig sind und uns vor der örtlichen Kneipe warnen. „Geht da bloß nicht rein!" – wir werden diesen gut gemeinten Rat befolgen, soviel ist sicher. Britta empfiehlt uns noch dringend den Besuch der Klosterkirche – was wir ohnehin vorhatten – und erzählt von dem freundlichen alten Mönch, der ihre Pässe mit dem offiziellen Klostersiegel abgestempelt hat und beide voller Freude umarmte, als er die außergewöhnlich umfangreichen

Credenciales sah. Na, das wird uns wohl nicht passieren, denke ich so für mich. Wir verabschieden uns noch einmal ganz herzlich von diesen beiden lieben Menschen, die noch heute weiter nach Sarria wandern. Jetzt dürften sie uns endgültig überholt haben, aber vielleicht sehen wir sie noch einmal am Ziel in Santiago oder später in Deutschland, wer weiß?

Da die Restaurants hier im Stadtzentrum nicht gerade einen Vertrauen erweckenden Eindruck machen und die Speisenauswahl eher unspektakulär ist, beschließen wir, erst mal nach unserem Hotel zu suchen. Am Ortsrand, meint der Wanderführer, verrät aber nicht in welcher Himmelsrichtung. Die Visitenkarte verschweigt ebenfalls schamhaft die Adresse. Wir entscheiden uns für die dem Kloster abgewandte Seite und traben an der Straße entlang. Die alten mit Steinen gedeckten Häuser drängen sich an den Berghang, fast jedes verfügt über einen wackligen Balkon, auf dem alte Frauen ihre Wäsche aufhängen und uns teilnahmslos hinterher schauen. Irgendein faschistischer Architekt muss in den fünfziger Jahren in diesem Ort freie Hand gehabt haben, es gibt eine völlig überdimensionierte Rednertribüne mit einer Brüstung, die aus einem Billig-Baumarkt zu stammen scheint. Der Glockenturm der Gemeindeverwaltung steht diesem Bauwerk in seiner betont soliden Hässlichkeit kaum nach – alles erinnert ein wenig an den Bau des Kulturhauses, den Peppone gegen den Willen Don Camillos durchsetzt und vorantreibt. Ich denke, die Leute haben diese Ortverschandelung damals über sich ergehen lassen und auch heute stehen sie ihr völlig gleichgültig gegenüber. Nur den vorüber ziehenden Besucher stört die architektonische Anomalie – und vielleicht nicht einmal jeden.

Wir wandern am Rastplatz mit seinem ausgesprochen modernen Edelstahl-Pilgerdenkmal vorbei und stehen ziemlich unvermittelt vor unserem Hotel, wo wir freundlich willkommen geheißen werden. Der Wirt führt uns durch ein hübsch mit bunten Gartenzwergen drapiertes Treppenhaus und weist uns ein freundlich eingerichtetes und geräumiges Zimmer zu. Alles ist ein bisschen altmodisch, aber wirklich sauber und zum Wohlfühlen. Nach zwei eher unterdurchschnittlichen Nachtlagern haben wir heute richtig Glück gehabt!

Da wir nicht im Comedor unseres Hotels essen möchten – kein einziger Gast ist weit und breit zu sehen – duschen wir nur kurz, waschen die nötigste Wäsche und hängen alles malerisch im Badezimmer auf. Und schon geht es auf dem gleichen Weg zurück in den Ort.

Unterwegs spricht uns ein älterer Pilger mit weißen Bart auf Spanisch an, entpuppt sich dann aber selbst als Deutscher. Ob wir wüssten, wo in diesem Ort die Rúa Mayor bzw. die „Albergue O Durmiñento" sei. Also die Hauptstraße sei das hier schon, ob sie aber Rúa Mayor hieße, das wüssten wir nicht – und diesen Herbergsnamen haben wir bisher noch nirgends gelesen. „Und wo übernachtet ihr? Ist das in Ordnung – in der Klosterherberge gibt es nämlich nur einen Schlafsaal und da ist alles dreckig und voller Ungeziefer". Wir können ihm unser Hotel A Veiga nur wärmstens empfehlen und verabschieden uns.

Das Kloster öffnet erst um 16.30 Uhr, wir haben also alle Zeit der Welt. Hinter dem riesigen Bau finden sich einige Jugendstil-Wohnhäuser, die so auch in Deutschland stehen könnten. Hier wirken sie auf mich wie eine übrig gebliebene Filmkulisse. In einem ist eine Bar untergebracht, die einen ordentlichen Eindruck macht – der Lautstärke nach zu urteilen essen hier mehrere Kompanien spanischer Miliz. „Para comer?" – „Si!" Und schon sitzen wir im Speisesaal, der tatsächlich vor Menschen überquillt. Allgemeines Palaver, in einer unglaublichen Geschwindigkeit wird uns das

Speisenangebot runtergebetet, aber mittlerweile sind wir damit nicht mehr zu schrecken. Viel hilft natürlich auch, dass die galizische Küche doch recht vorhersehbar ist – ich ordere Sopa de verduras für Jürgen und für mich eine Sopa gallego, also Gemüsesuppe und Bohneneintopf mit Krauteinlage. Kaum haben wir bestellt, steht schon die Weinflasche auf dem Tisch, die Wasserkaraffe daneben – und dann kommen zwei riesige Edelstahlschüsseln mit unseren Suppen. Nein, uns wird daraus nicht jeweils ein Teller zugemessen, die Terrinen sind komplett für uns. Jürgen ist auf „Nummer sicher" gegangen und hat „Fileto" bestellt, während ich „Churasco" gewählt habe, das sich als profane Spareribs entpuppt und geschmacklich vertretbar ist. Dass man noch Nachschlag bekommen kann, merke ich zu spät am Nachbartisch, wo eine ziemlich große Gesellschaft mit vielen Kindern Mittagstisch hält.

Ein französischer Pilger hat arge Probleme im Verstehen der Kellnerin und schon sind einige „Kollegen" – darunter auch ich – bei ihm, und so muss auch er nicht verhungern. Man hilft sich gegenseitig, kann sich auf diesem Weg immer darauf verlassen, dass im richtigen Augenblick genau der bereit steht, der gebraucht wird. Das ist schon eine irre Erfahrung!

Ganz gemächlich trödeln Jürgen und ich zur mozarabischen Kapelle, die unter einer 1000jährigen Zypresse stehen soll und überall im Ort ausgeschildert ist. Das Kapellchen – mehr ist es nicht – ist klein, ganz klein, winzig klein und völlig unscheinbar. Da es wohl vor einigen Jahren erst umfassend renoviert wurde, wirkt es leider mehr wie ein Neubau. Und geschlossen ist es auch – schade. Aber der umliegende Park ist sehr schön, ein Nebenflüsschen des Sarriá plätschert gemütlich an einem Wanderweg – der tatsächlich als solcher ausgeschildert und nicht mit dem Camino zu verwechseln ist – entlang und lädt zum Spazieren ein. Es gibt sogar Ruhebänke und eine nächtliche Beleuchtung – ich bin total geplättet.

Und dann ist Fotowetter! Der Himmel hat aufgerissen und das Kloster liegt im schönsten Mittagssonnenschein. Immer wieder streichen wir um das ehrwürdige Gebäude herum auf der Suche nach dem besten Motiv. Leider bin ich nicht schnell genug, als einige Nonnen die Reste des Mittagessens an die Klosterhühner verfüttern. Mit dem Teleobjektiv wäre das auf jeden Fall lohnend gewesen. Jürgen und ich genießen unsere eigene Geschäftigkeit, dabei entstehen auch ganz eigenartige Bilder. Zum Beispiel fotografiere ich den Schatten der schmiedeeisernen Jakobsmuscheln am Brückengeländer oder auch einfach eine alte Frau auf dem Balkon. Der mittelalterliche Taubenturm hat es mir angetan, die größte Herausforderung ist jedoch das Kirchenportal selbst. Eine riesige Plastikplane verdeckt es wegen der andauernden Renovierungsarbeiten. Überall liegt Baumaterial und stehen Gerüste. Und endlich finde ich das richtige Motiv, das sogar vor Jürgens kritisch geschultem Auge besteht. Indem ich die Kamera fast auf der Straße platziere – und mich dahinter, was bei einigen Touristen schon für ziemliche Erheiterung sorgt – nutze ich das in elegantem rosa gehaltene Hinweisschild „Mosteiro de Samos" Bild füllend als szenische Abdeckung der Baugerüste und es entsteht ein zufrieden stellender Blick auf die Klosteranlage. Lediglich der Baukran stört ein wenig die Idylle – aber immerhin wurde die selbst gestellte Aufgabe gelöst. Dass Jürgen die Perspektive ebenfalls einfängt, macht mich sogar ein bisschen stolz.

Meine nächste Idee an diesem sonnigen Nachmittag ist die Besteigung des dem Kloster gegenüber liegenden Hanges. Eigentlich müsste man von dort aus einen herrlichen Blick über die gesamte Anlage haben. Eigentlich heißt aber halt nur eigentlich – denn als ich über kleinste Wege endlich oben auf einem als „privado" gekennzeichneten und eingezäunten Acker angekommen bin, versperren dichte Dornenhecken die Aussicht. Lediglich ein kurzer Blick auf die Kirchenspitze ist möglich – und so begebe ich mich unverrichteter Dinge wieder zurück ins Tal.

Ehe wir uns versehen ist der Zeiger auf 16 Uhr vorgerückt und es ist Zeit, zum Klostereingang zu gehen, wo schon eine kleine Pilgergruppe auf die erste Nachmittagsführung wartet.

Pünktlich öffnet sich die große Pforte und die Gruppe darf zunächst einmal den reich bestückten Klosterladen betreten, wo es auch den tatsächlich sehr dekorativen Pilgerstempel für unser Credencial gibt. Der dicke Mönch lacht die ganze Zeit, läuft ganz geschäftig auf und ab, klappt nach jedem Stempelabdruck das Stempelkissen zu und für den nächsten Pilger wieder auf. Ein bisschen belustigt reagiert er auf meine Bitte, auch mein Tagebuch mit einem Erinnerungsstempel zu verzieren – aber natürlich erfüllt er auch diesen Wunsch. Schnell noch das Eintrittsgeld bezahlen, und schon geht die Führung los.

Ein schmächtiger Mönch im schwarzen Habit begrüßt uns auf Spanisch und rattert dann im Vorraum in unglaublichem Tempo die wichtigsten Eckdaten der Klostergeschichte herunter. Ich verstehe nur Bruchstücke, den meisten ausländischen Pilgern dürfte es ebenso gehen. Das schert den Mann aber nicht – immerhin übersetzt eine ziemlich ökologisch-grün-bunt gewandete Dame die wichtigsten Teile für ihre Mitpilger ins deutsche. Jürgen und ich lauschen, geben uns aber nicht als Landsleute zu erkennen. Mich fasziniert der Cäsarenkopf des Mönchs – genauso müssen römische Senatoren ausgesehen haben, es fehlen nur Tunika und Toga.

Endlich betreten wir den weitläufigen Kreuzgang, der im schönsten Sonnenschein liegt. Besonders hat es der Gruppe natürlich der ungewöhnliche Springbrunnen angetan: Barbusige Meerjungfrauen tragen eine weit ausladende Wasserschale. Dass wir später für ein Kloster noch überraschendere Dinge sehen werden, weiß ja noch keiner. Die ganze Anlage macht mit ihren Sträuchern, Bäumen und hochragenden Kokospalmen einen sehr gepflegten, südländischen Eindruck und es ist kaum zu glauben, dass hier nur noch siebzehn Mönche, drei Novizen und vier Nonnen leben. Unser Führer lässt allen viel Zeit, wir dürfen nach Herzenslust fotografieren – und irgendein Studiosustourist nutzt diese Zeit für ausgedehnte kunsthistorische Extrafragen, die gern beantwortet werden. Bei jedem Schritt tun sich neue, noch schönere Perspektiven auf – mal ist es eine Statue, dann wieder eine Palme, die vor dem Glockenturm in den blauen, fast wolkenlosen Himmel ragt. Licht und Schatten spielen auf den alten Mauern, dass es nur so eine Freude ist.

Leider ist von der historischen Bibliothek beim großen Brand 1951 nicht allzu viel übrig geblieben, so dass eine Besichtigung nicht vorgesehen ist. Allerdings fasziniert mich die lateinische Inschrift über der Eingangstür: „Ein Kloster ohne Bücherei ist wie eine Burg ohne Bewaffnung".

Endlich bittet uns der Mönch ins Treppenhaus und hinauf zu den Zellen seiner Mitbrüder. Und hier haut es mich fast um! Nachdem 1951 ein Großteil der Anlage bei der Explosion der klostereigenen Schnapsbrennerei zerstört worden war, wurde schon bald mit einem modernen Wiederaufbau begonnen. Bei dieser Gelegenheit wurde der Wohntrakt der Mönche mit zeitgenössischen Gemälden verziert, die kunstsinnige Zeitgenossen in die Bereiche „untragbar" bis „geschmacklos" einordnen dürften. Was soll's, mir haben die Bilder gefallen.

Gleich am Anfang empfängt uns ein Geige spielender Engel mit langem Blondhaar, sehr hoch geschürztem Rock und eindeutigem Barbiepuppenmaß. Die Engelskolleginnen haben es sich auf den Eingängen zu den Mönchsklausen gemütlich gemacht, beschäftigen sich mit allerlei Allegorischem und erfreuen den Betrachter mit ihren wohl proportionierten Rückseiten. Es geht weiter – gleich daneben sind einige als Nonnen verkleidete Models mit Küchenarbeit beschäftigt, worüber auf Lateinisch die mahnenden Worte „Unsere Unterhaltung findet im Himmel statt" zu lesen sind. Einige neugeborene Engelchen – darunter ein Mohrenkind mit weißen Flügeln – schauen etwas kritisch, aber durchaus wohlwollend drein.

Über der Tür von Bruder Maurus sitzen drei in schwarze Kutten gewandete unheimliche Gestalten mit dem Rücken zum Betrachter, die Kapuze vollständig übers Gesicht gezogen und studieren Dokumente in grauen Mappen. Dahinter arbeiten einige Mönche am Wiederaufbau des zerstörten Klosters, während andere einen sehr realistisch gemalten blutüberströmten Verwundeten bergen. Im Vergleich zu den Engeln ein echtes Kontrastprogramm.

Unsere Mit-Besucher äußern bereits jetzt vernehmlich ihren Abscheu über diese Art Kunst, es kommt aber noch besser:

Über dem Oratorium hockt eine wahre Höllengestalt, abgemagert bis auf die Knochen, mit Totenschädel vor dem bärtigen Gesicht und langen Hörnern. Unter seinen schwarzen Flügeln trägt er eine laut schreiende Figur – und das ausgerechnet über dem Eingang zum Betraum der Mönche, die hier in Samos ganz offensichtlich einen sehr eigentümlichen Humor haben.

Den Abschluss bildet eine Gruppe Ordensritter, die von einem römischen Offizier in voller Gala angeführt werden. Zwei Kardinäle, ein Priester und etliche Nonnen stehen daneben – und genau an dieser Stelle kann ich den Erläuterungen unseres Mönchs nicht folgen. Nur soviel scheint mir sicher zu sein – einer der Ordensritter trägt die Gesichtszüge des „verehrungswürdigen Caudillo Francisco Franco".

Und richtig – eine Ecke weiter stehe ich auch schon vor einer Fotografie des spanischen Faschistenführers. Jetzt wird es der Öko-Dolmetscherin aus Deutschland zuviel. Sie erkundigt sich sichtlich aufgebracht nach dem Sinn dieser Manifestation. Ich kann kaum an mich halten, denn ich verstehe die Antwort einigermaßen gut: Ja, das sei ein wahrhaft guter Mann für das Kloster gewesen. Einmal sei er zu Besuch gekommen und habe sich gewundert, warum er nicht wie sonst in Klöstern üblich mit Glockenklang begrüßt werde. Und auf die Antwort, die Glocken seien im Bürgerkrieg eingeschmolzen worden, befahl er die sofortige Ausstattung des Klosters mit neuem Geläut. Und auch nach der Explosion habe er Gelder für den Wiederaufbau bereitgestellt. Nein, wirklich, ein großer Mann, ein guter Mensch! Unwillkürlich muss ich an die vorhin beschriebene Ortsverschönerung denken – die ist bestimmt zu Ehren des Caudillo-Besuchs entstanden. Jürgen und ich feixen, während unsere deutschen Gutmenschen vor lauter political correctness nicht wissen, was sie machen sollen.

Die Führung endet in der Klosterkirche, deren barocker Schmuck nach den vielen bunten und modern-kitschigen Eindrücken auf mich kalt wirkt. Diese Kirche könnte in jedem beliebigen Ort in Europa stehen, sie ist schön restauriert und gepflegt, keine Frage – für meinen Geschmack fehlt ihr jedoch das landestypische Flair. Selbst die sonst allgegenwärtige

Muschel und der Heilige Jakobus halten sich dezent im Hintergrund.

So – und nun haben wir die Zeit für eine Führung deutlich überschritten, unser Mönch bekommt von seinem Mitbruder eine wortgewaltige Abfuhr und auch die inzwischen angesammelte Menschenmenge im Vorraum begrüßt uns mit ungehaltenem Murren. Da haben wir ja wieder einmal genau den richtigen Riecher gehabt: Während unsere Gruppe höchstens aus dreißig Leuten bestand, warten nun mindestens zwei Busladungen darauf, mit galizischer Kultur beleckt zu werden. Unseren Führer ficht das alles nicht an, er verabschiedet sich aufs freundlichste von jedem Einzelnen und lädt alle ausdrücklich zur abendlichen Andacht mit anschließender Messe in die Klosterkirche ein.

Nun gibt es aber doch noch eine wichtige Aufgabe vor dem Gottesdienst – denn noch haben wir keine Übernachtung für morgen klargemacht. Und da wir immer mehr Mitpilger bekommen, je mehr wir uns Santiago nähern, desto kritischer könnte die Bettenfrage werden. Morgen ist Sonntag, da wollen wir nicht knausern und suchen uns ein richtiges Hotel – also ein Hotel nach unseren, nicht nach Camino-Begriffen – aus: Das „NH-Hotel Alfonso IX" soll es sein. Ein kurzer Anruf „Hablo ingles?" – „Si!" und ich kann endlich einmal in einer Sprache, die ich richtig gelernt habe, ein Zimmer bestellen. Nun ist alles erledigt, noch eine kleine Ruhepause und kurz vor halb acht stehen wir wieder vor der Klosterpforte.

Um 19.30 Uhr erscheinen die Mönche im weißen Habit hinter dem Hochaltar und schreiten mit ernsten Gesichtern zu ihren angestammten Plätzen im Chorgestühl, die Gemeinde bildet zunächst nur die Staffage für eine seit Jahrhunderten unveränderte Manifestation des katholischen Glaubens. Im

Tagebuch notiere ich unmittelbar nach dem Gottesdienst meine Eindrücke:

„Mit dem Glockenschlag beginnen die Mönche ihren lateinischen Gesang. So muss sich ein einfacher Bauer im Mittelalter gefühlt haben: Vorn am Hochaltar geschehen für ihn fremde und unverständliche Dinge in einer ihm unbekannten Sprache, bestimmte Stichworte wie das lateinische „Sanctus" zwingen zum Aufstehen oder Bekreuzigen. Die Liturgie ist – verglichen mit gestern – kalt und lehrbuchhaft, auch wenn der gregorianische Gesang sehr schön, getragen und beruhigend durch die alten Kirchenmauern klingt. Er berührt mich ebenso wenig wie die anschließende Pilgermesse. Diese ist letzlich die um einen Pilgersegen erweiterte Abendmahlsfeier. In Gedanken versunken gehe ich ins Hotel zurück, auch Jürgen schweigt."

Als wir im Hotel ankommen, ist dort Dorf-Disco. Überall im Treppenhaus stehen merkwürdig farbenfroh herausgeputzte Schönheiten mit ihren gelfrisierten Lovern. Seltsamerweise wummert kein Bass, alles geht sehr gesittet zu. Aus dem Keller riecht es penetrant nach Chlor, als gäbe es dort ein gut verstecktes Schwimmbad – was ich sehr begrüßen würde. Tatsächlich kommt der Geruch jedoch aus den völlig überdimensionierten Toiletten, die mit ihrem glänzenden Edelstahl einen lustigen Kontrast zu den Siebziger-Jahre-Minifließen bilden, mit denen der gesamte Kellerbereich ausgekleidet ist.

Da wir nicht wissen, was der morgige Tag für uns bereit hält und wir auch ziemlich müde sind, verzichten wir auf eine vielleicht erlebnisreiche Disco-Nacht – Jürgen bereinigt noch seine Fotoausbeute der letzten Tage um die technisch nicht ganz zufrieden stellenden Bilder, während ich mich schon auf dem Bett lang mache. Morgen also werden wir Sarria erreichen und dann die letzten 100 km nach Santiago antreten. Wer diese nachweislich zu Fuß bewältigt, erhält die traditionelle Pilgerurkunde – eben die Compostela.

Kathrin hat sich heute Abend mit Freunden verabredet und genießt ihr Strohwitwendasein. Sie klingt fröhlich und entspannt am Telefon, und das gibt mir mehr Kraft, als wenn sie erzählen würde, wie sehr sie mich vermisse. Zum ersten Mal deute ich die Strapazen vom Anfang der Reise an, Genaues werde ich erst nach unserer Rückkehr erzählen. Kathrin hat sich schon einiges gedacht, hat die Schmerzen in meiner Stimme gehört und nur nicht gefragt, um keine Gewissheit zu bekommen.

Irgendwann muss ich eingeschlafen sein – unsere Wäsche ist schon trocken.

Sonntag, 18. Mai – Von Samos nach Sarria

Samos – Sarria

(8 km mit Taxi)

Gegen 7.30 Uhr wachen wir vom lauten Plätschern des Regens auf. Es gießt wie aus Kübeln, der Himmel ist voller dicker schwarzer Wolken, der ganze Parkplatz vor dem Hotel schwimmt. Das kann ja heiter werden.

Eher gelangweilt, jedenfalls deutlich langsamer als sonst machen wir uns „landfein" und trollen uns in den Frühstücksraum. Selbst die traditionelle Zeremonie des täglichen Magnesium-Verzehrs mutiert angesichts des Wetters zur lustlosen Routine.

Wir sitzen kaum unter den mit Autogrammen übersäten und gerahmten Trikots irgendwelcher lokalen Fußballhelden und haben unser Desayuno bestellt, da setzt sich auch schon ein bärtiger Pilger an den Nachbartisch. „Das ist doch der von gestern, oder?" flüstere ich Jürgen zu. Wir begrüßen ihn auf Deutsch – und da erinnert auch er sich wieder an uns. Ja, das

Hotel sei ganz prima, dazu noch preiswert. Er habe dann auch gleich für seine beiden Mädels die Übernachtung klargemacht, das sei wirklich ein guter Tipp gewesen.

Jürgen und ich kommentieren den Begriff „meine beiden Mädels" nicht weiter, sondern wenden uns dem reichhaltigen Frühstück zu: Wieder gibt es frisch gepressten Orangensaft, der Milchkaffee duftet himmlisch und jede einzelne Weißbrotscheibe wird liebevoll vor unseren Augen in einem kompliziert aussehenden Grill geröstet. Dazu serviert der freundliche Wirt – wahrscheinlich ist es der Eigentümer, denn er überschlägt sich regelrecht vor Eifer – Butter und Marmelade soviel wir wollen. Immer wieder gehen die Blicke nach draußen, wo aus den Pfützen dicke Wassertropfen empor springen und wieder zurückfallen. Auch ein kurzer Gang nach draußen bringt kein erfreulicheres Ergebnis: Es regnet Bindfäden – und das dürfte sich heute auch kaum ändern.

Dann erscheinen die „Mädels". Erst kommt eine etwa Dreißigjährige mit lustiger Wuschelfrisur und setzt sich trotz des Wetters fröhlich lachend an den Nachbartisch zu ihrem Bartträger. Kurz danach vervollständigt eine etwas verschlafene Zwanzigjährige das Trio, die sofort beginnt, ihr geschwollenes Knie zu verarzten, auf das sie wohl gestern ziemlich böse gestürzt ist – zumindest sieht es so aus. Und natürlich ist das Hauptgespräch der Dauerregen draußen vor der Tür.

„Was meinst Du, Jürgen, soll ich mal fragen, was die drei von einem Großraumtaxi nach Sarria halten?" Immerhin zählt die heutige Etappe noch nicht für die Compostela, und dann sind es ja auch nur acht Kilometer. Jürgen ist einverstanden, der Nachbartisch ebenfalls – und so bemühe ich mal wieder meine Sprachkenntnisse und ordere das Taxi.

Wie damals auf der Fahrt nach Ponferrada sitze ich vorne und der Taxifahrer redet pausenlos in galizisch auf mich ein – ich verstehe im wahrsten Sinne des Wortes kein Wort. Die Scheibenwischer bewältigen kaum die Regenmenge, die vom Himmel stürzt und mir tun die wenigen Pilger leid, die dicht in ihre Regenkleidung vermummt am Wegesrand dem Spritzwasser auszuweichen versuchen. Nein, das wäre wirklich nichts geworden.

Ich ahne mehr als ich verstehe, dass der Fahrer wissen möchte, wo wir eigentlich hinwollen in Sarria. Da ich Jürgen und mich vor unseren neuen Bekannten durch die Angabe unseres Dreisterne-Hotels nicht als vollständig verweichlichte Hobbypilger outen möchte, nuschle ich nur das Wort „Zentrum" in der stillen Hoffnung, dass dieses Wort auf galizisch wenigstens ähnlich klingt. Diese Rechnung geht tatsächlich auf – wir werden sogar in Sichtweite einer Camino-Markierung ausgeladen. Wieder kostet die Fahrt nur wenige Euro.

Es ist zum Aus-der-Haut-Fahren! Kaum stehen wir in Sarria auf der Straße, da hört der Regen auf, und einzelne Sonnenstrahlen wagen sich vorwitzig heraus. Ob wir noch einige Kilometer gemeinsam weiter laufen wollen, werden wir gefragt. „Nein!" Wir zieren uns ein wenig, Jürgen hat wohl ähnliche Gedanken hinsichtlich einer möglichen Blamage, „wir wollen uns noch ein wenig Sarria anschauen, wollen noch hoch zur Burg." – „Also dann, macht's gut, buen camino!" Und weg sind die drei.

In unserer letzten Unterkunft lag ein wertvoller Reisebegleiter aus, den wir bis Santiago nicht mehr missen wollen: Das Faltblatt einer Tourismus-Kooperative bietet neben wichtigen Adressen und Telefonnummern einigermaßen detaillierte Innenstadtpläne der wichtigsten Orte auf den letzten hundert Kilometern des Jakobsweges. Wir wissen also ungefähr, wo unser Hotel liegt und spazieren los.

Der Stadtplan führt uns an einem kleinen Flüsschen mit sehr modernen Fußgängerbrücken und Lampenkonstruktionen entlang, bis wir am gegenüberliegenden Ufer auch schon den Schriftzug unserer heutigen Unterkunft erspähen. Das macht doch einen sehr soliden und gepflegten Eindruck. An der Rezeption wird ein ordentliches Englisch gesprochen, wir werden trotz der frühen Uhrzeit schon erwartet und dürfen sogar unser Zimmer schon beziehen. Welch ein Luxus – für nicht einmal vierzig Euro pro Person! Das Bad ist mit weißen Fliesen gekachelt und absolut sauber, sogar die Badewanne ist appetitlich und lädt zur Schaumorgie ein. Auf der Toilette liegt ein schmaler Papierstreifen, der auf eine Desinfektion der Örtlichkeit hinweist. Eine Schiebetür trennt das Bad in zwei Teile – im anderen findet sich ein riesiger Spiegel vor einem Waschbecken aus Marmor. Alle Toilettenutensilien – Nassrasierer, Seife, Duschbad, Shampoo – sind in grün und orange aufgebaut, nichts fehlt, alles strahlt Freundlichkeit und Sauberkeit aus.

Das Schlafzimmer steht dem in nichts nach – aber der Gipfel von allem ist das Fernsehprogramm: Neben ARD laufen drei weitere deutsche Programme! Die Nachrichten aus der Heimat sind zwar nicht gerade überwältigend – Steuerdiskussion, innere Sicherheit, Arbeitslosigkeit – aber immerhin hören wir im Fernseher wieder einmal unsere eigene Sprache.

Nur die Wetternachrichten stimmen uns traurig, denn während wir in Nordspanien bei Regenwetter frieren, herrscht zu Hause ein Jahrhundertsommer mit Temperaturen von deutlich über 35°C im Schatten – verkehrte Welt. Wäre es allerdings hier genauso heiß, dann wäre unsere Pilgerreise eine ganz schöne Hitzeschlacht. Im Großen und Ganzen ist es schon so richtig, wie es ist. Na gut, der Regen heute Morgen musste nicht sein.

Wir entschließen uns zu einer ersten Stadtbesichtigung, die ich im Tagebuch mit ziemlich drastischen Worten zusammengefasst habe:

„Außer einigen wenigen Ecken eine einfache, kleine Stadt in Spanien. Hässliche moderne bzw. postmoderne Fassaden mit anspruchslosen Auslagen (zum Sonntag natürlich geschlossen), geschmacklos gekleidete Menschen, die für jeden Pilger einen freundlichen Blick und einen Gruß haben. Die Herbergsstraße in der Altstadt macht etwas mehr her, der von der Burg verbliebene Turm ist nicht zugänglich."

Die Altstadt erreicht man über eine steile Steintreppe, an deren Fuß ein kleiner Andenken-Laden sein Dasein fristet. Während Jürgen wieder einmal Jagd auf billige Batterien macht, beschaue ich mir die Auslagen: Camino-Bücher in allen möglichen Sprachen, Muschelanhänger und -sticker, dazu Landkarten in jedem gewünschten Maßstab. Was mich fasziniert ist eine detaillierte Reliefkarte von Nordspanien. Man kann tatsächlich den von uns gelaufenen Weg nun schon sehen und als Strecke bezeichnen. Das macht mich ein bisschen stolz – allerdings wird in diesem Augenblick eine Illusion zerstört. Nein, von hier bis Santiago wird es nicht nur bergab gehen, die Hügel werden uns bis zum Ziel begleiten.

Kaum sind wir aus dem Geschäft draußen, stehen unsere drei Mit-Taxifahrer vor uns. Angesteckt von unserer Idee, Sarria zu besichtigen, haben sie doch einen längeren Halt eingelegt, eine Kleinigkeit gegessen und laufen erst jetzt weiter. Zum Glück fragen sie nicht, wo wir übernachten.

Und auf der Treppe wartet schon der nächste Bekannte: Der Einarmige aus der Kneipe vor Samos kommt uns freudestrahlend entgegen, begrüßt uns wie alte Freunde und bietet aus einer kleinen Konservenbüchse frische Pistachos an. Wie diese Nüsse in meiner Muttersprache heißen, möchte er gern wissen – und dann freut er sich wie ein Kind, dass sie fast den gleichen Namen wie in Spanien tragen - Pistazien.

Dicke Wolken hängen über den armseligen Häusern der Altstadt, aber es bleibt trocken. In der Kirche liegen Pilgerpässe aus, gleich daneben bedienen wir uns mit den beiden Stempeln, deren knallrote Farbe die Bedeutung der Stadt für uns Jakobspilger unterstreicht.

Ein längst geschlossener Rasiersalon – eine Barberia – träumt hinter herunter gelassenen Holzrollos ihren Dornröschenschlaf, so wie viele andere Gebäude hier in Sarria. Die einzigen Farbkleckse sind die unübersehbaren gelben Wegmarkierungen, die erst morgen wieder für uns wichtig sein werden. Immerhin wissen wir jetzt schon, wohin wir unsere Schritte lenken müssen. Auf der Straße sind nur wenige Menschen unterwegs, Einheimische, die sich kurz unterhalten und dann weiter hasten. Pilger sieht man im Augenblick keine – die hier übernachtet haben, sind längst auf der Piste, die anderen können noch nicht eingetroffen sein.

Inzwischen sind wir auf der Rúa Mayor angekommen, wo wie auf einer Perlenkette aufgereiht die Pilgerherbergen liegen. Und da auf der Ecke, das ist doch die „Albergue O Durmiñento", nach der wir gestern in Samos gefragt wurden. Ob sich da unser Bartträger wohl im Ort geirrt hat?

Vor einer Abbruchmauer steht neben einigen Autos der Stadtpolizei das steinerne Denkmal eines kleinen dicken Königs – von dort hat man einen guten Blick über die schmalen Häuser der Altstadt. Schön ist sie nicht – aber immer noch besser als die Architektursünden in der Neustadt, die wir vorhin aus dem Taxi sahen. Dass weiter unten auf der Straße ein älterer Mann Freiübungen macht, verschönt den Ausblick nicht im Geringsten.

Und was ist das? Vorbei an der natürlich geschlossenen Pilgerkapelle geht der Blick hoch zur Burg und weiter zum strahlend blauen Himmel. Kein Witz, ohne dass wir es bewusst wahrgenommen haben, sind die Wolken verschwunden und es wird schlagartig heiß. Sogar die kleinen Lämmer, die das diesjährige Osterfest ganz offensichtlich überlebt haben, sind etwas irritiert und kauen vorsichtig auf den regennassen Grashalmen herum.

Die Burg ist eigentlich nur noch ein mittelalterlicher Turmrest, der von einer hohen Mauer umgeben ist. Auf der Suche nach dem Eingang – er ist von einem schmiedeeisernen Tor verschlossen, nein, hier möchte man ganz offensichtlich keine Touristen haben – umrunden wir das Gemäuer und stehen nach nur fünfzehn Minuten wieder am Ausgangspunkt, nämlich beim kleinen dicken König in der Rúa Mayor. Und wie hat sich das Bild verändert! Nicht nur, dass jetzt erste Pilger in bunter Regenkleidung die Straße bevölkern und nach Herbergen suchen, die Sonne zaubert Schattenbilder auf die alten Fassaden und gleich sieht alles viel freundlicher aus. Einige Schritte weiter – vorbei an einer Schule, aus deren offener Tür heute zum Sonntag das Gemurmel einer frommen Bibelgruppe dringt – bietet sich ein Ausblick über die gesamte Stadt. Es scheint, als würden überall neue Hochhäuser gebaut – wir zählen allein von dieser Stelle aus dreizehn Baukräne, die Immobilienkrise ist hier ganz offensichtlich noch nicht angekommen. Schön werden diese Bauwerke sicher nicht werden, sollen sie bestimmt auch nicht sein, aber es muss ja

Menschen geben, die in Sarria wohnen und arbeiten wollen, sonst würde es diesen Bauboom nicht geben.

Gleich gegenüber ist der Obst- und Gemüsemarkt. Dass in den riesigen offenen Hallen sonst auch Viehauktionen stattfinden, verdeutlicht der beißende Geruch.

So – und nun brauche ich dringend, wirklich ganz dringend für einige Minuten ein Eckchen ganz für mich allein. Hier mitten in der Halle möchte ich nicht, ich sehe zwar keine Überwachungskamera, aber vielleicht wird der Komplex doch gefilmt – und mitten im kleinen Geschäft kann ich beim besten Willen keinen Sicherheitsdienst gebrauchen. Aber vielleicht draußen, gleich an der Burgmauer? Natürlich, genau an dieser Stelle muss heute zum Sonntag auf dem leeren Parkplatz ein Mann mit seinem Auto Achterschleifen fahren. Ob er wohl die Bremsen ausprobiert – jedenfalls sieht es nicht so aus, als sei er bald fertig. Und jetzt kommt auch noch die Stadtreinigung – hier ist doch alles sauber. Langsam werde ich nervös. Sicherheitshalber hält Jürgen Abstand, soviel hat er wahrscheinlich von mir auch schon mit bekommen, dass ich in solchen Situationen lieber allein bin. Von dort drüben können mich die Penner aus ihren Holzbuden beobachten, und das möchte ich auch nicht. Aber hier, gleich neben dem Hydrant, das ist das perfekte Plätzchen: windgeschützt, sichtgeschützt – es kann losgehen.

Ich stelle mich in Position und werfe noch einen sichernden Blick nach hinten, bevor ich den Gürtel öffne. Das darf doch nicht wahr sein!!! Wie in der steinalten Underberg-Werbung kommen genau in diesem Augenblick ungefähr hundertfünfzig Menschen direkt auf mich zu. Noch sehe ich auf Grund des Gefälles nur ihre Oberkörper, sie kommen aber immer näher und näher. Fünfzehn Sekunden später und ich hätte einen bleibenden Eindruck hinterlassen. Jürgen hat die

Gruppe, nein Menge auch schon erspäht und nähert sich mit dem Fotoapparat. Auch ich habe geistesgegenwärtig auf den Auslöser gedrückt, denn sonst glaubt mir niemand diese Geschichte.

Wie eine Festversammlung sehen die Leute nicht aus, das dürfte weder eine Beerdigung noch eine Hochzeit sein, eher eine allgemeine Stadtführung – und tatsächlich, vorneweg trabt in signalgrüner Weste ein untersetzter Mann mit Stadtplan. Vergessen sind alle körperlichen Mühsale, hier müssen wir mit!

Dass diese Entscheidung richtig ist, merken wir schon nach wenigen Minuten, nur warum grinst mich der Stadtführer so unverschämt an? Ob er etwas von meinen stillen Plänen ahnt?

Die Gruppe steuert zielstrebig auf das „Mosteiro da Madalena", das Magdalenen-Kloster zu. Dort steht das Tor weit offen und ein Priester im weißen Habit erwartet seine Gäste zur Führung durch die mittelalterliche Anlage. Vergessen ist mein dringendes Bedürfnis, die Gelegenheit, dieses sonst geschlossene Bauwerk zu besichtigen, hat absoluten Vorrang.

Der Renaissance-Kreuzgang strahlt in seiner Einfachheit Ruhe und Solidität aus – sein einziger Schmuck ist der kunstvoll aus bunten Kieseln mosaikartig gefertigte Fußboden. Blütenornamente aus orangefarbenen, abgetretenen Steinen bilden die Grundlage für dieses jahrhundertealte Kunstwerk. Durch ein Seitenportal erhasche ich einen Blick in den Wohnbezirk der Mönche – eine breite Treppe führt unter einem Kreuzrippengewölbe in zwei Richtungen nach oben. Dort erscheint jetzt ein weiterer weiß gekleideter Mönch, blickt auf unsere Gruppe und verschwindet wieder. War das eben wirklich das 21. Jahrhundert? Oder ein Blick fünfhundert Jahre zurück? Zeit bedeutet hier nichts, das ist wieder einmal deutlich zu spüren.

Eine armselige Tomatenpflanze fristet ihr trauriges Dasein im Kreuzgang, auch die wenigen anderen Topfpflanzen lassen eher ein Gefühl der Einsamkeit aufkommen, als dass sie den Ort aufhellen. Hier wird man regelrecht zur Meditation, zur inneren Einkehr gezwungen – und das trotz der lautstark erzählenden Menschen ringsum.

Jürgen und ich halten uns im Hintergrund, spazieren immer wieder im Kreuzgang auf und ab, bis auch der letzte der Gruppe in der Kirche Platz genommen hat. Der Altarraum ist in gelbes Licht getaucht und wirkt wie ein Sammelsurium aller denkbaren Stilrichtungen. Hier war wahrscheinlich nie genügend Geld für einen grundlegenden Umbau vorhanden. Und so finden sich in unmittelbarer Nachbarschaft wuchtige romanische Sarkophage, fast heidnisch anmutende Bannmasken – ganz so wie wir sie im Gebirge schon sahen – kitschige Altargemälde aus dem 19. Jahrhundert und barocke Epitaphe. In den Ecken stehen die bunt bestickten Kirchenfahnen von der letzten Prozession, der Blumenschmuck verbreitet seinen schweren, schon leicht modrigen Geruch und passt genau in dieses Ambiente.

Die Kirche ist aus riesigen Steinquadern gefügt, über dem Tabernakel thront eine bunt bemalte und elektrisch beleuchtete Marienfigur mit Jesuskind. Vor vielen hundert Jahren muss jemand damit begonnen haben, die romanischen Rundbögen zu verschönern – und so finden sich auch hier verschiedenste Elemente: Renaissance-Beschlagwerk, gotisches Blattwerk, barocke Ranken. Wir sitzen in der letzten Reihe und beobachten, wie immer mehr Besucher unruhig werden und nach draußen streben. Möglicherweise wartet ein Mittagessen auf die Gruppe, wer weiß.

Dann sitzen wir allein im schützenden Dunkel der letzten Bank und denken schon über den Aufbruch nach, da erscheint der weiß gekleidete Mönch vor dem Altar, ohne dass wir sein Kommen bemerkt hätten. Punkt zwölf Uhr – ein kleines Silberglöckchen läutet die Mittagszeit ein – beginnt er in tiefem Ernst und ganz für sich allein das „Sanctus"-Gebet. Feierlich klingt der getragene lateinische Gesang durch die ansonsten stille Kirche. Wir halten den Atem an, wollen nur jetzt nicht stören. Ein unbeabsichtigtes Geräusch schreckt den Mönch dann doch aus seiner Andacht auf, er schaut kurz nach hinten und wir nutzen diesen Moment, um ebenfalls weiter zuziehen. Wieder einmal waren wir zur richtigen Zeit am richtigen Ort.

Da es noch immer nicht regnet, aber sich der Himmel schon wieder dick zugezogen hat, nutzen wir die Gelegenheit und spazieren einige Minuten über den gleich gegenüber angelegten Friedhof. Das sieht hier schon alles ganz anders aus als zu Hause: Regelrechte Totenhäuser wurden aufgerichtet und in den dadurch entstandenen Gassen fehlen eigentlich nur Werbetafeln oder kleine Geschäfte. Die sozialen Unterschiede der teuren Verblichenen sind hier über den Tod hinaus manifestiert – und geradezu grotesk wirken die blank polierten Marmorplatten, vor denen Plastikblumen aufgesteckt sind. Diese Art der Trauer entspricht überhaupt nicht meinen Vorstellungen, und doch habe ich sie bereits in vielen romanischen Ländern kennen gelernt. Gerade bei den kleineren Grabstellen – die verglichen mit den immer mehr um sich greifenden Kleinstbestattungen bei uns zu Hause geradezu hochherrschaftlich anmuten – kommt die Erinnerung an manchen französischen Dorffriedhof. Eigentlich fehlen nur die Aufsteller „A ma mére" und die kleinen hellblauen Teresia-von-Lisieux-Figürchen.

Um nicht doch noch gewaschen zu werden, wandern wir ganz gemächlich zum Hotel zurück, denn wir sind ohne

Regenkleidung und Schirm unterwegs. Außer dem großzügig angelegten Stadtpark, wo um diese Wochenendmittagszeit nur einige Rentner auf Bänken vor sich hin dösen, gibt es im modernen Sarria kaum Sehenswertes. Einige ältere Häuser warten auf die Abrissbirne, sonst hat die Neustadt kaum etwas zu bieten. Einfache Geschäfte, grell-bunte Auslagen, Mode von vorgestern – wie groß ist der Überfluss, der uns zu Hause tagtäglich umgibt! Eine graue Betonfassade reiht sich an die nächste, unten sind die immer gleichen Leuchtreklamen angebracht – und überall der Hinweis „Vende" – zu verkaufen. Irgendwann stehen wir unvermittelt in einer kleinen Straße – auf der Ecke ist gerade in einem Kapellchen Gottesdienst – mit unzähligen Antiquitätenläden, die heute natürlich alle geschlossen sind. Bei einigen sind richtig gute alte Möbel ausgestellt, während in anderen Geschäften der Trödel deutlich überwiegt. Ob ich jemals in meinem Leben hier in Sarria einkaufen werde? Eigentlich bin ich froh, dass Sonntag ist – was wäre denn gewesen, wenn ich tatsächlich etwas entdeckt hätte? Nach Hause schicken? Hundert Kilometer bis Santiago mitschleppen? Oder noch schlimmer: liegen lassen? Nein, auch hier hat es genauso sein sollen. Ich bescheide mich mit Window-Shopping.

Im Hotel steht mir dann eine wahre Mammutaufgabe bevor, denn angesichts der immer zahlreicher durch die Straßen irrenden Pilger wollen wir auf „Nummer Sicher" gehen und unsere Übernachtungen bis Santiago vorbuchen. Das bedeutet für mich, eine gute Stunde lang mit Wanderführer und den Stadtplänen am schmalen Hotelschreibtisch zu sitzen, das kleine Wörterbuch daneben und wild entschlossen in Spanisch auf meine Gesprächspartner einzureden. Ständig benötige ich neue Vokabeln: „Morgen" – „Ja, für übermorgen" – „Mittwoch" – „Ehebett ist in Ordnung" – „Dusche über dem Flur, nein". Nicht jedes Telefonat ist von Erfolg gekrönt, aber dann ist es geschafft, unsere jeweiligen Tagesziele sind gesteckt und ich habe mir das Mittagessen redlich verdient. Jürgen, so scheint es, ist voller Hochachtung und meint nur: „Jedes mal wenn Du redest, benutzt Du Vokabeln, die ich vorher noch nie bei Dir gehört habe."

Es klingt fast unglaublich, aber in einer Woche werden wir – wenn nichts dazwischen kommt – in Santiago de Compostela sein.

Und wo gehen wir jetzt essen? Jürgen schlägt die kleine galizische Tapas-Bar oben am Ende der Pilgerstraße vor, gleich hinter dem Denkmal für den kleinen dicken König. Die sah tatsächlich ganz gediegen aus, da muss ich zustimmen. Also steigen wir zum dritten Mal heute die Treppen zur Altstadt empor – langsam haben wir Übung darin.

Der Weg zur Gaststätte führt durch eine liebevoll und rustikal mit alten Bauerngerätschaften dekorierte Bar, an deren Tresen einige alte Männer – sagen wir mal vorsichtig – ein oder zwei „geistige Getränke" verzehren. Jedenfalls sieht das in den Wassergläsern verdächtig nach etwas Hochprozentigem aus, natürlich selbst gebrannt. Wir haben Glück und bekommen den letzten freien Tisch im sonst restlos überfüllten Comedor. Die Speisekarte ist mehrsprachig, sogar deutsch ist vertreten und kündet von der überregionalen Bedeutung Sarrias. Trotzdem überwiegen die einheimischen Gäste, es geht laut und lustig zu. Am Nachbartisch kämpft eine Familie mit einer riesigen Portion Brathühnchen, wir ordern Tomatensalat und Rumpsteak. Natürlich gibt es dazu wie üblich „patatas"-Stäbchen, natürlich steht wie üblich die Flasche Rotwein auf dem Tisch – und natürlich ist auch unsere Portion deutlich überdimensioniert. Wir sind inzwischen die pilgerfreundlichen Portionen gewöhnt, nur ist so trotz aller körperlichen Anstrengung an ein Abnehmen nicht zu denken.

Und wenn man dann auch noch wie wir heute selbst auf diese Anstrengung zu Gunsten einer Taxifahrt verzichtet – mir schwant Böses, wenn ich an die Waage im heimischen Schlafzimmer denke. Das Essen schmeckt, schmeckt, schmeckt!

Kaum sind wir mit unserer Nachspeise fertig, platzen zwei in werbebuntem Sportdress gekleidete Fahrradfahrer herein und fangen lautstark in Deutsch an, sich über die unmöglichen, ja geradezu rückständigen Bedingungen hier in Galizien auszutauschen. Sich nur jetzt nicht als Landsleute outen – denn für genau diese Spezies schäme ich mich aus tiefster Seele. Eine kleine Boshaftigkeit haben wir uns aber doch für die zwei ausgedacht. Nachdem wir uns – selbstverständlich auf Spanisch – bei dem Patron für das sehr gute und reichliche Essen bedankt haben, was ihn sichtlich freut, denn er verabschiedet Jürgen und mich mit Handschlag, schlendern wir wie zufällig am Tisch der Radfahrer vorbei. „Mahlzeit!" wünschen wir ihnen auf Deutsch und lassen sie mit ziemlich verdutzten Gesichtern zurück. Hoffentlich lernen sie aus dieser kleinen Gemeinheit, dass man nicht immer so unbeobachtet ist wie man vielleicht glaubt.

Was könnten wir jetzt noch anstellen? Es ist später Nachmittag, das Wetter hat zwar aufgeklart, ist aber temperaturmäßig eher bescheiden und außerdem haben wir im Laufe des Tages wirklich jede noch so unbedeutende Straße der Stadt mindestens einmal durchschritten. Sogar bis zu den Außenbezirken mit ihren Schmuddelecken, geschlossenen Restaurants und spelunkenartigen Bierkneipen sind wir vorgedrungen. Morgen geht es ins „Land der Corredoiras", wie unser Wanderführer es nennt; 21 Kilometer liegen vor uns, die Strecke wird als einfach bezeichnet, dürfte aber nach den deutlich kürzeren Etappen der letzten Tage für uns manche Herausforderung bergen. Warum also nicht einfach ein wenig ausruhen und den erlebnisreichen Tag trotz der noch frühen Stunde auf dem gemütlichen Hotelzimmer bei einem erholsamen Vollbad unter gewaltigen Schaumbergen mit anschließendem deutschen Fernsehprogramm ausklingen lassen?

Da wir morgen sehr früh aufbrechen wollen, mache ich mich nach der Tagesschau noch einmal „landfein", um an der Rezeption das Zimmer zu bezahlen und dabei klarzustellen, dass wir kein Frühstück einnehmen werden. Und dort erwartet mich ein kabarettistischer Höhepunkt, wie ihn nur das Leben schreiben kann: Unten ist gerade eine Rentnergruppe aus Nürnberg angekommen. Überall stehen Schrankkoffer und aufgeregte Touristen herum, während der Reiseleiter in einem haarsträubenden Mischmasch aus Englisch, Deutsch und Spanisch die Schlüssel für die gesamte Gruppe entgegen nimmt, um sie dann weiter zu verteilen. Natürlich hat jeder Pauschaltourist besondere Wünsche – der eine möchte jetzt, ja, genau jetzt und auf der Stelle wissen, wann die Sauna geöffnet hat, der andere braucht lebensnotwenig einen Kofferträger für den Weg bis zum Aufzug, alle reden durcheinander und wild aneinander vorbei. Das muss ich einfach weiter mit ansehen, da muss doch noch irgendein Knaller kommen, denke ich und tue so, als betrachte ich sehr angelegentlich die Repro-Antiquitäten in den Souvenirauslagen des Hotels. Und tatsächlich ist es wenige Minuten später so weit: Der offensichtlich durch nichts aus der Ruhe zu bringende Reiseleiter erklärt den Bustouristen in markantem fränkischem Dialekt den Weg in die Altstadt: „Also ihr geht's hier aus dem Hotel naus, über die Brrrügge, dort gehts ihr links, dann wieder rrrechts und nochemal rrrechts, dann kommt eine Trrrebbe. Oben sind dann die Pilgerherberrrchen und eine schöne Kirrrche – und da könnts ihr dann bestimmt auch echte Pilger foddogrrrafiern." Mich haut es fast in die Glasvitrine, der meint das wirklich ernst. Wenn der wüsste, dass eine solche Sehenswürdigkeit höchstens drei Meter Luftlinie von ihm entfernt steht.

Ich bezahle nun endlich unser Zimmer und steige dann ganz schnell an böse dreinschauenden Rentnern vorbei nach oben, um Jürgen zu berichten. Was haben wir gelacht! „Gell, und vergessts net, püngtlich um siebene is morrrchen frrrüh Frrrühstück, damit wir um achte weiderkommen."

Dass dieses Erlebnis auch eine ernste Komponente hat, reflektiere ich im Tagebuch: „Sind wir Pilger – oder doch nur Wanderer? Ich kann die Frage weder in die eine noch in die andere Richtung eindeutig beantworten. Eigentlich bin ich inzwischen ein wenig traurig, dass wir mit der letzten Wegetappe begonnen haben und damit gleich im ersten Anlauf den Höhepunkt der Pilgerfahrt – den Einmarsch in Santiago – erleben werden. Auf der anderen Seite freue ich mich darauf und bin schon heute ein bisschen stolz auf das Erreichte. Ein kleiner Gedanke: Versuche nichts zu beschleunigen oder zu erzwingen, lass die Dinge auf Dich zukommen und sei neugierig."

Montag, 19. Mai – Von Sarria nach Portomarín

Sarria – Barbadelo – Mercado da Serra – Rego de Marzán – Peruscallo – Morgade – Ferreiros – Rozas – Mercadoiro – Vilachá – Portomarín

21 km

Gegen halb acht schleichen wir mit unseren Rucksäcken bepackt und in voller Pilgermontur die Treppe hinunter, aber niemand begegnet uns. Die fränkische Reisegruppe sitzt wie gewünscht lautstark schnatternd beim Frühstück und nimmt uns nicht einmal wahr. Noch ist der Himmel trübe und grau, aber wenigstens regnet es nicht. Die Wolken halten die größte Hitze noch zurück und das Laufen ist nicht zu beschwerlich. Zum letzten Mal erklimmen wir die „Trrrebbe" zur Altstadt, steigen vorbei an der Kirche und den unzähligen Pilgerherbergen die schmale Rúa Mayor hinauf bis zum kleinen dicken König. Hier haben wir gestern zu Mittag gegessen, dort bei den Viehhallen haben wir die Reisegruppe getroffen, alles ist vertraut und wirkt doch wie seit unwirklich langer Zeit vergangen. Wir leben in unseren Erlebnissen und Eindrücken, nicht mehr in Stunden und Minuten.

An der Friedhofsmauer entlang führt der gut markierte Camino hinaus aus der Stadt. An einer fast zugewachsenen alten Steinbrücke überholt uns eine Gruppe Radfahrer, dann sind wir allein. Der Weg erinnert an deutsche Mittelgebirge, dichter Wald rechts und links. Die Anstiege sind schweißtreibende Schwerstarbeit, es gilt die Regel: Zuerst geht es runter, unten überqueren wir einen kleinen Fluss, dann geht der Weg wieder nach oben. Über diese Erkenntnis müssen wir immer noch schmunzeln, obwohl wir sie schon ziemlich häufig strapaziert haben.

Obwohl der Weg inzwischen gut besucht ist, achten die Menschen aufeinander, auch wenn der Gruß „Buen Camino" immer seltener wird. Für viele, die nur ab Sarria pilgern, dürfte die Compostela – also das Ziel – wichtiger als der Weg sein. Das kann man förmlich spüren, denn manches ist anders als in den letzten Tagen und Wochen.

Wir überholen an einem besonders steilen Anstieg eine ältere Frau, die unschlüssig am Wegrand steht. Unser Gruß wird freundlich erwidert und wir setzen unseren Anstieg im Schneckentempo fort. Ein stark verwachsener Baum zieht unsere Aufmerksamkeit auf sich, und schon ist die gerade gespürte äußerste Anstrengung vergessen. Die Fotoapparate bekommen Arbeit. „Sag mal, wo bleibt eigentlich die Frau von grade eben? Ob der was passiert ist? Die müsste uns doch längst wieder eingeholt haben, was meinst Du?" Ohne langes Nachdenken gehen wir die wenigen Schritte zurück, da kommt sie aus dem Gebüsch, nein alles in Ordnung, ihr ging es nur wie mir gestern Mittag. Das hätte ja etwas werden können, wenn wir sie am Ende auch noch vor lauter Hilfsbereitschaft im Gebüsch gesucht hätten. Nur jetzt schnell weiter, sonst ruft sie vielleicht nach Hilfe.

Es bleibt dabei, heute sind wir ganz offensichtlich in heimatlicher Landschaft unterwegs. Und obwohl die Wolkenschicht sich langsam auflöst und nur noch vereinzelte Pfützen an die gestrige Regenfront erinnern, bleiben die Temperaturen angenehm kühl. Schmale, ordentlich mit Stecken und Stacheldraht eingezäunte Felder und Wiesen kennzeichnen unsere heutige Umgebung, Ginster ist nur noch selten zu sehen. Alle fünfhundert Meter erinnert einer der in Galizien einheitlichen Kilometersteine daran, dass wir auf dem Camino unterwegs sind. Auch die gelben Markierungspfeile scheinen alle paar Tage nachgezogen zu werden, so frisch und deutlich sind die Markierungen. Die Feldwege sind manchmal von Birkenalleen gesäumt – wie gesagt, hier sieht es sicher mehr nach Deutschland als nach Spanien aus.

Um 10 Uhr reißt der Himmel auf und strahlender Sonnenschein verzaubert die Landschaft gerade in dem Augenblick, als wir an der ersten „Corredoira" ankommen. Als der kleine Flusslauf den Weg weggespült hatte, behalfen sich die Bauern auf einfachste Weise und legten große Steinplatten in das neu entstandene Flussbett. Schlamm und Erde lagerten sich zwischen den Spalten ab und fertig war ein natürlicher Korridor – die „Corredoira". Manches geht so einfach – zu Hause wäre bestimmt eine Flussbegradigungskommission oder das Tiefbauamt Abteilung Brückenbau angetreten, um die Natur in ihre Schranken zu weisen. Oder es wäre eine rote Warntafel aufgestellt worden und die Wanderer hätten sehen können, wie sie weiterkommen.

Der Weg wird zur Völkerwanderung – immer mehr Menschen sind unterwegs und versuchen sich gegenseitig zu überholen. Halb Amerika muss heute gestartet zu sein, denn das amerikanische Englisch in Verbindung mit sehr hochwertiger, absolut neuer Ausrüstung herrscht eindeutig vor. Natürlich fallen uns sofort böse Vorurteile über „Gottes eigenes Volk" ein: „Europe in ten days – win your Compostela in only three days!" Wahrscheinlich geht es von Heidelberg aus direkt nach Sarria und von Santiago weiter nach London, zumindest stelle ich es mir so vor und teile mein Vorurteil genüsslich mit Jürgen.

An einer freundlichen Wiese am Ortseingang von Mercado de Serra hat ein geschäftstüchtiger Wirt einige Sonnenschirme auf die Veranda gestellt und einen bescheidenen Biergarten eröffnet. Ob wir hier frühstücken? Gesagt, getan – und schon genieße ich bei dampfendem Milchkaffee ein dick mit Schinken und Käse belegtes Boccadillo. Die Anstiege der letzten zwei Stunden hatten es ganz schön in sich, ich bin ziemlich geschwitzt und daher auch nicht böse, dass wir nur drinnen einen Platz bekommen haben. Wie tut das gut, den Rucksack für eine Viertelstunde abzustellen!

Als wir weiterziehen, überholt uns die Peinlichkeit schlechthin: Eine Pilgerin hat eine schwarzrotgelbe Zugastbeifreundenfußballweltmeisterschaftsfahne mittels Jakobsmuschel an ihrem Rucksack befestigt – da müsste mir doch angesichts der Unfähigkeit vieler meiner Landsleute, sich im Ausland ordentlich aufzuführen, manches fehlen, bis ich mich so outen würde. Aber vielleicht ist es ja genau dieses Signal, das sie aussenden möchte: „Seht her, ich bin Deutsche und kann mich benehmen" Oder aber: „Ich würde mich gern daneben benehmen, sprich mich an, wenn Du dabei bist!"

Wie gesagt, manches ist seit heute anders auf dem Camino.

Kräftige Wiesen, eingehegte Felder, und Eichen, Eichen, Eichen – wenn jetzt ein Schwarzwaldbauernhaus auftauchte, dann würde mich das kein bisschen wundern.

Über eine schmale Asphaltstraße, die rechts und links von einer niedrigen, mit Moos und Flechten bedeckten Steinmauer begrenzt ist, erreichen wir im allgemeinen Pilgerstrom Petruscallo. Nicht dass dieser Ort besondere Sehenswürdigkeiten für uns bereithielte, es sind vielmehr die kleinen Dinge, über die wir uns freuen. Von einer kleinen Seitenstraße aus hat man gleich neben dem Misthaufen einen weiten Blick über die Ebene. Zwar ziehen am Horizont schon wieder dicke Regenwolken auf, in Petruscallo aber scheint die Sonne. Weit geht der Blick über Wiesen und Wälder, der einzige Blickfang bildet mitten im Nirgendwo eine kleine weiße Kapelle und ein roter Traktor. Minutenlang schauen wir zu – es passiert nichts, wir genießen einfach nur die tiefe Ruhe des Bildes und vergessen den Volkswandertag in unserem Rücken.

Einige Schritte weiter spielen zwei junge Hunde im taufrischen Gras, während der Bauer mit einer alten Sense dem Farn an seiner Hofwand zu Leibe rückt. Wie wenig hat sich in den letzten hundert Jahren das Leben dieser Menschen verändert – und was ist nicht alles an Kriegen, Revolutionen, Leid und Tod über diesen Landstrich hinweggefegt. Langsam wandere ich weiter, während Jürgen noch einige Minuten auf etwas besseres Fotolicht warten möchte.

Hier in Petruscallo begegnen uns zum ersten Mal die für Galizien so typischen „Horreos", auf Stelzen und einer Bodenplatte aufgerichtete Maisspeicher, die so konstruiert sind, dass zwar der Wind die Getreidekolben vor dem Schimmelbefall bewahren kann, Mäuse aber keine Chance haben, die süße Beute anzuknabbern. Wieder tritt mein Fotoapparat in Aktion, dann lehne ich mich am Ortsausgang an die Steinmauer neben der Corredoira und warte in der Sonne auf Jürgen.

Als er nach einer guten halben Stunde noch immer nicht erscheinen ist, trotte ich in aller Seelenruhe zurück zum Misthaufen – aber auch hier: Kein Jürgen! Ob er weiter zurück gelaufen ist, um irgendein lohnendes Motiv einzufangen? Oder ob er mich vielleicht sogar überholt hat, während ich gemütlich in der Sonne gedöst habe? Zum Glück gibt es Handys! „The number you have called is temporary not available." Na prima, ausgerechnet jetzt hat Jürgen sein Mobiltelefon ausgeschaltet oder keinen Empfang. Ich treffe eine Entscheidung und wandere mit schnellem Schritt weiter in Richtung Morgade. Kein Jürgen weit und breit. Ich weiß nicht, wie viele Pilger und Wandergruppen ich in der nächsten halben Stunde überholt habe, ich bin schweißgebadet, vergessen sind alle guten Vorsätze bezüglich des einzuhaltenden Schritttempos. Immer wieder klingle ich bei Jürgen an – die Antwort der Telefonstimme ist herzlos und im wahrsten Sinne unverbindlich: „The number you have called is temporary not available." Eines weiß ich aber gewiss: In dieser Geschwindigkeit ist Jürgen nicht gelaufen, ich müsste ihn längst eingeholt haben. Also muss ihm etwas passiert sein!

Ich frage den nächsten Wanderer, ob er einen dunkelhaarigen Pilger gesehen hat, so einen mit großer Kamera und schwarz-rotem Rucksack. Ja, sicher, der habe dort hinten – er zeigt vage in Richtung Petruscallo – auf einem Stein gesessen und gar nicht gut ausgesehen. Also tatsächlich – ich bedanke mich kaum und hetze den ganzen Weg zurück. Weit und breit kein Jürgen, vielleicht ist er längst auf dem Weg ins Krankenhaus. Wenn ich doch nur bei ihm geblieben wäre, er wollte doch nur einige Minuten auf besseres Licht warten. Ich macht mir Vorwürfe: Wir haben doch keine Termine hier auf dem Camino, nichts was uns zur Eile drängt!

Als ich endlich wieder in Petruscallo ankomme, klingelt mein Handy und Jürgen erkundigt sich gut gelaunt, wo ich denn bleibe, er warte schon eine gute halbe Stunde am Kilometerstein 100 auf mich. Waaaaas? „Bleib wo du bist, ich bin in einer Dreiviertelstunde bei Dir." Mehr kann ich beim besten Willen nicht sagen, ich drücke die rote Taste und spurte los. Eigentlich möchte ich so richtig sauer sein, es gelingt mir aber nicht. Die ersten paar hundert Meter bin ich viel zu schnell unterwegs, dann rufe ich mich selbst zur Ordnung und sage ich mir, dass das überhaupt nicht nötig sei. Und bis zum Tagesziel Portomarín sind es noch einige Kilometer. Und genau ab diesem Moment kann ich mich auch wieder am strahlenden Sonnenschein, den bunten Kühen auf der Weide und dem satten Grün rings um mich freuen.

In Gedanken pfeife ich ein Wanderlied – richtig singen erscheint mir nicht ganz angebracht, und so komme ich gut voran. In einem Dorf, das nur aus Kuhställen zu bestehen scheint, ist die ganze Hauptstraße mindestens zwanzig Zentimeter hoch mit Kuhfladen bedeckt – der Geruch ist bedingt durch den Regen gestern und den Sonnenschein heute extra würzig und stellt mir fast den Atem ab. Aber es hilft alles nichts, die erste Fladensammlung kann ich noch durch einen gewagten Balanceakt auf einem wackligen Mäuerchen umgehen, durch die zweite muss ich mitten durch – und entsprechend ist der Duft, der mich von den Schuhen her in nächster Zeit begleitet. Zumindest kann ich nun sagen, ich habe „knöcheltief in der Scheiße gestanden".

Ein alter Mann hütet auf der Wiese gleich neben dem Camino seine Geißen und schaut gedankenverloren in die Weite. Der Weg beschreibt einen weiten Halbkreis, jetzt kann es nicht mehr lange dauern. Obwohl ich nicht sehr schnell gelaufen bin, habe ich das Gefühl, am ganzen Körper nass zu sein. Als ich daher Jürgen am Kilometerstein 100 sitzen sehe, kann ich ihm nur zurufen „Weiter, nicht stehen bleiben!" Nicht einmal für ein Foto möchte ich verschnaufen, denn ich habe das Gefühl, dass ich nicht mehr aufstehe, wenn ich jetzt eine Pause mache. Jürgen schließt sich mir an und wir ziehen wieder gemeinsam weiter. Er hat sich durch die erzwungene Rast regelrecht zum 100er-Fotografen entwickelt, ständig sei jemand gekommen, der ihn angesprochen und um ein Bild gebeten habe.

Aber was war denn nun eigentlich passiert?

Während ich an der Corredoira vor mich hinträumte, hat Jürgen mich eingeholt und war von dem in der prallen Mittagssonne liegenden Horreo so abgelenkt, dass er mich – genau wie ich ihn – übersah. Also dachte er – ebenso wie ich später dann auch – ich sei vor ihm. Was dazu führte, dass er natürlich immer schneller lief, um mich einzuholen. Das führte dann zu einer Reihe von Missverständnissen, über die wir noch einige Male herzlich lachen mussten. Denn schließlich hätte alles auch ganz anders sein können. Und irgendwie habe ich das Gefühl, dass Jürgen über meine Sorge um sein Wohlergehen ein bisschen gerührt war.

Eine kleine Kapelle am Wegesrand zieht unsere Blicke an – da sitzt auf dem Altar auf einem Minithron eine kitschige Jesusfigur, über ihr hält eine bunt bemalte Marienbüste hinter dicken Gitterstäben mütterliche Wacht. Die Wände sind über und über mit Graffitis bedeckt – „Jesus loves you" lesen wir, und „Anton Maisle Austria sagt Danke 25.07.2004". Manche haben sich nur mit Namen und Datum verewigt, andere legen kleine Zettel mit Wünschen, Gebeten oder einfach nur Dankesbezeugungen in bereit gestellte Pappschachteln auf den Altar. Erst wollen wir vor lauter Neugierde lesen, was andere Pilger vor uns ihrem Jesus hier anvertraut haben, dann lassen wir es aber doch – denn schließlich sind hier ganz persönliche Dinge aufgezeichnet, die niemanden etwas angehen. Diese kleine Kapelle zeugt mehr vom Glauben und Vertrauen der

Menschen auf dem Camino als jeder golden ausgemalte Dom, den wir bisher besichtigt haben.

Vor uns laufen zwei Holländer einen steinigen Weg durch die Felder – und das Schmunzeln auf Jürgens Gesicht zeigt mir, dass er die gleichen Gedanken hat wie ich. Die beiden haben tatsächlich einen Wohnwagen im Kleinstformat dabei. Und das geht so: An Schulter- und Bauchgurten ist ein Metallgestell angebracht, das vor der Brust mit den Händen gesteuert werden kann. Hinten endet das Ganze in einem großen Laufrad und dazwischen ist ein Metallkoffer angebracht, nicht unähnlich einem Dachgepäckträger. Natürlich fehlt weder ein Aufkleber in den niederländischen Farben noch die lautstarke Unterhaltung, die weit über das Tal klingt. Warum wird einem Deutschen ein solcher Aufzug niemals einfallen? Warum tragen die Tiroler, die wir vor einigen Tagen in den Bergen getroffen haben, zu modernster Kletterausrüstung ihren Gamsbart am Hut?

Inzwischen ist mein Puls wieder auf Normalmaß gesunken und so kann Jürgen das vorhin aufgeschobene Erinnerungsfoto am ersten zweistelligen Kilometerstein nachholen. Und wieder waten wir – diesmal gemeinsam – durch knöcheltiefen Schlamm, der auch hier mitten in der Wildnis mit Kuhfladen großzügig angereichert ist. Fliegen schwirren um uns her und der Höllengestank ist kaum auszuhalten, nur weiter heißt die Parole!

Sonne, Sonne, Sonne – das Wandern macht Spaß, die Fußschmerzen sind längst vergessen, wir haben unseren Rhythmus gefunden. Sicherheitshalber verkleben wir unsere Füße zwar jeden Morgen großflächig mit Blasenpflastern und auch auf die Stützaufkleber aus Ponferrada möchte ich nicht verzichten, das alles hat aber längst nur noch prophylaktischen Charakter.

Kaum einen Kilometer weiter lädt in Ferreiros eine kleine Gaststätte zur Mittagsrast ein. Und dann ist da noch etwas: Auf einem kleinen Beilegezettel informierte uns die Jakobusgesellschaft Aachen, die unser Credencial ausgestellt hat, dass eine Compostela nur der bekommen könne, der ab Sarria täglich zwei offizielle Stempel mit Unterschrift vorweise. Also sollten wir uns langsam um unseren ersten Tages-Nachweis kümmern. Ein Blick zur Uhr – es ist genau viertel vor eins. Wir liegen gut in der Zeit, können beide eine Rast gebrauchen, und der Stempel der staatlichen Pilgerherberge, die in einer Viertelstunde ihre Pforten öffnen wird, sollte offiziell genug sein.

Also lehnen wir unsere Rucksäcke an die Wand der „Casa Cruceiro" und ordern Milchkaffee, Tee und frisch gepressten Orangensaft. Eine bunte Pilgerschar aus aller Herren Länder hat es sich auf den Biertischgarnituren und Campingstühlen der Brauerei „Estrella Galicia" bequem gemacht, es schnattert und plappert in allen möglichen Dialekten und Sprachen. Obwohl die heutige Etappe für mich eine Zusatzanstrengung gebracht hat und wir noch rund neun Kilometer vor uns haben, bin ich zuversichtlich, es ohne Probleme schaffen zu können. Hätte es in Ferreiros neben der staatlichen Herberge auch private Unterkunftsmöglichkeiten gegeben, dann hätten wir die heutige Etappe sicher hier unterbrochen und eine zusätzliche Übernachtung eingeschoben. Nur – was hätten wir dann mit dem halben Tag in einem wirklich unattraktiven Nest unternommen? Es ist also schon wieder einmal alles gut und richtig gewesen!

Der Saft hat geschmeckt, nun sollte die staatliche Herberge geöffnet sein. Wir gehen die wenigen Schritte, und schon stehen wir vor dem neuen Gebäude, durch dessen Fenster wir weiß lackierte Doppelstockbetten erspähen, die dringend an Armeezeiten erinnern. Nein, das wollen wir uns nach den

Erfahrungen in Astorga nur im äußersten Notfall noch einmal gönnen. Der junge Mann ist etwas irritiert, als wir ihn nur um einen Stempel bitten – und noch mehr, als wir auf eine Unterschrift von ihm bestehen. Die Vokabel „con firma" hatte ich extra nachgeschaut, nur jetzt nichts falsch machen und am Ende die Compostela ehrlich verdient haben, aber trotzdem wegen Formfehlern nicht bekommen.

Als wir unsere Dokumente dann wieder wasserdicht verstaut haben, begegnen wir einem alten Mann, der am Wegrand mit einer Sichel etwas Klee für seine Karnickel abhaut. Im Vorbeigehen grüßen wir freundlich und ich rufe ihm die Worte „Mucho trabajo – viel Arbeit?" zu. Sofort richtet er sich auf und lacht uns an. Dann redet er wie ein Wasserfall auf uns ein – ich verstehe nur die Worte „peregrino" und „Santiago", einen Fragesatz interpretiere ich wohl richtig, denn als ich „Aleman" antworte, klopft er uns auf die Schulter. Dann wird sein Gesicht ernst und er gibt uns beiden feierlich die Hand. „Buen Camino!" wünscht er, dann kehrt er zu seiner Arbeit zurück. Das sind so kleine Erlebnisse, die es wert sind, aufgeschrieben zu werden, denke ich – und vergesse die Begegnung abends doch im Reisetagebuch.

Im Sonnenschein liegt ein kleiner Dorffriedhof, durch dessen hohes Gras ein schmaler Plattenweg zu den einzelnen Gruften führt – selbst hier auf dem Dorf sind die Häuser der Toten besser gepflegt und scheinbar solider gebaut, als die Katen der Lebenden. Verkehrte Welt – oder ist das Leben dieser einfachen Menschen so stark aufs Jenseits ausgerichtet, wie es selbst bei meinen Urgroßeltern noch üblich war?

Langsam, fast unmerklich verändert sich die Umgebung. Heute Vormittag sind wir – landschaftlich betrachtet – durch den Thüringer Wald gewandert, nun nähern wir uns der Lüneburger Heide. Immer häufiger treffen wir auf Kiefern, der

Boden ist von Sand durchsetzt. Die Wiesen mit ihren schwarzbunten Kühen haben wir hinter uns gelassen, ebenso die geschlossenen Waldflächen. Hier ist der Bewuchs wesentlich spärlicher, dafür treffen wir wieder auf ausgedehnte Ginsterbüsche. Große Findlinge säumen den Weg, manche tragen tiefe Spuren, als seien sie über viele Jahrhunderte von Eisen beschlagenen Wagenrädern eingefräst worden. Es würde mich nicht wundern, wenn nach der nächsten Wegbiegung eine römische Kontrollstation auftauchte. „Ich glaube, ich würde dann ohne mich weiter zu besinnen einfach auf lateinisch antworten, dass wir auf dem Weg nach Portomarín sind" meine ich zu Jürgen, der mir zustimmt. Hier ist alles scheinbar so völlig unberührt von den Errungenschaften des 21. Jahrhunderts, obwohl jedes Jahr Tausende von Menschen aus der ganzen Welt den Camino laufen. Die Zeit tropft stetig und fast unmerklich weiter – vielleicht stimmt es wirklich, dass die katholische Kirche in die Zeit nach Jahrtausenden bemisst, es auf einzelne Schicksale und Ereignisse überhaupt nicht ankommt.

Statt der Kontrollstation oder einem römischen Pferdefuhrwerk stehen wir unvermittelt vor einem einfachen Holzkreuz, das mit einigen verwelkten Blumen und bunten Perlenschnüren geschmückt ist. Hier ist vor wenigen Jahren ein Pilger gestorben, so kurz vor dem Ziel hat sein Körper die Strapazen nicht mehr ausgehalten. Sein Kreuz soll ein Memento sein, uns trotz aller Euphorie nicht zuviel zuzumuten. Angesichts des Kreuzes sind uns die dummen Witzeleien abrupt vergangen – den nächsten Kilometer verbringen wir schweigend.

Ab und zu ein Schluck aus der Wasserflasche, ein kurzes Innehalten, das Gelegenheit gibt, die weite Landschaft in die Seele aufzunehmen, und schon geht es weiter.

Angesichts eines sehr in die Jahre gekommenen Horreos spricht mich ein Amerikaner – wer auch sonst auf dieser Etappe? – an und fragt, was das für ulkige Gebäude seien. Ich erkläre ihm den Sinn der Speicherkonstruktion, nur was um alles in der Welt heißt Mais auf Englisch? Da mir die Vokabel „corn" beim besten Willen nicht einfällt und Jürgen bereits etliche Meter vor mir mit einem Fotomotiv beschäftigt ist, verwende ich einfach das Wort für Getreide – also „grain" – was jedenfalls nicht ganz falsch ist. Der Amerikaner zieht mit glücklichem Gesicht weiter und verkündet das neue Wissen lauthals dem Rest seiner Wandergruppe. Und natürlich wusste Jürgen das richtige Wort auf Anhieb, wie es halt so ist.

Schon wieder ein Kreuz, diesmal ist es über und über mit kleinen Steinen besetzt, mancher scheint sich hier zuviel zuzumuten, um nur ja möglichst schnell nach Santiago zu kommen. Gut, dass wir unsere Etappen und die jeweiligen Tagesziele gestern festgelegt haben, so können wir gar nicht erst in Versuchung geraten.

Nun kann es nicht mehr weit sein, denn wir sehen bereits den Stausee in der Sonne glitzern, an dessen Ufern Portomarín liegt. Noch einmal geht es durch einige Weiler, die verlassen aussehen – und doch stehen moderne Autos auf den Höfen. Wir wandern weiter durch unsere frühlingshafte Heidelandschaft, auf den Feldern steht junges Getreide. Noch scheint die Sonne, aber der Himmel macht schon wieder Sorgen, denn dicke schwarze Wolken ziehen auf. Ob wir heute doch noch einmal gewaschen werden?

Unversehens führt uns ein steiler Pfad nach unten ins Tal, dann eine letzte Wegbiegung und wir stehen auf der Asphaltstraße, die den Rio Miño überbrückt und hinüber nach Portomarín führt. Das blaue Schild mit dem stilisierten Wanderer nebst gelber Jakobsmuschel weist uns die Richtung, die Beschilderung der LU-633 weist 23 Autokilometer bis Sarria aus – wir haben es tatsächlich trockenen Fußes geschafft!

Malerisch liegt Portomarín auf der anderen Seite des Stausees, leider im Schatten, so dass wir das Panorama mit seiner ehrwürdigen alten Wehrkirche von hier aus kaum gebührend würdigen können. Wie schreibt unser Wanderführer: „Wir queren [die Brücke] und stehen unter dem Ort, eine Treppe leitet zur Hauptstraße hinauf." Und tatsächlich, der direkte Zugang zum Stadtzentrum führt über eine steile Treppe hinauf zu einem Tor, hinter dem unmittelbar eine armselige Einkaufsstraße beginnt. Wahrscheinlich hat es der Architekt gut mit uns Wanderern gemeint, als er beim Wiederaufbau von Portomarín diese Treppe entwarf, um uns so eine weit geschwungene Serpentine zu ersparen. Aber ganz ehrlich – ein Wandersmann kann er nicht gewesen sein, denn auf diesen wenigen Stufen habe ich heute mehr geschwitzt als während der zurückliegenden sechs Stunden, die Petruscallo-Episode eingeschlossen.

Da kommt der kleine Supermarkt, der eher wie ein alter Lagerschuppen aussieht, gerade recht. Einige Frauen stehen laut erzählend mit schlaffen Einkaufsbeuteln davor und sehen dem schmächtigen Männlein interessiert zu, das mit einer langen Eisenstange das Rolltor nach oben schiebt. Die Gerüche in dem durch einige altersschwache Neonröhren nur ungenügend beleuchteten Geschäftchen sind abenteuerlich: Bohnerwachs, nicht mehr ganz frisches Fleisch, sehr gut gereifter Käse, Kohl, Spülmittel, Seife, alles durcheinander. Jürgen und ich wenden uns zielstrebig dem Getränkekühlschrank zu und kaufen jeweils zwei Dosen Zitroneneistee. Ja, ich weiß, Dose ist ökologisch nicht korrekt, Eistee löscht den Durst auf Grund seines hohen Zuckergehalts nur scheinbar und außerdem ist ein zimmerwarmes Getränk für den erhitzten Kreislauf viel gesünder. Das ist mir im Augenblick aber einfach egal! Ich möchte jetzt ganz bewusst etwas Unlogisches tun, und da ist eiskalter Eistee genau richtig.

Subjektiv erfrischt treten wir die letzten Meter der heutigen Etappe an und erklimmen das kleine Stadtzentrum, das in den sechziger Jahren um die romanische Wehrkirche San Nicolás herum aufgebaut wurde. Direkt neben diesem beeindruckenden Bauwerk liegt unsere „Pensión Arenas".

Wir betreten das schummerige Halbdunkel der angeschlossenen Bar und fragen die beiden Frauen am Tresen nach unserem Zimmer. „Nein, eine Reservierung für Señor Storck gibt es nicht – und überhaupt, die Pensión ist schon seit Tagen völlig ausgebucht." Die Beiden wenden sich wieder ihrem offensichtlich wichtigen Privatgespräch zu, während ich nun doch etwas unruhig werde. Ich versuche es auf Englisch, da ich mich in dieser Sprache doch deutlich sicherer fühle, leider erfolglos, da außer Jürgen mich niemand im Raum versteht. Also wieder zurück zu meinem bunten Kleinkindspanisch. Ich bitte darum, einen Blick in das Reservierungsbuch werfen zu dürfen, noch hege ich die stille Hoffnung, dass mein Name am Telefon vielleicht nicht richtig verstanden worden ist. Aber nein, da steht groß und breit „Volker Stork" – gerade mal das „ck" in meinem Nachnamen ist falsch geschrieben. Nur – irgendjemand hat diese für uns so wichtige Eintragung einfach durchgestrichen. Ich weise die beiden Damen auf die veränderte Sachlage hin und sofort setzt hektische Betriebsamkeit ein.

Alles beginnt mit einer lautstarken Diskussion, dann greift die eine beherzt in den Schlüsselkasten und die andere zum Telefonhörer. Eines ist klar – der letzte, der heute im Wahn einer Reservierung hier ankommt, wird nicht in der „Pensión Arenas" übernachten, sondern irgendwo in einem Notquartier.

Das soll aber nicht unsere Sorge sein – nach diesem unerwarteten Adrenalinstoß steigen wir befriedigt die schmale Treppe hinauf zu unserem Zimmer.

Deutscher Standard, wohin das Auge schaut – die fünfundzwanzig Euro pro Person sind gut angelegt. Das Bad ist frisch renoviert, die Armaturen neu und glänzend, Matratzen, Schrank, Fußboden, alles wie es sein soll. Da haben wir ganz ordentlich Glück gehabt – und es war richtig, am Empfang ein bisschen mehr Zeit zu investieren, als ich im ersten Augenblick vorhatte.

Nun aber unter die Dusche!

Mein Magen erkundigt sich seit einiger Zeit, ob in absehbarer Zeit noch mit irgendeiner Speise zu rechnen sei. Jürgen scheint es nach den über den Tag verteilten Müsliriegeln ähnlich zu gehen, also werfen wir uns noch einmal in die Wanderkluft und machen uns auf Entdeckungstour.

Natürlich sind um diese Zeit die zahlreichen Gaststätten in den schattigen Arkadengängen rings um den Marktplatz alle geschlossen – erst ab 19 Uhr beginnt hier wieder das gesellschaftliche Leben. Sicherheitshalber reserviere ich einen Tisch für heute Abend, man weiß ja nie.

Was mir allerdings etwas mehr Sorgen als die Nahrungsfrage macht ist die Tatsache, dass sowohl die Kirche als auch die Stadtverwaltung heute Ruhetag haben. Und wo sollen wir bitte den zweiten „offiziellen Stempel" dieses Tages her bekommen? Wir versuchen es bei der örtlichen Guardia Civil-Station, aber auch die macht eher den Eindruck einer Verwahranstalt für Schwerverbrecher als einer Vertrauensstelle von Bürgern für Bürger. Wenn wenigstens ein freundlicher

Polizist am Eingang gesessen hätte so wie in Ponferrada. Schließlich entdecken wir einen Hinweis auf die staatliche Pilgerherberge von Portomarín, dem wir als ultima ratio folgen.

Vor dem modernen Bau räkeln sich müde Wandersleute auf dem Rasen in der Sonne, während andere mit Tagebuchschreiben beschäftigt sind. Am Empfang werden wir nicht gerade freundlich behandelt, als ich bescheiden nach dem Stempel für das Credencial frage. Ob es uns hier nicht gut genug sei, will die resolute Frau mit mindestens drei Zentner Lebendgewicht wissen. Und als ich dann auch noch um einen „Sello con firma" bitte, rastet sie fast aus. Da könne ja jeder kommen – also entweder gäbe es den Stempel ohne ihren Friedrich-Wilhelm oder gar nicht. Sollen wir doch sehen, wo wir bleiben, hugh – ich habe gesprochen! Natürlich spricht die Frau spanisch, aber auch ohne jegliche Sprachkenntnisse wüsste ich ihre Suada zu deuten, Tonfall und Blicke sind international. Also dann lieber ohne Unterschrift, die uns die Aachener Jakobusgesellschaft so dringend ans Herz gelegt hat, die können wir zur Not ja auch selbst dazu setzen.

So – und jetzt habe ich wirklich Hunger! Jürgen geht mit diesem nagenden Gefühl anders um als ich, entweder es gibt etwas, oder es gibt halt nichts. Beides ist für ihn gleich gut und richtig. Ich dagegen bekomme merklich schlechte Laune, wenn nach einer gewissen Zeit meinem Körper noch immer nichts Essbares zugeführt wurde.

Also traben wir von der Pilgerherberge wieder zurück in Richtung Polizeistation, wo wir einen kleinen Supermarkt entdeckt hatten, der von außen einen deutlich professionelleren Eindruck machte als die Konsum-Verkaufshalle vorhin bei unserer Ankunft.

Portomarín ist in wenigen Minuten durchschritten und macht im ersten Augenblick den Eindruck, als sei es auf der grünen Wiese und mit vielen genormten Baukastensteinen beplant worden. Immerhin musste 1962 ein ganzer Ort umgesiedelt werden, als das alte Portomarín durch das Anstauen des Rio Miño in den Fluten versank. Nur wenige Gebäude – vor allem die fast tausend Jahre alte Wehrkirche – wurden damals Stein für Stein abgetragen, gesäubert und an höherer Stelle wieder aufgebaut. Arkadengänge, weiße Fassaden und Sandsteineinfassungen prägen das Bild der schmucken kleinen Innenstadt heute. Aber nur auf den ersten Blick – denn in den letzten vierzig Jahren hat der Schlendrian schon wieder kräftig Einzug gehalten und manches Ungenormte entstehen lassen, das wir auf unseren Wanderungen kreuz und quer durch den kleinen Ort entdecken: Hier wurde ein Mäuerchen gezogen, dort ein kleiner Schuppen für eine private Autowerkstatt errichtet. Hier ein wenig bunte Baumarktfarbe, dort ein Balkon, der nach so wenigen Jahren schon baufällig wirkt. Und ab und zu sticht ein echter Neubau heraus und wirkt in dieser Einheitlichkeit, die hart an der Grenze zur Eintönigkeit liegt, fast deplatziert.

So, genug gesehen, wir sind da, jetzt wird eingekauft. Neben knusprigem Weißbrot erstehen wir würzige Salami, einige Scheiben Käse, eine Salatgurke, zwei Liter frisch gepressten Orangensaft und sogar ein Glas eingemachten Spargel. Mit allem Notwendigen versehen setzen wir uns wie zwei Clochards auf die Stufen der Stadtverwaltung und vespern was das Zeug hält. Auf dem Marktplatz, den wir von unserem schattigen Logenplatz aus wie eine Bühne überblicken können, herrscht buntes Treiben: Erst fährt das Fischauto unter lautem Geschrei anderer Marktteilnehmer vom Platz. Dann versucht ein Jeep in eine viel zu kleine Parklücke hineinzustoßen und macht mehrere Versuche, bis der Fahrer sich für einen anderen Parkplatz entscheidet.

Immer dann, wenn gerade Ruhe herrscht, fährt das Auto der Guardia Civil in Schrittgeschwindigkeit gravitätisch über den Platz. Auf den wenigen Sitzbänken liegen erschöpfte Pilger in der Sonne, während andere offensichtlich noch immer auf Unterkunftssuche sind. Alle, die in unsere Pensión Arenas gleich gegenüber hineingehen, kommen nach wenigen Minuten mit langen Gesichtern wieder heraus – sie scheint tatsächlich ausgebucht zu sein. Still vergnügt feixen wir vor uns hin, nein, keiner sagt jetzt den Satz der Sätze – obwohl wir tatsächlich alles richtig gemacht haben.

Zugegeben, einige Gestalten auf dem Platz verdienen keinen Schönheitspreis, und auch wir sehen nicht gerade wie Robert Redford und Gregory Peck aus. Die Krone der augenblicklichen Geschmacklosigkeiten verdienen jedoch zwei Gestalten auf der Kirchentreppe, die mit kurzen Hosen und nacktem Oberkörper in der prallen Sonne sitzen. Um den Inhalt ihrer kahl geschorenen Schädel muss ich mir wohl keine Sorgen machen, er dürfte nicht vorhanden sein. Was bewegt Menschen, sich so zu produzieren?

Als nach ausgiebiger Pause die Kirche trotz anders lautender Aushänge weiterhin geschlossen bleibt, biete ich Jürgen ein attraktives Alternativprogramm an: „Wie wäre es mit einem Bierchen?" – „Einverstanden!" Wenige Schritte von unserer gastlichen Stadtverwaltungstreppe entfernt hat eine Bar geöffnet, unter deren schattigen Arkaden einige Stühle frei sind. Und wer sitzt dort schon in angeregtem Gespräch mit einem spanischen Zigarrenraucher? Der bärtige Pilger, der uns in Samos nach der Rua Mayor gefragt hatte und mit dem wir und „seinen beiden Mädels" uns das Taxi von Samos nach Sarria geteilt hatten. Selbstverständlich müssen wir an seinem Tisch Platz nehmen, während sich der Zigarrenraucher angesichts des landsmannschaftlichen Zuwachses verabschiedet.

„Sag mal, wie heißt Du eigentlich?" – „Ludwig, und ihr?" Das übliche Pilgergespräch beginnt, von dem man nie weiß, welche Wendungen es nehmen wird: „Wo seid ihr losgelaufen?" – „Und ihr?" Irgendwann kommt natürlich die Fragerunde auf die jeweiligen Berufe. „Ja, dass ihr bei der Bank seid, das habe ich mir schon irgendwie gedacht. Was macht ihr denn da genau?" Und das ist gar nicht so einfach, einem Nicht-Banker die internen Bereiche Produktmanagement und Risikomanagement zu beschreiben, gibt aber Gelegenheit, über den Sinn der eigenen Tätigkeit nachzudenken. „Und was machst Du?" – „Ich mache Soja-Würstchen." Ludwig scheint sich über mein ungläubiges Gesicht prächtig zu amüsieren und ich habe den dringenden Verdacht, ganz groß verschaukelt zu werden. Als er uns dann jedoch den Namen seines Unternehmens verrät und haarklein auseinandersetzt, wie Sojabohnen zu Würstchen und Steaks verarbeitet werden und was man sonst noch alles aus ihnen machen kann, hat er mich überzeugt. Ich bin schwer beeindruckt, dass er als Geschäftsführer die Zügel zwei Monate lang einem Vertreter übergibt und in dieser Zeit von Pamplona nach Santiago pilgert. Hut ab vor diesem Vertrauen in seine Mitarbeiter und auch vor der körperlichen Leistung!

„Sag mal, was sind das eigentlich für zwei Mädels, mit denen Du in Samos unterwegs warst?" – „Die haben sich mir irgendwann angeschlossen, die Sylvia und die Nicole. Irgendwie scheine ich für Nicole so was wie eine Vaterfigur zu sein, keine Ahnung." Manchmal habe er versucht, die beiden loszuwerden und wieder allein zu wandern, dann sei aber irgendwann eine SMS gekommen, wo er denn gerade sei und ob er nicht mal für sie zwei Betten mit belegen könne? Na, und so treffe man sich fast jeden Abend und habe sich an diese Regelmäßigkeit schon gewöhnt. „Übrigens müssten die beiden auch bald eintreffen, wir können ja heute Abend noch ein Fläschchen gemeinsam trinken." Dem steht nichts im Wege und wir verabreden uns an selben Ort für irgendwann zwischen 20 und 21 Uhr.

Als wir später und nach einer zweiten Dusche aus unserer Pension hinaus auf die Sonnen überflutete Plaza treten, stehen die Tore der Wehrkirche weit offen. Also gab es doch einen Pilgergottesdienst und alle – außer Ludwig und uns – wussten es! Die Chance, dieses fast tausend Jahre alte Gebäude wenn auch nur kurz von innen zu sehen, wollen wir uns nicht entgehen lassen. Gleich am Eingang stempelt der Pfarrer Pilgerpässe wie am Fließband. Vergessen sind alle Sorgen, im Credencial könne bis Santiago nicht genügend Platz sein, für heute müssen es drei Pilgerstempel sein. Jürgen spurtet hinüber in unser Zimmer, um seinen Ausweis zu holen, ich trage meinen wie stets am Mann.

In der Zwischenzeit lasse ich das düstere, aus riesenhaften Quadern für die Ewigkeit aufgeschichtete Gotteshaus in all seiner Schlichtheit auf mich wirken. Ein Hauch von Weihrauch hängt in der Luft und verbreitet Ewigkeitsstimmung. Die Zeitläufte haben hier kaum Spuren hinterlassen, jederzeit könnte ein Ritter, ein Renaissance-Kaufmann oder ein einsamer Revolutionär aus dem Bürgerkrieg hier eintreten, immer würde er sich zurechtfinden, immer würde er in die Umgebung passen. Irgendwann bedeutet uns der Pfarrer als seinen beiden letzten Besuchern, die Kirche zu verlassen.

Wir gehen die wenigen Schritte hinüber ins Gasthaus, dessen Comedor sich als größer entpuppt, als zunächst vermutet. Wahrscheinlich gibt es hier in Portomarín ohnehin mehr Kneipen für Touristen und Pilger als für Einheimische. Fast automatisch werden wir an einen Tisch gleich vorn am Eingang platziert und sind zunächst die einzigen Gäste. Die Speisekarte ist zweisprachig Spanisch-Galizisch, das Bierangebot für unsere Zwecke absolut ausreichend. Ein nicht sehr engagierter Kellner nimmt unsere Bestellungen entgegen. Natürlich weiß er schon auf Grund unserer Wanderkluft ganz genau, dass wir nur dieses eine Mal bei ihm einkehren werden und er daher kaum mit Service aufwarten muss, aber ein bisschen könnte er sich schon bemühen. Der Kerl bekommt ja kaum die Zähne auseinander. Als ich dann aber auf Spanisch das für Jürgen obligatorische „Fileto de ternera" und für mich die landestypische Spezialität „Pulpo gallego" bestelle, taut er doch auf und zaubert sogar ein kleines Lächeln ins Gesicht. Wahrscheinlich muss man bei diesem Job hart im Nehmen sein und nicht jeder Pilger wird ein Engel oder auch nur würdiger Vertreter seines Stammes sein.

Inzwischen kommen weitere Gäste, darunter eine fröhliche Wandergruppe aus England oder Amerika, der sich einige Chinesen angeschlossen haben. Alle plaudern lustig durcheinander, gemeinsam versuchen sie die Speisekarte zu verstehen. Immer wieder tönt Gelächter zu uns herüber, wir winken uns gegenseitig zu – jetzt fehlt nur noch, dass sie uns einladen.

Und dann kommt das Essen – während Jürgens Rindfleisch mit Pommes aussieht wie immer, ist der Anblick meines Tellers schon deutlich außergewöhnlicher: Die Krake sieht genauso aus, wie wir sie vor einigen Tagen auf dem Marktplatz von Villafranca del Bierzo gesehen haben. Die Tentakeln sind in viele kleine Stückchen geschnitten, mit einer roten Öl-Soße übergossen und danach mit reichlich Pimiento bestreut. Dazu gibt es – nichts. Lediglich einige Zahnstocher laden als Besteck zum Verzehr ein. Einige Stückchen sind nur wenig vom Paprikapfeffer getroffen worden, sie schmecken mild und lecker, fast wie Hühnchenfleisch. Ansonsten ist mir der „Pulpo gallego" definitiv zu stark gewürzt, auch wenn diese Schärfe wohl das Typische ausmacht. Natürlich esse ich den Teller leer und erzähle Jürgen die Geschichte von Franks Großvater, wie er 1940 in einer griechischen Gaststätte in Athen zum ersten Mal Bekanntschaft mit Pepperoni machte und zum stummen Erstaunen der Einheimischen den ganzen Teller leer aß, weil er glaubte, dies seiner deutschen Uniform und seinem Land schuldig zu sein. Zum Nachtisch bestelle ich einen Apfel, der meine Geschmacksnerven wohltuend beruhigt.

Draußen auf der Plaza hat es nur unwesentlich abgekühlt, die Kirche ist wieder geschlossen und überall schlappen lustig gewandete Menschen meist mit bunten Plastiklatschen an den Füßen und auf der Suche nach einer Kneipe umher. Wir steuern zielstrebig die Arkaden der kleinen Bierbar „Posada del camino" von heute Nachmittag an, wo Ludwig, Sylvia und Nicole bei der ersten Weinflasche sitzen und uns mit lautem Hallo begrüßen, als seien wir seit Jahren miteinander befreundet – so ist das eben auf dem Camino.

Die beiden sind Kolleginnen und arbeiten in Karlsruhe bei der Lebensmittelüberwachung, berichten aber nur wenig von ihrem beruflichen Alltag.

Dafür kommt Ludwig ins Erzählen – zum Beispiel, wie er einmal in Kreta mit dem Motorrad in einen mörderischen Schneesturm geriet und halb erfroren von einigen Einheimischen gerettet worden war. Ach ja, Kreta, dort habe er seit vielen Jahren ein Haus und fahre jedes Jahr mindestens einmal hin. Am Anfang seien die Dorfbewohner ja ziemlich zurückhaltend gewesen, aber mittlerweile sei er fest integriert in die Gemeinschaft. Und was dort gebaut würde – wenn er noch daran denke, wie das alles vor dreißig, vierzig Jahren aussah. Wenn wir wollten, könnten wir gern zum Selbstkostenpreis mal Urlaub in seinem Haus machen. Wir spitzen die Ohren und tauschen Telefonnummern aus.

Dann steht die zweite Weißweinflasche auf dem Tisch, nur Sylvia hält sich zurück und bleibt beim „Cabreiroa", dem guten Felsquellwasser von O'Cebreiro. Was mich ein wenig stört sind die allgegenwärtigen Zigaretten, sonst sind wir eine unbeschwerte und lustige Runde. Für einen Moment denke ich an Werner und Britta – die Gespräche mit den beiden hatten ohne Zweifel mehr Gehalt, mehr Tiefgang. Heute macht es mir aber richtig Spaß, ein wenig herumzualbern, Geschichten aus der Schulzeit zu erzählen oder erzählt zu bekommen.

Nicole, die kaum älter als Zwanzig sein kann, berichtet von ihren ersten Alkoholerfahrungen und regt eine Probe des hiesigen Kräuterlikörs an. Wenige Minuten später stehen fünf Gläser mit eiskaltem „Orujo de Hierbas" gelb und dickflüssig vor uns. Das Zeug dürfte ganz schön hinterhältig sein, süß und verführerisch lecker gleitet es durch die Kehle und spätestens nach dem dritten Glas – das wir nicht trinken! – wird der Alkohol den für den nächsten Tag zu erwartenden Brummschädel in den Hintergrund spülen.

Als wir gegen 22 Uhr aufbrechen, liegen ein wunderschöner Tag und Abend hinter uns. Wir begleiten Sylvia, Nicole und Ludwig zu ihrer Herberge am Ortseingang von Portomarín, dann schlendern wir durch die dunklen, inzwischen deutlich ruhiger gewordenen Gassen zurück zu unserer Pension.

Morgen liegt mit 13 km eine eher mittelschwere Etappe mit einer Steigung von rund 300 Höhenmetern vor uns, die Zimmer in Ventas de Narón sind reserviert, der Wetterdienst sagt – was eine große Seltenheit in dieser Region ist – einen sonnigen Tag ohne Niederschlag voraus. Es ist Bettgehzeit!

Dienstag, 20. Mai – Von Portomarín nach Ventas de Narón

Portomarín – Toxibo – Gonzar – Hospital de la Cruz – Ventas de Narón

13 km

Die heutige Etappe steht unter dem unausgesprochenen Motto „Tag der Stempel".

Als uns der Wecker um 6 Uhr aus dem Schlaf reißt, ist es draußen noch dunkel. Dichter Nebel verbreitet auf der Plaza eine fast unheimliche Stimmung. Es ist empfindlich kalt, als wir noch etwas steifbeinig kurz nach 6.30 Uhr durch das nachtschlafende Portomarín ziehen. Eine einsame Pilgerin überquert den Platz mit eiligem Schritt, nicht ohne uns kritisch zu mustern. Die Haupteinkaufsstraße liegt in tiefster Ruhe.

Zunächst führt unser Weg hinunter zum Stausee, dann über eine schmale Fußgängerbrücke aus der Stadt und einen Hügel hinauf. Die wenigen Pilger sehen eher nach verirrten Wanderern aus – und auch die Natur scheint noch zu schlafen.

Steil geht es auf holprigen Wegen bergan, 300 Höhenmeter insgesamt. Eichen, Buchen, Ginster, Heide, dann wieder Kiefern – mancher Blick erinnert an die Lüneburger Heide oder die Mark Brandenburg. Insgesamt macht die Vegetation den Eindruck, höher zu sein als 600 bis 700 m ü. NN.

Erst nach über einer Stunde dringen erste vorsichtige Sonnenstrahlen durch die graue Nebelsuppe. Der Camino ist an dieser Stelle schmal und rot, ein wenig müder und nachtfeuchter Ginster am Wegesrand kann das eintönige Grün von Laub- und Nadelbäumen um diese Uhrzeit noch nicht auflockern. Schweigend knirschen unsere Schritte auf dem sandigen Untergrund.

Das ändert sich erst, als nach über zwei Stunden endlich die satten Wiesen in voller Sonne vor uns liegen. Der gelbe Ginster strahlt auf einmal, als seien seine kleinen Blütenkelche aus purem Gold. Und auf einmal gewinnen auch die verschiedenen Bäume wieder ihre ganz eigenen Persönlichkeiten, ihre Farben und Konturen. In den Wipfeln hängen Nebelschwaden, Vögel beginnen zaghaft ihr Morgenlied. Und da ruft auch schon unser Pilgervogel sein „Kuckuck! Kuckuck!" in den jungen Morgen. Die Luft ist samtigweich, noch ist es nicht schwül und unser Atem strömt leicht durch die Lungen. An manchen Stellen bleiben wir stehen und schauen für einige Sekunden oder Minuten auf die uns umgebende Natur. Es kommt auch vor, dass einer für ein Fotomotiv verharrt – dann wandert der andere einfach im gleich bleibenden Schritttempo weiter, denn schon nach wenigen Minuten wird er selbst stehen bleiben und der andere kann aufholen. Auf dieser wunderschönen Etappe wird mir bewusst, dass Jürgen und ich zu einem eingespielten Team geworden sind.

Wir erreichen den Weiler Gonzar und nehmen in der kleinen Dorfbar bei einem unausgeschlafen-mürrischen Wirt unseren Milchkaffee. Auf die offensichtlich vom letzten Tag übrig gebliebenen Boccadillos verzichten wir trotz Frühstücksappetit gern. Unser Gespräch dreht sich um wichtigeres: Die Compostela!

Als Jürgen und ich im März unser „Credencial del Peregrino" von der Jakobusgesellschaft Aachen zugeschickt bekamen, lag jeweils ein kleiner Zettel bei. Danach seien die Vergabekriterien für die Compostela 2008 deutlich verschärft worden, so dass ab diesem Jahr nur noch der Pilger eine Urkunde erhalten könne, der am Ziel für die Strecke Sarria-Santiago pro Tag zwei offizielle Stempel mit Datum und Unterschrift vorweisen könne. Und um genau dieses Zettelchen, das Jürgen sogar extra mit auf die Reise genommen hat, dreht sich unsere Diskussion: Was ist eine offizielle Stelle? Eine Bar? Eine private Herberge? Oder doch nur die staatlich-galizischen Xunta-Herbergen, Polizeistationen, Kirchen und Stadtverwaltungen? Und was ist, wenn wir zwar die geforderten Stempel, diese aber ohne Unterschrift beibringen? Bisher haben wir ja mit einer Ausnahme unsere Stempel „con firma" bekommen, aber jedes Mal gab es Palaver. Und das macht uns stutzig – sind wir die einzigen Pilger auf dem Camino, die diese Vorschrift beachten?

Egal wen wir fragen, keiner hat bisher davon gehört, und jeder hat dazu seine eigene Philosophie. Für uns stellt sich heute ganz konkret das Problem, dass wir von jetzt an noch ungefähr zwei Stunden zu laufen haben, um gegen 10 Uhr das Tagesziel in Ventas de Narón zu erreichen. Bis dahin werden wir die Orte Castromayor und Hospital de la Cruz durchqueren, wobei der erste laut Karte keine Herberge, der zweite nicht einmal eine Kirche hat. Der Tempel in Gonzar ist geschlossen, fällt also als „offizielle Stelle aus". Die Xunta-

Herbergen dagegen öffnen einheitlich erst um 13 Uhr. Was das bedeutet, bekommen wir in Gonzar am eigenen Leib zu spüren: Alles Klopfen an dem modernen Gebäude gleich neben der Bar bleibt vergebens, der letzte Pilger hat das Gebäude verlassen und vor Mittag wird hier vermutlich nicht einmal eine Reinigungskraft erscheinen. Ganz kurz blitzt ein kleiner Hoffnungsschimmer auf, als wir entdecken, dass die Hintertür der Herberge noch offen ist. Ohne langes Nachdenken treten wir ein – begehen also streng genommen Hausfriedensbruch – und machen uns auf die Suche nach dem möglicherweise ebenfalls offenen Verwaltungszimmer. Genau davor stoppt uns die verschlossene Glastür. Das tragische dabei ist, dass wir dahinter den heiß ersehnten Stempel sogar sehen können, wie er uns aufreizend vom feuchten Stempelkissen aus angrinst. Missgelaunt verlassen wir die menschenleere Xunta-Herberge.

Und jetzt?

Ich versuche, Jürgen mit meiner zugegeben sehr freien Interpretation des Aachener Textes zu überzeugen: Wenn vielleicht das Wort „público" statt korrekt mit „öffentlich" in bester Absicht mit „offiziell" übersetzt wurde? Seine Gegenposition ist deutlich – wenn er die Compostela verdient hat, dann will er sie auch haben. Und das soll nicht an einem falschen Stempel scheitern. Ich könne mir ja meinen Pilgerpass in der Kneipe abstempeln lassen, er für seinen Teil werde heute Nachmittag zurück nach Gonzar oder Hospital de la Cruz laufen und nicht wegen solch einer Lappalie auf seine Compostela verzichten.

Ich bin verstimmt, merke aber, wie wichtig Jürgen dieses Dokument ist. Ein Konsens ist im Augenblick also nicht möglich, unsere Positionen liegen zu weit auseinander. Letztlich scheint mir die Compostela nicht ganz so wichtig zu sein, wird durch sie doch etwas bestätigt, das ich für mich sowieso nicht vorbehaltlos unterschreiben kann, nämlich den Weg zum Apostelgrab „um des wahren und reinen Glaubens willen" auf mich genommen zu haben. Als Erinnerung genügen mir die Fotos, die vielfältigen Eindrücke, die Stempel im Pilgerpass und vor allem anderen das täglich geführte Tagebuch. Anders als vor zwei Wochen bedeutet mir die Compostela quasi als Siegerurkunde oder Trophäe heute nichts mehr. Ein Stück weit rede ich mir das natürlich auch nur ein – und lasse mein Credencial dann doch nicht in der Kneipe abstempeln, sondern laufe tapfer mit Jürgen weiter in Richtung Ventas de Narón.

Wie erwartet erreichen wir um zehn Uhr unser heutiges Ziel – die Sonne scheint, die Landschaft strahlt in gelb und grün, die Pilgermassen strömen. Die Wirtsleute in der „Casa Molar" sind ziemlich überrascht von unserer frühen Ankunft, und natürlich ist auch das Zimmer noch nicht gerichtet. Die Gaststube ist dunkel und kühl, auf einer langen Bank gleich rechts vom Eingang sitzen noch einige Pilger beim späten Frühstück, manchmal kommt einer herein und bedient sich am Stempelkissen, das auf dem Tresen liegt.

Wir schauen uns ratlos an – ob wir es wagen sollen und unser Gepäck hier einfach abstellen? Da es dazu keine Alternative gibt und wir die beiden Tagesstempel einsammeln müssen, machen wir der Wirtin in Zeichensprache klar, dass wir später wiederkommen würden, nehmen die wichtigsten Utensilien – Pilgerpass, Reisedokumente, Geld, Muschel, Fotoapparate – an uns und machen einen Rundgang durch Ventas de Narón.

Der Weg führt an unserem schön restaurierten Gasthof vorbei zu einer kleinen Steinkapelle – natürlich abgeschlossen – und endet hinter einer Wegbiegung abrupt auf der

Viehweide. Das Jakobskapellchen markiert den unmittelbaren Ortskern, ergänzt um eine Kneipe und einen völlig verwahrlosten Bauernhof, dessen Fahrzeugpark unter einem löchrigen Wellblechdach eher an einen Autofriedhof als einen EU-Agrarbetrieb erinnert. Tiefe Traktorspuren im Schlamm der Dorfwege machen das Vorwärtskommen nicht immer einfach. Der Gipfel jedoch ist der total verkrautete Garten des Gehöfts, in dem eine alte Frau einzelne Blätter eines geschossenen Kohlkopfs erntet. So also entsteht die schmackhafte galizische Kohlsuppe „Caldo"! Der Kohlkopf wird nicht als Ganzes verwertet, man wartet auf sein Schießen und erntet dann blattweise.

Und schon haben wir in nicht einmal einer viertel Stunde alle, wirklich alle Sehenswürdigkeiten des Ortes ausgiebig erkundet. Vielleicht sind noch die vielen tausend kleinen blauen und violetten Blumen auf den Wiesen ringsum erwähnenswert, das ist dann aber wirklich alles.

Da der Tag für uns hier in Ventas de Narón kaum Spektakuläres bereit halten dürfte, fällen wir einen heroischen Entschluss: Ohne Gepäck werden wir tatsächlich die fünf Kilometer zurück nach Gonzar laufen, dort in der Xunta-Herberge den ersten Tagesstempel einsammeln und dann wieder zu unserer Unterkunft zurück wandern. Unser Tagespensum wird somit statt der im Pilgerführer ausgewiesenen dreizehn Kilometer um rund zehn Kilometer länger sein.

Natürlich sind wir inmitten des nicht abreißenden Pilgerstroms eine echte Sehenswürdigkeit, wie wir ohne jegliches Gepäck in die vermeintlich falsche Richtung, also von Santiago weg, laufen. Wir schwenken übermütig unsere Kameras, machen Fotos und genießen das Laufen ohne Rucksack in der strahlend-heißen Mittagssonne.

Den Weiler Hospital de la Cruz lassen wir zunächst links liegen, da wir in dessen Xunta-Herberge heute Nachmittag den zweiten Tagesstempel holen wollen. Wenn wir schon für einen Pilgerstempel zurück laufen, dann soll wenigstens die Reihenfolge der Credencial-Einträge stimmen, also erst Gonzar, dann Hospital und nicht umgekehrt.

Ein Stück weit laufen wir an der Autostraße entlang, bevor der Weg in steilem Abstieg hinunter nach Castromayor führt. Mein Kopf ist ganz leer, ich konzentriere mich nur auf die Wolken am Himmel, die aussehen, als seien sie mit einem riesigen sehr weichen Pinsel hingewischt worden. Die Füße laufen automatisch und ohne jede Anstrengung. Plötzlich steht Ludwig vor mir: „Wo wollt ihr denn hin? Santiago liegt in der anderen Richtung." Wir erklären ihm unser Stempel-Problem, was ihn nicht im Geringsten erschüttert: „Ach wisst ihr, ich bin in Pamplona losgelaufen, da werden die mir schon die Compostela geben – und wenn nicht, dann habe ich halt keine." So – da haben wir's! Ob die Strecke ab León auch schon für eine solche Argumentation im Pilgerbüro ausreicht und diese Schikanen nur für die amerikanischen 100km-Sarria-Pilger erdacht worden sind?

Während wir so erzählen, erscheinen auch Sylvia und Nicole, die mit ihrem dick verbundenen Knie ganz schön zu kämpfen hat. Die drei wollen heute bis Palas de Rei kommen und Ludwig drängelt, denn im Gegensatz zu uns Edelpilgern übernachten unsere Kameraden in den einfachen Xunta-Herbergen, in denen eine Reservierung nicht möglich ist. Ob wir uns wieder sehen werden? Ich denke an Werner und Britta – die beiden haben hoffentlich ihr Ziel inzwischen erreicht.

Nur noch ein halber Kilometer, dann erreichen wir Castromayor. Wie viele Menschen mögen in diesem durchaus schmucken Dörflein wohnen? Der Pastor mit seiner Köchin, der Kneiper mit seiner Frau, dazu vielleicht zwei oder drei Bauernfamilien, deren Kinder längst in die Stadt gezogen sind – und ansonsten vermutlich Katzen, Hunde, Mäuse und Rindviecher.

Apropos „Kneipe" – da gibt es doch tatsächlich in einem unscheinbaren, mit bunten Steinplatten verklinkerten Haus die „Café Bar Ò Castro", auch wenn weit und breit kein Castro zu sehen ist. Davor stehen im Schatten einige rote Campingtische mit passenden Stühlen, die einen ebenso wenig einladenden Eindruck machen wie die Eiskarte auf Grundlage des Industrieangebots der Firma „Kalise Menorquina". Ansonsten gibt es wie in jeder gut sortierten Tienda am Weg alles, was das Pilgerherz begehrt oder für sein Weiterkommen benötigt. Nicht einmal Wanderstäbe, Gehhilfen und Muschelamulette fehlen.

Am Ende verführt uns der knallrote Coca-Cola-Sonnenschirm aber doch zur Einkehr. Wir werfen die Schuhe von uns, trocknen die verschwitzten Jacken über den Stuhllehnen in der Sonne und legen die Füße hoch. Der Milchkaffee dampft in meiner Tasse, Jürgen gönnt sich wie meistens seinen „Te con lemón". Und während der Wind mit den Papierservietten spielt, lassen wir uns die galizische Spezialität „Tarta de Santiago" schmecken. Dieser traditionell mit einem Pilgerkreuz aus Staubzucker verzierte Kuchen aus Eiern, Zucker und Mandeln birgt in sich unzählbare Kalorienmengen und ist extrem süß, saftig und lecker. Und das, obwohl unser Exemplar nicht einmal selbst gebacken ist.

Der Pilgerstrom reißt heute einfach nicht ab – und ich werde das Gefühl nicht los, dass außer uns in dieser doch sehr ländlichen Region absolut niemand übernachtet. Alle sind in Bewegung, den einzigen Ruhepol in all dem Gewoge bilden Jürgen und ich unter unserem roten Sonnendach.

Wir beobachten eine ganze Zeit lang eine Gruppe sehr farbenfroh gekleideter Mädchen, die es sich mitten im Ort auf einer Steinmauer bequem gemacht haben. Einige der jungen Damen bedauern lautstark drei Ziegen, die hinter einem abenteuerlichen Maschendrahtverhau in der prallen Sonne schmoren. Wahrscheinlich schmieden die jungen Heldinnen schon Befreiungspläne – oder führen zumindest in Gedanken eine Strafexpedition gegen die den Tierschutz so eklatant missachtenden Bauersleute durch. Die beiden Betreuer mahnen schließlich zum Aufbruch und unter allerhand Gemaule machen sich die Mädels wieder auf den Weg.

„Müssen wir eigentlich auch weiter?" möchte Jürgen irgendwann wissen. „Eigentlich schon, aber wie wäre es, wenn Du einfach alleine nach Gonzar läufst und meinen Pass mit abstempeln lässt?" Ich frage nur zum Spaß, und Jürgen kennt mich inzwischen gut genug, um diese Frage nicht ernst zu nehmen. Also schnüren wir unsere Stiefel und brechen auf. Wie so oft bleiben wir nach nur zehn oder fünfzehn Schritten an einer kleinen Hausmauer stehen und schnüren nach. Auf Anhieb will es einfach nicht gelingen, die Wanderschuhe anzuziehen.

Vom Ortsausgang aus haben wir einen wunderschönen Blick auf Castromayor. Im Sonnenlicht liegt blankweiß gestrichen das große Herrenhaus, gleich daneben steht ein steinalter Horreo. Sogar die Wirtschaftsgebäude und die Scheunen machen einen soliden Eindruck als bei uns „zu Hause" in Ventas de Narón. Die Wolken am hohen blauen Himmel sind immer noch sanft hingepinselt und wir können uns lange nicht von diesem friedlichen Bild losreißen.

Es hilft aber alles nichts, wir brauchen den Stempel von Gonzar. Und den bekommen wir nicht durch Rumstehen und Fotografieren, soviel ist sicher. „Na ja, aber schau mal, wenn wir über den Graben auf die Wiese laufen, da müsste man doch einen viel besseren Blick auf Castromayor haben, was meinst Du? Und außerdem stören die Stromleitungen dort viel weniger." Und schon ist die böse Uhr wieder um eine halbe Stunde weitergerückt.

Ginster so weit das Auge reicht. Inzwischen tauchen die Pilger nicht mehr scharenweise auf. Am Wegesrand sitzen zwei Nachzügler der Jugendgruppe von vorhin und beobachten sehr angelegentlich einige Käfer. Wahrscheinlich haben die beiden einfach für heute keine Lust mehr und warten auf eine Fahrgelegenheit, denn hier sieht es verdächtig nach einer ländlichen Bushaltestelle aus.

Der alte Mann an der Rezeption der Xunta-Herberge nimmt seine Aufgabe sehr ernst. Mehrere Minuten lang studiert er die Ausweise, bevor er unsere Daten – Passnummer, Name, Nationalität – sorgsam in sein Übernachtungsbuch malt. Auf meinen Einwand „sello con firma" reagiert er mit einem breiten Lächeln seines fast zahnlosen Mundes und einem sonoren „Si, si!" Dann nimmt er sein Werkzeug zur Hand, drückt es feierlich ins blaue Stempelkissen, kontrolliert die gleichmäßige Farbsättigung kritisch und presst dann das Siegel in mein Credencial. Dass bei all dieser Vorsicht das Herbergssymbol versehentlich auf dem Kopf zu stehen kommt, das kann halt vorkommen. Und dann stockt mir der Atem – der Alte malt in seiner Kinderschrift erst das heutige Datum an die dafür vorgesehene Stelle und unterschreibt daneben ohne weitere Diskussionen: „Pedro". Also scheint es doch zu stimmen, was die Jakobusgesellschaft geschrieben hat – es scheint sich nur noch nicht auf dem Camino herumgesprochen zu haben!

Beschwingt machen wir uns auf den Rückweg nach Ventas de Narón, denn dieses Erlebnis hat den klaren Beweis erbracht, dass unsere Informationen richtig sind, folglich unserer Compostela aus formalen Gründen nun nichts mehr im Wege steht.

Natürlich erscheint uns der Rückweg nach Hospital de la Cruz wesentlich kürzer, denn die Sorge um die nicht unterschriebenen Stempel hatte uns stärker bedrückt, als wir das zugegeben hätten, ja als wir es selbst ahnten.

Kurz vor dem Ortsausgang von Hospital de la Cruz hatte schon heute Vormittag die großzügige Freiterrasse der örtlichen Gaststätte unsere Aufmerksamkeit erregt. Buntes Treiben herrscht ringsum, die Tische stehen in der vollen Nachmittagsglut, einige Jugendliche vertreiben sich die Zeit mit Ballspielen. Viel wichtiger ist natürlich das Schild „Menu del peregrino", das uns trotz vorgerückter Stunde eine Pilgermahlzeit verheißt. Die Bar ist verräuchert und erinnert an eine Dorfkneipe irgendwo an Nord- oder Ostsee. Nicht einmal der rot-weiß bemalte Souvenir-Leuchtturm fehlt in der Ecke. Überall erinnern hier mitten in Spanien – pardon Galizien – Gegenstände aus dem seemännischen Alltag an ein Leben jenseits des Camino. Der Comedor ist nett eingerichtet, bis auf die Wirtsfamilie jedoch leer – man ist gerade selbst beim Essen. Dagegen stapeln sich die Menschen in der Bar. Essensgerüche mischen sich mit abgestandenem Bierdunst. Das macht zwar nicht gerade einen einladenden Eindruck, mangels Alternative nehmen wir am letzten freien Tisch Platz. Verhalten positiv stimmt nur die Tatsache, dass überwiegend Einheimische und Fernfahrer hier ihre Siesta halten. Auf der anderen Seite – ich sagte es schon – es gibt weit und breit keine Alternative.

„Para comer?" – die harsche Frage, ob wir um diese Uhrzeit tatsächlich noch etwas essen möchten, reißt mich aus meinen Gedanken. Am fragenden Blick erkennen wir, dass man unsere Bestellung erwartet. Natürlich haben wir wie so oft fast nichts vom Menüvorschlag verstanden, den die Wirtin vorgebetet hat, aber „ternero" – also Rindfleisch – war auf jeden Fall dabei. Ein lieblos angemachter Tomatensalat eröffnet das Mahl, gefolgt von immerhin selbst gemachten Pommes mit hauchdünn geschnittenen Rumpsteaks. Geschmacklich habe ich nichts auszusetzen, aber ich werde ein Gefühl der Unsauberkeit nicht los. Das verstärkt sich noch, als am Boden der Rotweinkaraffe plötzlich undefinierbare Klümpchen auftauchen. Ob das...? Ich denke lieber nicht weiter, nein, das sind bestimmt nur Traubenreste, der Wein ist wahrscheinlich selbst gekeltert und daher nicht ganz klar. Oder werden hier einfach die jeweiligen Reste zusammengeschüttet – und dann fällt halt auch mal ein Kartoffelbröckchen mit in das Getränk? Lieber ist mir die Geschichte vom Selbstgekelterten, aber richtig glauben möchte ich sie nicht. Trotz aller Vorbehalte leeren wir die Karaffe bist zur „Brockel-Neige", unser Durst siegt über die Vernunft.

Und dann beginnt am Nachbartisch ein echtes Schauspiel. Ein alter Mann mit Baskenmütze hat dort ganz still sein Essen eingenommen und dabei immer wieder einmal zu uns herübergeschaut. Als sein Kaffee aufgetragen wird, fängt er ein für mich unverständliches Palaver mit der Wirtin an. Sie diskutiert, schüttelt immer wieder energisch den Kopf, dann bringt sie dem Alten resigniert ein Fläschchen mit durchsichtiger Flüssigkeit. Der Schnapsduft weht bis zu unserem Tisch herüber, der Alte schnuppert wohlgefällig und schüttet sich dann zwei kräftige Schlucke in den Kaffee. Das war nun sicher selbst Gebrannter, da gibt es keine Frage. Und nun verstehe ich auch die Gesten der Wirtin – hier gibt es wohl klare Anweisungen seitens seiner Familie, ob und wie viel Alkohol für ihn zuträglich ist. Darum standen also nur eine halbvolle Wasserflasche und kein Rotwein auf dem Tisch.

Mit zitternder Hand führt der alte Mann seine Tasse zum Mund und schmunzelt still vergnügt in sich hinein. Ihm gefällt das Leben so, das ist sicher. Und dann prostet er uns beiden zu, lädt uns gestenreich zu einem Schlückchen ein. Um Gotteswillen, nur das nicht – erst der klumpige Wein und dann Schwarzgebrannten, das hält mein Magen bei dieser Hitze nicht aus. Wir winken beide ab, da steht er auch schon neben unserem Tisch und will wissen, aus welchem Land wir kommen. Kaum haben wir „Alemania" ausgesprochen, da fasst er nach unseren Händen und schüttelt sie. Er hat Tränen in den Augen, als er die deutschen Worte „Deutschland – Spanien – Freunde!" spricht. Worauf mag er anspielen, was mag er erlebt haben, um zu dieser unerwarteten Aussage zu kommen? Ob er im Bürgerkrieg gemeinsam mit dem Thälmann-Bataillon gekämpft hatte? Oder im Krieg bei der „Blauen Division" auf deutscher Seite stand? Ob er in seiner Jugend für oder gegen die Soldaten der „Legion Condor" gearbeitet hatte? Ich würde so gern mit ihm erzählen, aber die Worte, die Vokabeln fehlen. Zum ersten Mal auf dieser Reise bedauere ich, kein Spanisch zu sprechen. Er möchte kaum unsere Hände loslassen und winkt uns noch lange nach. Als ich draußen kurz zurückschaue, steht er am Fenster – und hebt noch einmal die Hand zum Gruß.

Mit wohl gefüllten Bäuchen betreten wir die Pilgerherberge in Hospital de la Cruz, um den zweiten Tagesstempel zu empfangen. Die positive Botschaft lautet: Auf dem Stempel steht „Ventas de Narón", da Hospital de la Cruz ein Ortsteil unserer heutigen Herbergsstadt ist. Die negative Botschaft macht jedoch eines deutlich: Entweder wir verzichten ab sofort auf die Unterschriften oder wir müssen sie selbst malen! Die Leute werden regelrecht böse, wenn ich mein „sello con firma, por favor" vorbringe.

Ich für meinen Teil treffe daher eine wichtige Entscheidung: Entweder ich bekomme die Compostela für die vorgelegten Nachweise im Credencial, oder ich verzichte auf das Dokument. Und noch etwas – ich möchte in den nächsten Tagen nicht nur die einheitlichen Stempel der staatlichen Xunta-Herbergen haben, die sich gerade mal durch die Ortsnamen unterscheiden. Und wenn dann die Compostela am Stempel einer Bar scheitert, dann gilt das zuvor Gesagte. Eine kleine Einschränkung lasse ich gelten: Vor dem Pilgerpass werde ich zunächst mein Tagebuch abstempeln lassen – und wenn der Abdruck dann zu profan aussehen sollte, dann kann ich ja immer noch einen zweiten oder dritten Anlauf nehmen. Jürgen ist nicht ganz überzeugt, aber möchte angesichts der Hitze nicht weiter mit mir diskutieren. Vielleicht denkt er auch, warte mal bis morgen, oft kommt es ganz anders und Volker überlegt sich's noch einmal.

Um 16 Uhr sind wir zum zweiten Mal in Ventas de Narón, das schöne Zimmer mit seinem „cama de matrimonio" – dem Ehebett – im ersten Stock ist angenehm kühl. Nur die Gemeinschaftstoiletten mit integriertem Waschraum machen mich nicht so ganz froh. Wenigstens haben wir ein eigenes Schlafzimmer, die beiden Schlafsäle erinnern in ihrer Einfachheit nämlich sehr verdächtig an ein Zwischending von Matratzen- und Straflager.

Die schmale Stiege führt direkt hinunter auf die Sonnenterrasse, wo es sich schon einige Pilger bequem gemacht haben. In der düster-gemütlichen Bar bestellen wir zwei Bier, rücken einen Sonnenschirm, vier Stühle und einen Campingtisch zusammen und legen die Beine hoch. Zum Zeitvertreib versuche ich mit Hilfe des kleinen Liliput-Wörterbuches die spanische Zeitung zu lesen und so einige Vokabeln zu lernen. Viel Neues gibt es nicht zu entdecken – die Wettervorhersage verstehen wir inzwischen alle beide, ein

Beitrag über Fledermäuse interessiert nur am Rande – und das große Weltgeschehen hat auch nicht gerade historische Dimensionen. Ab und zu nippe ich an meinem Bier, dann schreibe ich Tagebuchnotizen. Und endlich fällt mir einfach nichts mehr ein – ich sitze da und gucke Löcher in die Luft.

Jürgen kommt mit dieser absoluten Tatenlosigkeit wesentlich besser zurecht als ich. Er macht die Augen zu und nach wenigen Minuten, ach was, Sekunden sagt mir sein ruhiges Atmen, dass er eingeschlafen ist. Kurz darauf ein erster Schnarcher, Jürgen schläft tief und fest, während sein Bier in der Sonne warm wird. Wenn ich jetzt ein Buch hätte, nur ein kleines, unbedeutendes Büchlein, an dessen Buchstaben sich meine Augen festsaugen könnten, an dessen Inhalt sich mein Geist satt essen könnte! Oder Musik – ich denke an meine Schallplattensammlung, die ich sehr vermisse. Wie gern würde ich mich jetzt irgendwo in den Schatten setzen und klassische Musik hören – Mozarts „Il mio tesoro" vielleicht, gesungen von Richard Tauber. Oder Schumanns „Mondnacht": „Es war als hätt der Himmel die Erde still geküsst, dass sie im Blütenschimmer von ihm nur träumen müsst." Ich versuche mit geschlossenen Augen, der vertrauten Stimme von Heinrich Schlusnus nachzuspüren, es gelingt mir nicht.

Kaum bin ich ein wenig eingenickt, erscheint eine ganze Horde Frauen und setzt sich unter Gegacker und Getöse genau vor meine Nase. Konkret besteht die Horde aus drei Lebewesen, macht aber Krach für mindestens dreißig. Offensichtlich versuchen eine Holländerin, eine Französisch sprechende Kanadierin und eine Engländerin miteinander zu erzählen, kommen aber über das Stadium der Zeichensprache nicht hinaus. Nun könnte man also zu einer völlig geräuschlosen Kommunikation übergehen, wäre das weitgehend sinnlose Aneinandervorbeiquatschen nicht wesentlich lustiger. Ich melde mich zu Wort, als die kanadische

Bohnenstange – ihr winziger Kopf krönt einen dürren und viel zu lang geratenen Körper – sich eine Zigarette ansteckt und der Rauch genau in meine Richtung weht. Ich brabble irgendetwas im Sinne von „Suchtkrüppel" und „Muss die jetzt hier quarzen" und ähnliche Verbalinjurien durchaus hörbar vor mich hin und bin sicher, dass zumindest die Holländerin deren Sinn verstanden hat. Ich will einfach nicht, dass die drei wissen, dass ich Englisch spreche – denn ich befürchte angesichts der hiesigen Langeweile für den Rest des Tages Gespräche mit mir auf den ersten Blick unsympathischen Menschen. Und richtig – böse Blicke gehen zu mir herüber, dann ist die Kippe aus.

In Shorts und Badelatschen kommt ein verschlafener Mann aus der Casa, trottet wortlos und ohne rechts und links zu schauen über die Terrasse, hängt sein nasses Handtuch auf eine Wäscheleine und kriecht in ein winziges Iglu-Zelt. Ratsch – der Reißverschluss läuft einmal rund um den Eingang, dann kehrt für einen Moment Ruhe ein. Wie hält er das nur aus, im Zelt müssen doch mindestens fünfzig Grad sein?

Wieder schließe ich die Augen. Einige Minuten lang herrscht fast vollständige Stille – dann nimmt das Drama seinen Fortgang: Ein baumlanger Spanier, der wie ein osteuropäischer Bodybuilder aussieht, betritt die Bühne, rückt sich zwei Plastikstühle in die Sonne und nimmt Platz, während seine Angehörigen gegenüber im Schatten vor sich hin dösen. Lustlos schaut die alte, ganz in schwarz gekleidete Frau ihrer Enkelin zu, die traumverloren mit einer Katze spielt. Der Spanier nimmt einen tiefen Schluck aus seinem Bierglas, dann packt er eine Zigarettenschachtel aus, legt sie aber nur neben sich. Und jetzt – ich traue meinen Augen kaum – steckt er sich tatsächlich zwei Kopfhörer in die Ohren und beschallt sich und seine Umgebung mit einer wahren Russendisco. Das darf doch nicht wahr sein! In dieser Umgebung kann ich mich beim besten Willen nicht entspannen – ich weiß genau, wenn das noch lange so weitergeht, dann steigere ich mich in regelrechte Hassfantasien hinein.

Jürgen schläft den Schlaf der Gerechten, es ist nicht zum Aushalten!

Plötzlich beginnt der Sportsmann mit unkontrollierten Zuckungen und fällt dann mitsamt seinem Stuhl nach hinten. Mein erster Gedanke – das kann ich nicht leugnen – ist eine gewisse Schadenfreude, dann laufe ich die wenigen Schritte hinüber in die Bar, um Wasser und Hilfe zu holen. Inzwischen haben sich natürlich alle Terrassenbewohner um den Verunglückten versammelt und seine Familie versucht, ihn ins Leben zurückzuholen. Die Wirtin bleibt in dieser Situation überlegen ruhig – sie holt Decken, träufelt Wasser auf die Stirn des Mannes, macht einfach alles ganz selbstverständlich richtig. Vielleicht erlebt sie solche Zusammenbrüche ja öfters, mich beeindruckt sie jedenfalls sehr. Es dauert nur kurz, dann ist er wieder bei uns, schaut sich um, als sei nichts geschehen und – nimmt erst einmal einen ordentlichen Schluck Bier.

Mir reicht es jetzt! Ich möchte meine Ruhe haben, und dagegen scheint sich auf dieser Sonnenterrasse einfach alles verschworen zu haben. Daher trete ich den Rückzug an, gehe nach oben, hole mein Handy und bummele noch einmal durch den Ort, dessen Attraktivität sich in den letzten Stunden nicht gesteigert hat.

Seit zwei Wochen sind wir nun unterwegs, keine 100 Kilometer trennen uns mehr von Santiago de Compostela. Wir haben heute bei 702 m ü. NN. den letzten geografischen Höhepunkt vor Santiago überschritten, vor uns liegt der langsam-stetige Abstieg. In der Rückschau sieht der gegangene Weg jetzt schon fast unwirklich aus. Und während ich so ins

Resümieren komme, wähle ich die Telefonnummer meiner Eltern. Mama ist ganz überrascht, meine Stimme zu hören – und ihre erste Frage lautet: „Wo seid ihr?" Und dann erzähle ich von unseren Erlebnissen, von der Ruhe des Camino, der erlebten Freundlichkeit, der atemberaubenden Natur. Das Gespräch dauert sehr lange – und ich glaube, Mama hat sich über das Lebenszeichen aus Ventas de Narón gefreut.

Inzwischen sehe ich in der erzwungenen Ruhe des heutigen Tages mein ganz persönliches Camino-Lehrstück, denn angeblich soll ja auf seiner Pilgerreise jeder das für ihn Richtige bekommen. Wahrscheinlich war es heute für mich einfach so weit – ich weiß, dass ich unbedingt lernen muss, nichts zu tun und Zeiten vollständiger Ruhe zu akzeptieren. Ich bewundere Kathrin, die manchmal ohne Langeweile einfach nur so dasitzt – ich sage dazu „Löcher in die Luft gucken", während ich bereits nervös werde, wenn ich an einer roten Ampel länger als üblich warten muss. Wenn heute also meine Camino-Lehrstunde war, dann war sie ziemlich gründlich.

So richtig Hunger haben wir nach unserem späten Mittagessen natürlich nicht, aber ein kleines Bierchen und zwei, drei Käsehappen sollten den erfahrungsreichen Tag schon abrunden. Also machen wir uns frisch und wollen an einem der wackligen Tisch in der schummrigen Gaststube der „Casa Molar" Platz nehmen. Im letzten Augenblick werden wir von einem anderen Gast gewarnt, uns einen anderen Tisch auszusuchen – noch ist die Auswahl vorhanden. Denn genau dort tropft es vom Badezimmer durch die Decke. Tatsächlich ist das Stuhlgeflecht bereits tüchtig nass. Also ein Tisch weiter! Wir werden diesen guten Rat heute Abend noch zwei Mal an andere Pilger weitergeben.

Die Bestellung geht inzwischen leicht von den Lippen, wir genießen das kühle Bier und plaudern ein wenig über unsere Reise und die letzten vor uns liegenden Etappen.

Dann wankt ein alter Mann schwer auf seinen Wanderstab gestützt in die Gaststube. Um Himmels Willen – wie sehen denn seine Füße aus? Das sind ja nur noch blutige Fleischklumpen – wie kann man denn ohne Strümpfe und nur in Jesus-Latschen auf den Camino gehen? Und dann in diesem Alter, der Mann muss ja mindestens siebzig Jahre alt sein! Nachdem er am Tresen die Übernachtung geklärt hat, nimmt er ganz still an dem großen Tisch hinten in der Ecke Platz, an dem bereits ein einzelner Pilger seine Gemüsesuppe löffelt.

In der nächsten halben Stunde kommen immer mehr ähnlich ausgepowerte Gestalten herein – sie spähen kurz in den Raum, sehen ihren Freund und humpeln die letzten Meter zu seinem Tisch. Irgendwann scheint die Gruppe vollständig zu sein, denn nun beginnt dort eine zunächst nicht zu deutende Geschäftigkeit. Der einzelne Pilger steht plötzlich auf und kommt zu uns herüber. Ob er sich setzen dürfe, wir seien ja auch Deutsche, fragt er. Jetzt von Nahem erkenne ich in ihm den Pilger von heute Nachmittag, der sich bei glühender Hitze in sein Zelt zum Schlafen gelegt hatte. Er macht einen sympathischen Eindruck, daher laden wir ihn an unseren Tisch ein. Und schon beginnt wieder das übliche Pilger-Kennenlernen: „Wie heißt Du? Wo kommst Du her? Wo bist Du gestartet?". Pedro aus Wermelskirchen ist sportlich ziemlich aktiv, er erzählt von wochenlangen Fahrradtouren im Gebirge und ist diesmal in Rocamadour in der Dordogne gestartet. Bis Santiago sind das schlappe zwölfhundert Kilometer, Donnerwetter, da muss seine Rückfront ja aus Hornhaut bestehen, schießt es mir durch den Kopf.

Natürlich fragen wir nach der seltsamen Reisegruppe, deren Tisch er gerade verlassen hat. Das seien kanadische Christen, meint er, die ihr Abendmahl feiern wollten. Er könne ruhig sitzen bleiben, aber solle bitte die Andacht nicht stören, hätten sie gesagt, da sei er lieber aufgestanden. Und tatsächlich packt drüben einer den silbernen Messkelch aus, segnet Brot und Wein, dann fassen sich alle an den Händen und beten und singen, als wäre die kleine Gaststube der „Casa Molar" eine Kirche.

Mit Pedro reden wir über alles Mögliche: Wanderstrecken, Ostpreußen, Riga, Ahnenforschung. Der Abend vergeht wie im Flug – und eine Geschichte ist so außergewöhnlich, dass ich sie vor dem Zubettgehen noch als Nachtrag im Tagebuch festhalte: Irgendwo auf dem Camino hatte Pedro in den Bergen seinen Pilgerpass verloren. Also schwang er sich abends noch einmal auf sein Fahrrad und fuhr Kilometer um Kilometer die Tagesetappe zurück, immer bergauf. Bei dieser Suche traf er auf ein verirrtes Pferd, das um den Hals eine Kuhglocke trug. „Das sah so absurd aus, hier mitten in den Bergen, das Pferd mit der Glocke, ich musste es einfach fotografieren. Wisst ihr, ich fotografiere eigentlich nie, ich habe die Bilder lieber im Kopf, aber das da, das musste einfach sein." Sogar jetzt beim Erzählen merkt man ihm seine damalige Verwunderung an. „Und dann schaut mich das Pferd direkt an, so richtig Augenkontakt und deutet mit dem Huf nach hinten. Und genau dort lag mein Pass auf dem Moos!"

Noch bevor wir etwas sagen können, relativiert Pedro sein Erlebnis selbst: „Man soll solche Erlebnisse aber nicht überbewerten. Hier auf dem Camino in der freien Natur ist der Kopf frei von Ballast, da ist man einfach empfänglicher für scheinbar übernatürliche Zufälle." – Ob er Recht hat?

Es ist kurz vor Mitternacht, als wir todmüde ins Bett fallen.

Mittwoch, 21. Mai – Von Ventas de Narón nach Palas de Rei

Ventas de Narón – Ligonde – Airexe – Lestedo – Valos – O Rosario – Palas de Rei

11 km

Um 8 Uhr klingelt der Wecker, das wenige Licht, das durch das hellgrüne Rollo fällt, verheißt nichts Gutes und ich drehe mich erst noch einmal auf die andere Seite. Jürgen ist nicht im Zimmer, also ist der alte Frühaufsteher ohne Wecker wach geworden und wird schon beim Duschen sein. Und da es nur zwei Duschkabinen im Haus gibt und vermutlich nicht nur Jürgen bei der Morgentoilette ist, beschließe ich, solange liegen zu bleiben, bis er zurückkommt. Draußen klingt es nach Regen, ich weigere mich aber, das zu überprüfen und lausche stattdessen konzentriert auf die Geräusche des Hauses. Mancher Pilger poltert mit lautem Getrampel die Stiege hinunter, andere öffnen und schließen aufreizend leise und langsam die quietschenden Türen.

Als es vor dem Zimmer ruhig wird, stehe ich dann doch auf – so lange hat Jürgen noch nie beim Duschen gebraucht, irgendetwas stimmt nicht. Mit dem Handtuch um die Hüften geschlungen springe ich auf Badelatschen hinüber zum Duschraum, der weit offen steht. Von Jürgen weit und breit keine Spur – wahrscheinlich ist er also schon beim Fotografieren oder Frühstücken.

Ich lasse mir Zeit, genieße das warme Wasser auf der Haut und das Gefühl von Sauberkeit. Die heutige Etappe nach Palas de Rei ist genauso kurz geplant wie die gestrige und sollte in drei bis vier Stunden bequem zu bewältigen sein. Wir haben längst keine Eile mehr, liegen trotz Ruhetag in Ponferrada und erlerntem Trödeltempo inzwischen zwei oder drei Tage vor unserer ursprünglichen Zeitplanung.

Als ich gegen 9 Uhr den Frühstücksraum betrete, sitzt außer Jürgen niemand mehr an den Tischen. Vor ihm steht eine Tasse Tee und mit missmutigem Gesicht, das ich auf das wirklich unanständig schlechte Wetter zurückführe, sortiert und löscht er Fotos auf seiner Digitalkamera. Ich habe seine Worte „Kein Wetter – da kann ich ja gleich ins Bett gehen!" im Ohr – ein Leben ohne gut ausgeleuchtete Fotomotive ist für ihn nur schwer zu ertragen.

Auf meine Frage, ob er gut geschlafen habe, winkt Jürgen nur ab und deutet traurig auf seinen Kamillentee. Er hat eine schlimme Nacht mit Durchfall und Magenkrämpfen hinter sich, hat kaum geschlafen und fühlt sich wie gerädert. Feste Nahrung behält er nicht bei sich, selbst der Kamillentee kostet Überwindung. Was kann das ausgelöst haben? Ein kleiner Sonnenstich? Das warme Bier auf der Terrasse? Der klumpige Wein vom Mittagessen? Die Käsehappen? Ich bin ratlos und frage sicherheitshalber, ob ich am gleichen Tisch frühstücken darf, denn in seiner Situation würde ich bestimmt nicht einmal den Geruch des Essens vertragen. „Mach nur" lächelt er müde.

Also bestelle ich mir ein „desayuno de la casa", das hier besonders reichhaltig und lecker ausfällt: Brot, Rührei, knuspriger Speck, frisch gepresster Orangensaft und herrlich cremiger Milchkaffee. Leider kann ich diese Köstlichkeiten nicht so richtig wertschätzen, denn im Hinterkopf laufen die Gedanken wild durcheinander. Soll ich einen Arzt holen? Sollen wir einen weiteren Tag hier verbringen? Was, wenn sich Jürgens Zustand verschlimmert, immerhin sind wir in einem Land, in dem sich die Bewohner nicht gerade durch fundierte Englisch-Kenntnisse auszeichnen?

„Was meinst Du, wird es gehen?" Die bange Frage beschäftigt Jürgen nicht weniger als mich. Er will es versuchen und so packen wir voll trüber Gedanken unsere Rucksäcke.

Um 10 Uhr hat sich das Wetter ein wenig gebessert, zwar hängt der Himmel voller dicker grauer und schwarzer Wolken, es ist aber trocken und die Sonne schickt einzelne Strahlen auf die Erde. Eigentlich herrscht schönstes Wanderwetter, es ist nicht zu warm, gerade so, dass man ohne Jacke laufen kann. Wir starten in einem bis dahin nie gekannten Tempo von höchstens einem Stundenkilometer in Richtung Palas de Rei. Heute überholt uns wirklich jeder! Die Landschaft ist leicht hügelig, die Wiesen sind getränkt vom Tau der Nacht und ständigem Regen. Am Weg blüht Ginster, aber heute habe ich keinen Blick dafür. Immer wieder gehen meine Gedanken zu Jürgen hinüber, der stumm und in sein Schicksal ergeben neben mir hertrottet.

Kaum haben wir Eirexe-Ligonde betreten, beginnt es wie aus Kübeln zu regnen. Natürlich hat die Herberge nicht mehr geöffnet und weit und breit ist auch keine Menschenseele zu sehen. Die Würfelhäuser mit ihren kurzen Dächern bieten kaum Schutz vor den Elementen und auf der Straße bilden sich in Minuten tiefe Pfützen. Ich beneide die Pilger mit ihren Regenumhängen, die für dieses Wetter deutlich besser ausgerüstet sind als wir mit Regenjacke und Schirm. Denn während wir oben trocken bleiben, kriecht die Feuchtigkeit von unten hoch bis zur Unterhose. Das Herumstehen mitten im Dorf macht es nicht besser, wir gehen einige Meter weiter und finden einen einigermaßen trockenen Traktorunterstand. Dorthin hat sich auch ein verängstigter kleiner Hund geflüchtet und die Kühe schauen traurig zu uns herüber. Auch ihnen ist der Regen zu viel, sie drängen sich unter den wenigen Bäumen an der Straße und hoffen auf besseres Wetter.

Jürgens Zustand beunruhigt mich immer mehr, seine Leibschmerzen werden stärker und das Durchfallmittel will einfach nicht anschlagen. Was, wenn er hier in diesem Niemandsdorf einen Arzt braucht. Er muss dringend etwas essen und trinken, sonst macht am Ende der Kreislauf nicht mehr mit. Und spätestens dann bin ich restlos überfordert.

Dazu kommt eine ganz praktische Sorge: Wir brauchen auch heute die beiden offiziellen Stempel. Auf den ersten hoffe ich in der Xunta-Herberge, die wir von unserem Unterstand aus sehen können. Das Haus liegt ein wenig abseits der Straße und ist ganz offensichtlich geöffnet. Irgendwann fassen wir den heroischen Entschluss, hinüber zu laufen. Nass sind wir ohnehin, und die wenigen Meter werden wir schaffen. Vielleicht ist sogar ein wenig geheizt?

Drinnen summt es wie in einem Bienenkorb, die jungen Pilger aus Deutschland, die gestern die eingesperrten Tiere bedauerten, haben hier übernachtet und diskutieren sehr kontrovers und alle durcheinander mit ihrem Betreuer über eine Verschiebung der heutigen Tour. Als der uns erspäht, fällt er mit wutverzerrtem Gesicht über uns her: „Was wollen Sie denn hier? Die Herberge öffnet erst um eins!" – Das Wetter und unseren Feuchtigkeitsgrad scheint er einfach zu ignorieren. Auf meine Frage nach einem Pilgerstempel meint er nur: „Da müssen Sie draußen bis um eins warten, hier haben wir reserviert, da können Sie jetzt nicht rein." Das sind ja feine Sitten, ein solcher Armleuchter kann eigentlich nur einen deutschen Pass haben – und überhaupt, seit wann siezt man sich auf dem Camino? Mit einem laut und deutlich geäußerten „Arschloch!", das die gesamte Pilgerschar fröhlich beklatscht, verlassen wir die ungastliche Stätte und während der Jugendgruppenleiter hinter uns her zetert, treten wir wieder hinaus in den Regen.

Drüben, auf der anderen Seite eines Flüsschens sehe ich ein Cafe mit zwei Autos davor, es scheint also geöffnet zu sein. „Schaffst Du es bis da rüber?" frage ich Jürgen. Er nickt und stiefelt los. Der Weg ist nicht weit, führt einige Schritte nach unten und dann quer über eine Wiese – dennoch brauchen wir fast eine halbe Stunde. In diesem Tempo ist Palas de Rei definitiv nicht zu schaffen, denke ich, als wir die Taverne „Baba Ma Luz" betreten. Es riecht nach abgestandenem Bier und kaltem Zigarettenqualm, nicht gerade passend für jemanden, der mit seinen Gedärmen hadert, aber es ist trocken und warm.

Ich bestelle Milchkaffee und für Jürgen eine ungekühlte Cola sowie einen Beutel Salzstangen. Meine Hoffnung, dass er wenigstens das bei sich behält, wird schnell enttäuscht. Schon nach wenigen Schlucken ist er am Laufen.

Zurück gekehrt drängt er zum Aufbruch, er gibt nicht auf, will die Etappe um jeden Preis bezwingen. Ich lasse mir einen Erinnerungsstempel in mein Tagebuch drücken, der nicht sehr offiziell aussieht. Nach unseren gestrigen Erfahrungen habe ich die Hoffnung, dass unerwartet irgendeine offizielle Stelle am Weg liegt. Als es draußen ein wenig aufklart, schultern wir wieder unsere Rucksäcke und trödeln weiter. Auf dem Marktplatz von Eirexe springe ich schnell in eine Kneipe und prüfe den dortigen Stempel, den ich abends im Tagebuch als „nicht schön und zu groß" charakterisiere.

Wieder scheint die Sonne, wieder ist danach der Himmel trüb und grau. Wenige Pilger sind um diese Uhrzeit unterwegs, es ist bereits 1 Uhr und wir haben noch keine vier Kilometer geschafft.

Fast zwei Stunden später erreichen wir den Weiler Lestedo, der von Eirexe kaum einen Steinwurf entfernt ist. Die „Casa Calzada" macht einen netten Eindruck und wir treten ein. Jürgen lässt den Rucksack zur Erde gleiten und setzt sich schwer an den einzigen freien Tisch. Ihm ist alles gleichgültig, auf Fragen reagiert er nicht mehr, seine Kraft ist zu Ende. Was soll ich nur tun?

Zunächst einmal habe ich Hunger – und da es Jürgen nicht hilft, wenn ich nichts esse, bestelle ich mir ein Boccadillo mit Schinken und Käse, dazu wieder Milchkaffee. Zusätzlich ordere ich Kamillentee und gehe mit trüben Gedanken zur Toilette. Als ich zurück in die gemütlich eingerichtete Gaststube komme, hat Jürgen den Kopf auf die Arme gelegt und weint. Mir schießt ein Satz durch den Kopf, den Jürgen auf der Fahrt von Frankfurt nach Nürnberg gesagt hatte: „Irgendwann soll ja jeder auf dem Jakobsweg weinen – bin mal gespannt, wann es bei mir so weit ist." Wann wird es bei mir soweit sein?

Ich setze mich zu meinem Freund und frage leise, ob ich ihm ein Taxi nach Palas de Rei rufen darf. Er nickt – er kann einfach nicht mehr weiter. Als ich die Wirtin bitte, ein Taxi für mich zu rufen, weist sie mit dem Kopf zum Münzfernsprecher an der Wand und versteht meinen Wunsch erst, als ich ihr fünfzig Cent in die Hand drücke. Woher soll ich die hier gültige Taxirufnummer kennen, denke ich so für mich – aber wahrscheinlich hat sie das nicht einmal böse gemeint. Sie telefoniert – und in wenigen Minuten steht das Auto vor der Tür.

Eine wichtige Frage steht noch immer aus – wie wollen wir es mit dem Pilgerstempel halten? Soll ich Jürgens Pass mitnehmen und irgendwo abstempeln lassen? Oder akzeptieren wir für heute den Nachweis hier aus der Casa „A Calzada", die sicher keinen offiziellen Charakter hat? Wir entscheiden uns für letzteres – das ist unter den gegebenen Umständen einfach das Ehrlichste.

Jürgen wirkt völlig apathisch, er setzt sich ins Auto, während ich dem Taxifahrer ein Werbefaltblatt der „Pensión Mayte" in die Hand drücke, in der wir für heute ein Zimmer reserviert haben. Sicherheitshalber notiere ich für Jürgen den Satz „Ich möchte bitte einen Kamillentee" auf Spanisch – und schon ist er weg.

Zum ersten Mal seit Beginn unserer Pilgerreise wandere ich allein, sieht man von unserer unbeabsichtigten Aufholjagd am Kilometerstein 100 einmal ab. Natürlich hätte ich ebenfalls im Taxi fahren können – der Fahrer hatte sogar angeboten, mein Gepäck mit nach Palas de Rei zu nehmen. Aber während Jürgen heute wirklich nicht mehr weiterkann, wäre für mich diese Fahrt reiner Luxus gewesen.

Es herrscht nicht gerade Bilderbuchwetter, aber die Sonne wärmt und aus den Bäumen steigt die Feuchtigkeit in dicken Dunstschwaden wie Nebel empor. Die bunten Regenjacken der Fahrradfahrer leuchten hell wie Farbkleckse auf grünem

Untergrund und mancher Pilger, der die letzten Stunden vielleicht in einem Kuhstall verbracht hat, marschiert nun tapfer weiter.

Kurz vor Palas de Rei liegt rechts an der Straße ein repräsentativer Neubau, den ich nicht so recht deuten kann. Einerseits könnte es ein sehr moderner Bauernhof sein, andererseits fehlen dazu die Stallungen und Geräteschuppen. Oder ist hier mitten im Niemandsland ein Luxushotel? Dass es eine sehr komfortable Pilgerherberge ist, die nicht im Wanderführer verzeichnet ist, werde ich erst viel später zu Hause in Deutschland von Werner und Britta erfahren, die hier übernachtet haben.

Am Wegrand fallen Kleinigkeiten auf: Eine Schnecke, die langsam und stetig ihren Weg über frisches Moos zieht. Ein Waschplatz aus Granitsteinen, der aussieht, als sei er bereits vor Hunderten von Jahren gefügt worden. Ein Stall wie aus Heidis Alpenwelt. Ein riesiges Holzfass, das hinter einem altersschwachen Schuppen vor sich hin träumt. Und schließlich ein Windrad, das den Beginn des „Area Recreativa Os Chacotes" markiert. Am Kilometerstein 66 betrete ich Palas de Rei.

Der großzügige Steinplattenweg führt an der Kirche vorbei zur Treppe hinunter in die Altstadt. Die Kirche hat geschlossen, ein Schild weist darauf hin, dass ab 16 Uhr Pilgerpässe abgestempelt werden. Bis dahin sind es noch gut drei Stunden. Jetzt möchte ich erst einmal in die Pension und zu Jürgen, dem es hoffentlich etwas besser geht.

Die „Pensión Mayte" liegt am anderen Ende von Palas de Rei und direkt an der Hauptverkehrsader, der „Avenida de Compostela". Schwerlastverkehr donnert vorüber und lässt den Boden erzittern. Besonders einladend sieht das Gebäude ja nicht aus, denke ich so für mich, mal sehen, wie die Zimmer sind. Im Erdgeschoss ist eine Kneipe untergebracht, die vollkommen verdreckt ist. Überall liegen Zigarettenkippen und Abfall – ich weiß zwar seit Ponferrada, dass das hier eher einem Gütesiegel gleichkommt, aber muss es gleich wie auf einer Mülldeponie aussehen? An der Tür hängt ein klebriger Zettel: „5 minutos – José", also setze ich mich auf eine Stuhlkante und warte. José passt perfekt in das Ambiente – abgemagert bis auf die Knochen und ein wenig schmierig kommt er aus dem dunklen Hintergrund nach vorne geschlurft, wischt seine Hände an der speckigen Hose ab und fragt mit zahnlosem Mund freundlich nach meinem Begehr. Ja, die Pension sei eine Tür weiter, ich solle nur klingeln und dann in den ersten Stock hinaufgehen.

Gesagt, getan – oben erwartet mich eine dicke Frau in Kittelschürze, die inmitten ihres Bügelzimmers an einem Tisch sitzt und intensiv Jürgens Personalausweis studiert. Mir fällt ein Stein vom Herzen, er ist zumindest angekommen. Ich stelle mich vor, werde auch schon erwartet. Das Zimmer hat Jürgen bereits bezahlen müssen, er hatte mich angekündigt. Mit allen guten Wünschen versehen steige ich bis ganz nach oben. Diese Etage muss früher eine einzige Wohnung gewesen und später in mehrere Schlafzimmer aufgeteilt worden sein. Für die Pensionsgäste gibt es – wie in einer Wohnung üblich – genau ein Bad, in dem auch die Toilette untergebracht ist. Alles macht einen sehr verlassenen, fast gruseligen Eindruck, obwohl alles sauber und gepflegt ist.

Jürgen liegt auf dem Bett und döst – zwar scheinen die Leibschmerzen nicht mehr ganz so schlimm zu sein, dafür hat er nun Fieber und kalter Schweiß steht auf seiner Stirn. Ich möchte ihn nicht stören und lege nur leise meinen Rucksack in die Ecke, dann lasse ich ihn allein. Warum jetzt? Was nur hat er gegessen oder getan, dass es ihm so schlecht geht? Ist unsere Reise so kurz vor dem Ziel doch zu Ende?

Tief in Gedanken versunken wandere ich zurück ins Stadtzentrum. Bevor die Siesta beginnt, will ich einige Besorgungen machen, denn wer weiß, was uns heute noch alles bevorsteht. Der erste Weg führt in eine alte „Pharmacia". Der Apothekerin mache ich pantomimisch und dann mit kleinen Zeichnungen deutlich, welche Symptome Jürgen aufweist. Eine ältere Dame schaut meinem Tun sehr interessiert zu und muss schmunzeln, als ich das Wort „Durchfall" zeichnerisch umsetze. Der Ausruf „Ah, diarrea!" zeigt mir, dass die Apothekerin mich verstanden hat – zugegeben, auf die Vokabel „Diarrhöe" hätte ich auch selbst kommen können. Sie versorgt mich für ganz kleines Geld mit Medikamenten und guten Ratschlägen, die ich leider nicht alle verstehe. Im Supermarkt gleich nebenan erstehe ich Cola und Zwieback, für morgen auch einige Äpfel und Wasser. Ob wir wieder wandern werden?

Meine letzte Shopping-Anlaufstelle ist ein kleiner Krimskrams-Laden. Überall liegen Zeitschriftenbündel auf dem Boden, es riecht nach Lakritz und Gummibärchen. Was mich in das Geschäft gelockt hat war allerdings das unschlagbare Angebot von Regenponchos für sagenhafte drei Euro pro Stück. Und genau nach diesem Artikel steht mir nach den Erfahrungen des heutigen Tages der Sinn. Wahrscheinlich würde es beim Campingausstatter einige Meter weiter deutlich komfortablere – natürlich auch teurere – Exemplare geben, aber im Augenblick hat dieses Geschäft trotz anders lautender Öffnungszeiten geschlossen. Und da in vielen Schaufenstern kopierte Todesanzeigen prangen, gehe ich davon aus, dass heute hier in Palas de Rei mindestens die Mutter des Bürgermeisters beigesetzt wird und somit das öffentliche

Leben im Ort immer mehr zum Erliegen kommt. Stolz und schwer bepackt schlendere ich zurück zur „Pensión Mayte".

Der Himmel ist auch jetzt stark bewölkt, der Wind bläst kalt durch den Ort, aber noch ist es trocken. Sehr viele Pilger suchen nach einem Zimmer, ich bin froh, dass wir die Reservierung hatten. Heute scheinen sich vor allem Franzosen hier in Palas de Rei zu versammeln, so wie vor einigen Tagen die Amerikaner in Klumpen auftraten.

Jürgen liegt noch immer im Bett und schaut mich mit schlaftrunkenen Augen an. Ich breite meine Schätze vor ihm aus und rate zu den Medikamenten. Ich habe allerdings nicht das Gefühl, als nehme er seine unmittelbare Umwelt – also mich – besonders intensiv wahr. „Jürgen, ich gehe jetzt etwas essen und dann hoch zur Kirche den Stempel holen. Soll ich Deinen Pass mitnehmen?" frage ich leise – er deutet nur stumm auf seinen Rucksack in der Ecke. Ich nehme seine Dokumentenmappe an mich und schließe leise die Tür. Das sieht im Augenblick definitiv nach einer Wanderunterbrechung aus, denke ich so für mich.

Es wird Zeit, einige Worte zu den Pilgermenüs zu verlieren, die meist aus „Merluzza" oder „Fileto" bestehen: Sie sind schmackhaft, reichhaltig, voller Kohlenhydrate und vor allem billig. Ihre Qualität hängt natürlich hauptsächlich von der Einstellung des Wirtes zu uns Pilgern ab – in der Regel sieht er uns genau einmal im Leben, als Stammkunden wird er uns selbst durch eine sternenverdächtige Gourmetküche nicht gewinnen können. Für acht Euro sucht man sich – soweit in verständlicher Form vorgetragen – aus der Tagesauswahl eine Vorspeise, ein Hauptgericht und einen Nachtisch aus, Wein und Wasser sind inklusive, alle weiteren Getränke – auch der abschließende Kaffee – werden extra berechnet.

Da gäbe es als ersten Gang zum Beispiel:

- Sopa de Verduras, die schon mehrfach erwähnte Gemüsesuppe, die häufig als „Caldo" in der Einzelkohlblattvariante daherkommt,
- Ensalada mixta, der manchmal auch nur die strengen Kriterien eines Tomatensalats mit gehackten Zwiebeln erfüllt
- Empanada de atun, eine Teigtasche mit Thunfischfüllung,
- Espaguettis boloñesa als typisch spanisches Gericht oder
- Ensalada de pasta, ein manchmal raffinierter, meist jedoch sehr einfacher Nudelsalat, der auch in einer russischen Mayonnaise-Variante als „Ensaladilla rusa" angeboten wird.

Danach könnte es geben:

- Pulpo „a feira", Tintenfisch auf Festtagsart, also gekocht, klein geschnitten und mit viel scharfem Gewürz – oft wird hierfür ein kleiner Preisaufschlag verlangt,
- Fileto de ternera con patatas, unser häufigstes Mittagsmahl: Rindfleisch mit Pommes,
- Tortilla de queso - eine Art Flammkuchen oder
- Merluzza a la plancha, unser zweithäufigstes Essen: Gegrillter Seehecht, der manchmal verdächtig nach Kabeljau aussah.

"Para Postre" wird unbedingt

- Tarta de Santiago angeboten, alternativ gibt es Jürgens geliebten

- Flan, eine Art Vanillepudding.
- Früchte, meist ein Apfel oder „Melocoton", also Dosenpfirsich,
- Queso, der sich häufig als hausgemachter Ziegenkäse entpuppt,
- Arroz con leche, zu Hause als Milchreis bekannt oder einfach nur ein
- Naturjoghurt.

Gaststätten gibt es hier im Stadtzentrum von Palas de Rei genug – aber ich möchte lieber dort essen, wo die Einheimischen Mittag machen und lasse mir für die Lokalitätenwahl ausreichend Zeit. Und da fällt mir das „Restaurante Vilariño" ins Auge – gleich an der Hauptstraße liegt es, hat ausnahmsweise keine mehrsprachige Speisekarte im Fenster und macht einen durchaus soliden Eindruck.

Später notiere ich im Tagebuch meine unmittelbaren Eindrücke:

„Para comer?" – der Wirt weist mich an den Toiletten vorbei nach unten: „Servicio y comedor". Oben sitzen einige ausländische Pilger – auch Deutsche – bei trockenem Boccadillo und Wasser, unten ist der Speisesaal gerammelt voll mit Spaniern. Der Lautstärkepegel ist enorm, zwei Bedienungen flitzen durch die Gegend, schleppen Essen. In der Küche rotiert eine ältere Frau, dass die Bestecke glühen. Ich bestelle „Sopa de fideos" und „Pincho moruno", ohne die geringste Vorstellung davon zu haben, um was es sich handeln könnte. Kurz darauf steht Wasser und eine Weinflasche ganz für mich allein auf dem Tisch, es folgt eine Edelstahlterrine voller Suppe: Mit Safran gefärbte Spaghetti schwimmen in einer würzigen Gemüsebrühe, frisch aus dem großen Topf geschöpft. Der „Mohren-Spieß" entpuppt sich als ausgezeichnetes Rindfleisch-Schaschlik mit den hier obligaten selbst gemachten Pommes frites. Ich genieße das Essen und beobachte die Gäste. Mundtuch, Lächeln, gegenseitiges „Que Aproveche!" – die Tischsitten sind trotz allgemeinem Brotgekrümel besser als zu Hause – allerdings auch wesentlich lauter. Mit einem eingelegten Pfirsich als Nachspeise und dem separat berechneten Cafe con leche kostet das Essen gerade einmal 8,90 Euro."

Bis morgen früh bin ich gut gesättigt – jetzt geht es zur Kirche wegen des Pilgerstempels. Unten im Ort ist fast feiertägliche Ruhe, kaum ein Auto auf der Straße, dabei ist heute Mittwoch. Es ist kurz vor 16 Uhr, als ich die steile Treppe nach oben steige. Noch sind keine Pilger zu sehen und die Kirche ist fest verrammelt. Unter einer großen Palme steht eine Parkbank, die kommt mir für eine Ruhepause gerade recht. Danach streife ich ein wenig in der Gegend umher, gehe einige Schritte ins Wohngebiet hinein. Hier wohnen keine reichen Menschen, trotzdem liegt nirgends Unrat auf der Straße. Die kleine Bar wird erst heute Nacht öffnen, auf einer Wiese zieht ein klapperdürrer Schimmel seine Runden. Wie ruhig das Leben hier fließt – und doch gibt es auch hier Dramen, von denen wir Pilger kaum etwas ahnen. Auf dieser Reise ist das Außergewöhnliche für eine genau bemessene Zeit zu unserer Normalität geworden.

An der Kirche sind nun doch ein paar Pilger eingetroffen und erwarten auf der sonnenwarmen Mauer den Pastor. Als dieser erscheint, strömen alle hinter ihm her in das dunkle Gotteshaus. Die aus schweren Granitquadern gefügte Kirche macht von außen einen eher nüchternen Eindruck, weist außer dem Jakobuskreuz über dem Eingang kaum Verzierungen auf. Unterstrichen wird dieser Eindruck durch die weiße Fugenbemalung, die eher zu einer Villa auf Mallorca als hierher nach Galizien passt. Auch das Kircheninnere ist schlicht, sehr sauber und gepflegt. Hinter dem Altar wachen zwei Engel über dem Tabernakel, das Altarbild ist eine Mischung aus Tradition und modernem Kitsch. Rechts und links vom Altar stehen lebensgroße Figuren von Jesus und Maria, sonst ist die weiß ausgemalte Kirche weitgehend schmucklos. Mir gefällt der geweihte Raum – zahlreiche rote Kerzen verbreiten einen warmen Lichtschein, dazu der Duft des frisch imprägnierten hölzernen Dachstuhls – ich setze mich in meine Lieblingsbank ganz hinten und genieße die Geschäftigkeit der Pilger, wodurch ich meine eigene Ruhe sehr bewusst wahrnehme. In einer Ecke stehen silberne Utensilien von der letzten Prozession, das wäre in Deutschland niemals denkbar, schießt es mir durch den Kopf, das hätte längst jemand geklaut. Und dann ist da noch eine Kircheninnovation, über die ich fast lachen muss, die mir zuerst gar nicht aufgefallen war: Neben dem Marienbild steht ein Plexiglaskasten, in dem etwa hundert Plastikkerzen nebeneinander aufgereiht sind. Wirft man nun Geld ein, so leuchten je nach Höhe des Betrages eine oder mehrere rote Lämpchen für eine bestimmte Zeit auf. Natürlich spart man sich so die Entsorgungskosten für die verbrauchten Wachskerzen, mindert gleichzeitig die Brandgefahr und muss weniger oft tünchen – man nimmt einem Gotteshaus aber auch ein gutes Stück seiner Feierlichkeit.

Hinten rechts führt eine Tür zur Sakristei, dort sitzt der Pfarrer mit seinem Gemeindediener und stempelt die Pilgerpässe. Großen Wert legt er darauf, dass wir uns mit Namen und Herkunftsland in sein dickes Pilgerbuch eintragen, was ich gern tue. Ich überfliege die Namen, es sind heute tatsächlich meist Franzosen und nur wenige Deutsche. So an die hundertfünfzig Personen haben sich bisher unter eingetragen, ungefähr doppelt so viele Menschen dürften auf unserer Tagesetappe unterwegs sein.

Kaum stehe ich wieder draußen vor der Kirche, klingelt das Handy – Jürgen ist aufgewacht, ihm geht es besser und er strotzt vor Tatendrang. Ich verspreche, so schnell wie möglich in die Pension zu kommen, um dann mit ihm gemeinsam einen kleinen Stadtbummel zu unternehmen. Denn erstens wird es langsam frisch, so dass ich mich nach meiner Jacke sehne, zweitens zeigt der Himmel immer noch dicke Wolken, die nach einem Regenschirm schreien – und drittens möchte ich endlich den Staub und Schweiß des heutigen Tages abwaschen.

Der Campingausstatter hat wie erwartet weiter geschlossen, und ich mache den Franzosen davor kaum Hoffnung, dass sich das heute noch einmal ändern wird. Stumm zeige ich auf die Todesanzeige und eile weiter. Ein kurzer Blick zum Himmel und ich denke: Nur jetzt kein längeres Gespräch!

Und dann bleibe ich für einen Moment stehen, denn mir verschlägt es förmlich die Sprache: Auf einem grellbunten Plakat bietet eine Estrella neben Rucksacktransport, Wanderführern und Digitalfotografie einen einmaligen Service für harte Euros an: Akkreditierung als offizieller Botschafter des Jakobswegs – das volle Programm natürlich in allen gängigen Sprachen. Angefangen von selbst gebastelten Visitenkarten in allen Regenbogenfarben bis zu den bei uns längst nicht mehr üblichen Stickern, auf denen sich der frisch gebackene Botschafter seiner Umwelt im mittelalterlichen Pilgerhabit präsentieren kann. Sicher gibt es auch garantiert steuerlich absetzbare Ernennungsurkunden. Vor soviel Geschäftssinn kann man nur den Hut ziehen und hoffen, dass es dafür keine Fördermittel aus einem EU-Existenzgründungstopf gibt.

Jetzt muss ich aber wirklich weiter, sonst werde ich nass!

Jürgen wartet schon und ist regelrecht tatendurstig, auch wenn er um die Nase noch reichlich blass aussieht. Immerhin hat er heute außer Medikamenten und einigen Schlucken Cola nichts zu sich genommen. Also dusche ich im Eilzugstempo und nach wenigen Minuten stehen wir gemeinsam draußen auf der Straße. Ganz langsam trödeln wir ins Stadtzentrum, und Jürgen erzählt mir von seiner vormittägliche Odyssee: Der Taxifahrer habe ihn während der gesamten Fahrt zugetextet – selbstverständlich auf Spanisch, so dass der arme Jürgen wirklich nichts verstehen konnte. Es muss um verschiedenste medizinische Ratschläge und Angebote gegangen sein, soviel sei dann doch rüber gekommen. Jedenfalls habe der freundliche Fahrer irgendwann vor der geschlossenen „Pensión Mayte" angehalten. Als sich trotz fleißigem Klingeln und Hupen keine Menschenseele zeigte, habe sich Jürgen in sein Schicksal ergeben und bei José in der Schmuddelkneipe mit viel Mühe einen Kamillentee geordert. Leider sei meine Übersetzungshilfe entweder falsch oder für einen Galizier unverständlich gewesen. Jedenfalls sei die Verwalterin erst kurz vor mir erschienen. Was soll man dazu sagen? Wenigstens hat Jürgen sich den restlichen Fußmarsch erspart.

Die Kirche ist noch immer geöffnet, und Jürgen möchte sich ihr Inneres anschauen – vielleicht auch nur einige Minuten im Sitzen ausruhen, wer weiß. Dort haben sich inzwischen über 250 Pilger in das Pilgerbuch eingetragen, da hatte ich mit meiner Schätzung vor drei Stunden gar nicht so schlecht gelegen. Für kleines Geld kaufen wir zwei dicke rote Wachskerzen und entzünden sie zu Füßen der Schutzpatronin von Palas de Rei „Nostra Señora del Perpetuo Socorro". Zur Erinnerung an unseren Aufenthalt und als Dank für unsere Spende schenkt uns der Pfarrer sogar ein kleines Gebetsbildchen der Heiligen. Ich denke lange an die vielen lieben Menschen, die meinen bisherigen Lebensweg begleitet haben, die es gut mit mir gemeint haben, mich prägten, die mit dazu beigetragen haben, mich zu dem machen, was ich heute bin – und die nicht mehr leben. Die Liste meiner Toten ist lang: Opa, der nur in meine ersten Kinderjahre erleben durfte, Uroma aus Bolanden, Onkel Otto, mit dem ich manchen Nachmittag beim Schachspiel verbrachte, Tante Erna, die sich bis ins hohe Alter ihre geistige Frische erhalten konnte und die noch mit 99 Jahren voller Zuversicht durchs Leben ging. Für sie alle brannte die Kerze in der kleinen Dorfkirche am galizischen Jakobsweg.

„Sag mal, möchtest Du heute Abend zur Messe?" – „Nein, eigentlich nicht" – „Dann lass uns gehen, denn die scheint gleich loszugehen." Damit hat Jürgen Recht, in der letzten Viertelstunde sind immer mehr Pilger und alte Frauen erschienen und haben in den Bänken Platz genommen. Kaum stehen wir draußen vor dem Kirchenportal, beginnen die Elemente zu toben – es donnert, blitzt und der Himmel öffnet alle Schleusen. Wir haben verstanden und kehren um.

Wie stets sitzen wir ganz hinten, blicken immer wieder zu unseren beiden Kerzen hin und nehmen die Liturgie nur unbewusst wahr. Erst beim Friedensgruß schaut mir Jürgen in die Augen und gibt mir – ganz entgegen seiner sonstigen Gewohnheit – fest und lange die Hand. Und dann klingelt mein Handy! Mitten in der feierlichen Wandlung, und dabei hatte ich es ganz bestimmt ausgeschaltet, da bin ich mir so sicher. Böse Blicke treffen mich Übeltäter, dann ist die Höllenmaschine wirklich ausgeschaltet.

Der Regen hat inzwischen aufgehört, es ist angenehm kühl geworden und der violettfarbene Nachthimmel sieht wie im Bilderbuch aus. „Wollen wir noch ein Bierchen trinken?" – „Mach ruhig, ich bleibe für heute beim Kamillentee" meint Jürgen. Und so kommt es, dass dieser Tag viel schöner und hoffnungsvoller ausklingt, als er begann. Wir sitzen in einer gemütlichen Bodega, an der Wand hängen nicht weniger als zwölf Compostelas, so oft hat der Wirt den Weg schon auf sich genommen, der Fernseher stimmt die Gäste auf das bevorstehende Championsleague-Finale ein und wir plauschen über unsere gemeinsame Reise. Übrigens verhalte ich mich ganz solidarisch und habe statt dem ins Auge gefassten Tagesausklangbierchen einen zünftigen Schwarztee „con lemon" geordert.

„Weißt Du, ich glaube, ich habe die Compostela zu wichtig genommen. Ich habe diesen Dämpfer einfach gebraucht. Vielleicht ist genau das meine Erkenntnis auf dem Camino, dass ich nicht alles so verbissen sehen soll?" Jürgen kommt ins Nachdenken und wie im Flug vergeht die Zeit.

Hoffentlich verträgt er die Salzstangen, die der Wirt zum Bier serviert hat, denke ich im Stillen – und dann ist Anstoß in Moskau zwischen FC Chelsea und Manchester United. „Lass uns ins Bett gehen" schlägt Jürgen vor und so kommt es, dass wir von ManUtd.'s dramatischem 6:5-Sieg im Elfmeterschießen erst morgen früh aus der Zeitung erfahren werden.

Donnerstag, 22. Mai – Von Palas de Rei nach Melide

Palas de Rei – San Xiao – Ponte Campaña – Casanova – Coto – Leboreiro – Furelos – Melide

15 km

Viel kann ich heute nicht geschlafen haben, der späte Tee hat mir jedenfalls nicht gut getan. Nicht weniger als siebenmal musste ich über den dunklen und kalten Gang zur Toilette trippeln, um meinen Blasendruck zu regulieren – und das manchmal im Abstand von nur zehn Minuten! Das Haus war mir unheimlich, jedes Mal habe ich erwartet, dass plötzlich wie aus dem Nichts ein Unbekannter mit dunklen Absichten vor mir steht. Dazu die fremden Gerüche, die Stille, in der jedes Knacken wie ein Pistolenschuss hallt. Die ganze „Pensión Mayte" scheint außer hier im dritten Stock nur von der dicken Wirtin bewohnt zu werden, wer weiß, woran das liegen mag. Denn obwohl die Kneipe im gleichen Haus einen verheerenden Eindruck macht, ist die eigentliche Unterkunft freundlich und sauber.

Jürgen konnte nur schlafen, weil ihn seine Durchfallattacke ziemlich geschwächt hatte – erholsam war die Nacht auch für ihn nicht. Immer wieder bin ich bei meinen Toiletten-Expeditionen an irgendein Ausrüstungsstück gestoßen, die Tür quietschte, dann wieder rauschte die Spülung. Dazu kommt, dass ich im Schlaf wohl Pfeif-, Knurr- und Jammergeräusche von mir gebe, die kaum angenehmer als unregelmäßiges Schnarchen sein dürften. Es tut mir Leid, Jürgen – und ich verspreche Dir hiermit feierlich, bis Santiago keinen Tee mehr nach 16 Uhr zu trinken.

Trotzdem geht es Jürgen deutlich besser als gestern, er macht einen betont dynamischen Eindruck. Die Etappe dürfte laut Wanderführer nicht allzu anstrengend werden, und so bin ich voller Hoffnung. Den Schlüssel sollten wir draußen an der Zimmertür stecken lassen, so hat unsere Wirtin uns gestern eingeschärft. Zur Sicherheit steht sie trotz der frühen Stunde im rosa Plüschmorgenmantel in der Tür und fragt noch einmal nach. Als ich nach oben deute und mit der Hand eine Abschließbewegung mache, strahlt sie uns an, als hätte ich ihr das schönste Tanzstunden-Kompliment gemacht. Dann gibt sie uns die Hand: „Buen camino!" Viel hat nicht gefehlt, und sie hätte uns an ihren imposanten Busen gedrückt, da bin ich mir ganz sicher.

Draußen donnert schon wieder ein LKW nach dem nächsten auf der N547 in Richtung Melide, vorbei an der kleinen ehemaligen Käserei gegenüber, deren graue Gebäude und Lagerhäuser hinter einem verrosteten Gittertor ihrer Wiedererweckung entgegenschlummern. Nebenan werden gebrauchte Traktoren, Hänger und landwirtschaftliche Geräte angeboten – manche Maschine erinnert an ein Relikt vom Autofriedhof, aber die Menschen hier sind arm und genügsam, sonst könnte die Firma „Talleres Alberto" niemals überleben.

Vorbei an Albertos wertvollsten Landmaschinen, die aus Reklamegründen direkt auf dem Gehweg ausgestellt sind, verlassen wir als wahrscheinlich letzte Pilger des heutigen Tages Palas de Rei. Ein halbfertiges Haus, eine riesige neu erbaute Industriehalle, die wohl einmal ein Supermarkt werden wird, das sind die letzten Eindrücke, dann umgibt uns wieder die Natur.

Die Morgensonne taucht einen mindestens zweihundert Jahre alten Horreo in Pastelltöne und sorgt für erste Fotomotive. „Na Jürgen, nach dem Regen gestern ist heute wieder Wetter" freue ich mich. Er versteht, lacht und nimmt die Kamera zur Hand. Schon naht das nächste Motiv: Ein alter Pilger mit Bart, Hut und Muschelzeichen kommt uns entgegen und führt einen schwer bepackten Esel hinter sich her. Kleine Glöckchen künden sein Kommen von weitem her an und als er an uns vorüber gezogen ist, sehe ich voller Staunen die Rücklichter und roten Reflektoren an der Satteltasche.

„Hier wundert mich einfach überhaupt nichts mehr!" konstatiert Jürgen trocken und mehr ist zu dieser Erscheinung auch nicht zu sagen.

Wir betreten das Feuchtgebiet „A Lagua". Dichter Wald lässt uns die Nähe zur Stadt vergessen. Der Weg ist schmal, manchmal führen nur einige glitschige Trittsteine durch ein Wasserloch. Da – mitten auf dem höchstens zwei Meter breiten Weg – lehnt ein frisch gestrichenes Verkehrsschild, das uns Wanderer mahnt, nicht schneller als fünfzig Stundenkilometer zu laufen. Oder sollte der Hinweis trotz Unbefahrbarkeit für Autos bestimmt sein?

Da tönt von hinten lautes Stimmengewirr und in weniger als einer Minute sind wir von mindestens dreißig spanischen – Verzeihung, galizischen – Jugendlichen umgeben, die heute offensichtlich Wandertag haben. Alle tragen ihr kleines Rucksäckchen mit Proviant und Lippenstift, dazu Wanderstäbe und sind für einen Tag als Jakobspilger unterwegs. Recht so, auf diese Weise wird die eigene Geschichte lebendig.

Die Sonne schickt helle Strahlen bis hinunter auf den Waldboden, der nach dem Regen des gestrigen Tages regelrecht dampft. Begünstigt durch das milde Licht, wirken die Wasserlöcher wie Kristallspiegel und zaubern märchenhafte Landschaften voller Kopf stehender Eukalyptusbäume ins Wasser. Oft bleiben wir stehen und betrachten diese von der Natur geschaffenen Bilder – ob das Auge der Kamera ihren Zauber einfangen kann?

Langsam wird es warm, kurz hinter Palas de Rei können wir die Jacken im Rucksack verstauen. Wieder begleitet uns die Pilgerblume Fingerhut, an deren violetten Blütenkelchen heute dicke Tau- und Regentropfen kleben. Die Farben leuchten dadurch noch intensiver. Die Luft ist weich wie feinster Samt und ich merke immer wieder, wie schön es ist, Natur mit allen Sinnen bewusst wahrnehmen zu können.

Wir kommen an zahlreichen Horreos vorbei und endlich steht auch einer offen. Tatsächlich leuchten Maiskolben golden in der Sonne, diese steinalten Speicher – manche tragen Jahreszahlen aus dem achtzehnten Jahrhundert – werden noch immer benutzt.

Kurz vor der kleinen romanischen Kapelle in San Xulián do Camino – der Wanderführer nennt den Ort San Xiao – dringt unvermittelt klassische Musik an mein Ohr. Fast klingt es wie Vogelgezwitscher, und doch sind es Geigen, die eine Melodie von Mozart in die blanke Morgenluft hinein zaubern. Die Musik kommt leise und verhalten aus einer Pension, in der gerade zum Frühstück gerüstet wird.

Der Blick zur Uhr – wir sind seit einer Stunde unterwegs, 9 Uhr, Zeit für eine erste Pause. Jürgen zieht ein Gesicht, als ich meinen Wunsch nach einem Frühstück äußere, er traut dem gesundheitlichen Frieden noch nicht und möchte im Augenblick lieber nichts essen. Geduldig trottet er hinter mir her und schon sitzen wir in der „Albergue Turistico O Abrigadoiro". Es mag früher eine Bauernstube, vielleicht sogar ein Stall gewesen sein, das graue Mauerwerk ist unverputzt, die Decke wird von dicken schwarzen Balken getragen. An den Wänden stehen alte Holzmöbel, alles ist stimmig, gemütlich und unverwechselbar. Auf dem Regal über dem Büffet liegen drei Weinfässer, mit weißer Kreide hat der Wirt ihren Inhalt darauf notiert: „tinto – blanco – rosado". Überall hängen und stehen Erinnerungen an längst vergangene Zeiten, alte Milchkannen aus Email, stumpf gewordene Kupferschüsseln, gerahmte Notenblätter, hier ein Geldschein, dort ein Ballettschuh, nichts passt zueinander, alles bildet eine Einheit. Hinter dem Tresen sind Bierflaschen aus aller Welt aufgebaut, es müssen Hunderte sein – und jede hat ihren ganz bestimmten Platz, an jeder dürfte eine nur dem Wirt bekannte Erinnerung hängen.

Noch immer verzaubert klassische Musik diese Idylle, ich nehme Platz an einem der wenigen Tische und genieße es, für heute der erste Gast zu sein. Der Wirt sieht mit seinem grauen Vollbart ein bisschen wie Karl Marx aus, er lächelt mich aus vollem Herzen an und fragt nach unseren Wünschen. Es ist ganz offensichtlich, er freut sich an meiner Begeisterung für sein Gasthaus und merkt, wie sehr ich seine Musikauswahl schätze.

Während Jürgen sicherheitshalber bei einfachem Kamillentee bleibt, bestelle ich ein opulentes „desayuno": Knuspriges Weißbrot, frisch gepresster Orangensaft, heißer Bohnenkaffee mit reichlich geschäumter Milch, dazu selbst gemachte Kirsch- und Aprikosenmarmelade. Es macht mir Freude, zu beobachten, mit welcher Hingabe der Wirt an der Bar den Tee und Kaffee für uns zubereitet: Zuerst stellt er die Untertassen auf den Tresen, nicht ohne sie sorgfältig mit einem karierten Handtuch abzustauben. Unsere Getränke füllt er in vorgewärmte Tassen, dann türmt er frisch geschäumte Milch Löffel für Löffel auf meinen Kaffee. Dieses Zelebrieren nimmt seine gesamte Aufmerksamkeit in Anspruch – und dadurch wird eine tausendfach ausgeführte einfache Dienstleistung zu einer künstlerischen Darbietung, die in diesem Augenblick durch nichts zu überbieten ist. Wie gern würde ich das alles unserem Wirt sagen, wie gern würde ich mein übervolles Herz auf die Zunge legen – wieder fehlt mir fehlt die Sprache, und so kann ich nur lächeln und danken. Er versteht und wählt nur für uns – wir sind noch immer seine einzigen Gäste – das „Ave Maria" von Bach-Gounod als Frühstücksmusik aus.

Alles ist so unwirklich schön, ich muss daran denken, wie wir vor zwei Tagen auf der Terrasse in Ventas de Narón saßen und ich mich so sehr nach klassischer Musik gesehnt habe. Wie schnell ist dieser Wunsch in Erfüllung gegangen!

Und dann kommt die nächste Erinnerung an Ventas de Narón zur Tür herein: Es erscheint in dieser ländlichen Idylle die kanadische Bohnenstange und hat wieder allerlei multinationale Gefolge im Schlepptau. Kaum sitzt sie am Tresen, fingert sie auch schon an ihrer Zigarettenschachtel herum. Mein Adrenalinpegel schnellt in ungeahnte Höhen, mein Gesichtsausdruck – ich merke es – gerät merklich aus den Fugen. Der Wirt schaut in meine Richtung und schaltet traurig das Radio ein, in dem der übliche Gutenmorgenaufwachschlagereinheitsbrei wummert. Ich schüttle bittend mit dem Kopf – und tatsächlich bricht er den möglicherweise unter Marketing-Gesichtspunkten richtigen

Versuch ab und legt wieder seine Klassik-CD ein. Dieser kurze Blickkontakt hat meine kanadische Freundin alarmiert, sie tuschelt mit ihren Kameradinnen, wirft gefrorene Augenblitze in unsere Richtung – und trollt sich!

Andere Pilger genießen wie wir die gemütliche Umgebung, schlürfen still vergnügt ihren Milchkaffee oder beißen in knusprige Weißbrotstullen. So gern würde ich genau hier sitzen bleiben, aber Jürgen mahnt zu Recht zum Aufbruch.

Der Wirt schüttelt uns zum Abschied voller Herzlichkeit die Hand und ich versuche mit meinem geringen spanischen Wortschatz Gefühle zu beschreiben. So ruhig sei es hier, so erholsam – der alte Mann versteht, empfindet seine Umgebung jedoch ganz anders: Ruhig, ruhig sei es am Camino schon lange nicht mehr. Früher, da sei der Weg ruhig gewesen, aber heute! Das Wort „tranquillo" klingt aus seinem Mund so traurig – und wird mich in Gedanken den ganzen Tag über begleiten.

Die kleine romanische Kapelle – sie ist kaum größer als ein Einfamilienhaus und aus riesigen Quadersteinen gefügt – lassen wir links liegen und marschieren ausgeruht und zufrieden unter tiefblauem Himmel unserem Ziel entgegen. Menschen aus verschiedensten Nationen begleiten unseren Weg – zwei Polen, ein Pärchen aus Honduras, Franzosen, Amerikaner, Italiener.

Unser Weg quert kleine Brücken, auf Trittsteinen geht es über schmale Bächlein, vorbei an alten Kirchen und Hausruinen, aber auch sehr schön rekonstruierten Gebäuden. Die Landschaft ist abwechslungsreich, das Wetter meint es richtig gut mit uns. Immer wieder kommen wir durch kleine Dörfer, häufig sind ihre Namen nicht einmal in unserem Wanderführer verzeichnet. Überall leuchtet die gelbe Camino-

Markierung, ein listenreicher Kneipier in Casanova hat ein großes Schild am Eingangstor seines Gehöfts angebracht: „Aqui hay sello" und darunter an langer Schnur einen Stempel zur Selbstbedienung befestigt, als Stempelkissen dient tatsächlich eine Muschelschale. Der Stand ist dicht umlagert, Pilger stempeln sich das Jakobszeichen in die Credenciales was das Zeug hält. Hier wird deutlich, wie schnell Pilgern zum Konsumgut werden kann. Ein wenig angewidert ziehen wir weiter – ein wenig nur, denn als Erinnerung habe ich mir den Stempel ins Tagebuch gedrückt.

Wie viel schöner war es vor wenigen Stunden, als unser Wirt in San Xulián mit der Ernsthaftigkeit einer Amtsperson sein Stempelkissen hinter dem Tresen hervorholte und uns einen sauberen Abdruck seines liebevoll gestalteten Herbergsstempels in den Pass drückte: Ein alter Pilger mit Schlapphut stützt sich müde auf den Wanderstab und schaut in die Ferne.

Inzwischen haben wir die Provinzgrenze von A Coruña überschritten und nähern uns mit Riesenschritten Melide. Die Landschaft erinnert mit ihren spitzen Pinien, den Wiesen und vereinzelten Baumgruppen an die Toskana – und doch sind wir immer noch in Galizien. Viele Häuser tragen gelbe Jakobsmuscheln als Zierde, manchmal sind regelrechte Muschelpfeile in die Fassaden eingelassen.

In Leboreiro begegnet uns um die Mittagszeit eine alte Frau in bläulich verwaschener Kittelschürze, die mit ihrem Schäferhund und einer verrosteten Hacke zur Feldarbeit geht. Ein grüner Strohhut und ausgetretene Gummistiefel vervollständigen ihre Ausrüstung – sie lacht und winkt, als ich sie mit fragendem Blick um ein Foto bitte. Wie arm sind die Menschen hier an einem der wichtigsten Pilgerwege Europas – und wie viel Freude und Zufriedenheit strahlen sie trotz ihrer

Armut aus. Die Frau ist längst aus dem Blickfeld verschwunden, sie mag vielleicht einige Feldfrüchte fürs Mittagessen ernten, da denke ich noch immer an sie: Wie kann es gelingen, ein wenig von ihrer Zufriedenheit mit nach Hause zu bringen?

Der Wanderführer weist ausdrücklich auf die spätromanische Dorfkirche „Santa María" hin, der ich nichts abgewinnen kann. Wahrscheinlich bin ich angesichts der vielen Kirchenbesuche in den letzten Wochen schlicht übersättigt. Viel interessanter ist für mich ein flaches, stallartiges Gebäude gleich am Dorfausgang, vor dem ein aus Weidenruten geflochtenes Taubenhaus steht. Dieser Bau mit dem Wappen der Adelsfamilie Ulloa an einer Wandseite ist eines der wenigen unverändert erhaltenen mittelalterlichen Pilgerhospize. Der Wanderführer bietet eine Datierungshilfe: Beim Bauernaufstand 1467 sei es nicht behelligt worden. Also steht das Hospiz seit über 600 Jahren! Ich versuche mir die Gedanken und Gefühle eines Pilgers von damals vorzustellen, der vielleicht in Köln, Worms, Speyer oder Mainz vor vielen Monaten zu Fuß aufgebrochen und nun fast am Ziel seiner Reise angekommen ist. Wie dankbar wird er hier im Hospiz einen Bund Stroh als Bett und einen Kelle Brei als Mahlzeit empfangen haben und auf Knien drüben in der Kapelle der Heiligen Maria für ihren Schutz gedankt haben. Wie unbedeutend ist dagegen unsere eigene Leistung, wenn wir mit Flugzeug und Auto nach León reisen und einige Blasen schon zur Taxifahrt führen. Wieder tauchen die schon oft gestellten Fragen auf: Sind wir Pilger? Sind wir Wanderer? Sind wir Touristen?

Kaum haben wir Leboreiro verlassen, stehen wir mitten in der Mark Brandenburg: Schlanke Birken säumen den Sandweg, am Himmel zeigen sich lustige Schäfchenwolken und auf den Feldern reift der Weizen. „Willkommen in Berlin!" ruft Jürgen übermütig – die ganze Umgebung sieht seiner Heimat zum Verwechseln ähnlich. Es fehlt nur das gelbe Bundesstraßenschild „Potsdam – 15km".

Unversehens durchqueren wir ein modernes Industriegebiet. Hier herrscht geschäftiges Leben, schwere Lastwagen rauschen wenige Meter an uns vorbei – von Ruhe und Besinnlichkeit ist hier nichts zu spüren. Das ist purer Arbeitsalltag, wie wir ihn von zu Hause kennen – er fällt so sehr auf, dass es wehtut. Fast scheint es, als sollten wir kurz vor dem Ziel noch einmal daran erinnert werden, was nach dieser Reise auf uns wartet. Und so hat auch das Pilgerkreuz nichts mit unseren bisherigen Erlebnissen gemein – ein roher Steinklotz, an dem deutliche Bohrerspuren zu sehen sind, wird von einem roten Blechkreuz bekrönt, puristische Gebrauchskunst, mehr aber auch nicht. Wie ganz anders, wie viel rührender waren die kleinen Holzkreuze, die vorübergehende Wanderer in den Draht eines Weidezauns geflochten hatten.

Keine halbe Stunde später erreichen wir Furelos, den letzten Ort vor unserem heutigen Tagesziel. Eine mittelalterliche Steinbrücke führt in fünf hohen Bögen über den Rio Furelos, die Sonne scheint, es sind wenige Pilger, die jetzt um die Mittagszeit unterwegs sind. Gerade als ich den Fotoapparat hochnehme, dröhnt ohrenbetäubender Lärm durch den Wald. Ich schaffe es gerade noch zur Seite zu springen, keine Ahnung, was Jürgen macht – und schon donnern einige Quads vorüber und hoch auf die Brücke. Es sind junge Leute, die ihre ganz eigene Jakobstour machen und sich offensichtlich einen Dreck um ihre Mitmenschen scheren. Vergessen die Ruhe, die Schönheit der Landschaft und ihrer Bauwerke. Ich merke richtig, wie ich wütend auf diese Rowdys werde, mich aber auch genauso schnell wieder beruhige, als der Lärm verebbt. Der Weg hat also bereits seine Spuren bei mir hinterlassen – am Anfang der Reise hätte mir ein solches Erlebnis den ganzen restlichen Tag vergällt.

Nun aber weiter und hinüber!

Auf dem Scheitelpunkt der Brücke sieht man weit ins Tal des Rio Furelos, dessen Strömung hier kaum wahrnehmbar ist. Enten tummeln sich, Fische sehen wir keine. Von drüben, ja, gleich dort bei den Gärten und Obstbäumen, müsste man eigentlich einen schönen Blick auf die im Sonnenschein liegende Brücke haben. Alles sieht sehr privat aus, ob man da so einfach hingehen kann?

Unser gelber Pfeil weist nach links, mich zieht es magisch nach rechts zur Gartentür. Gleich nebenan auf einer Terrasse feiert eine ausgelassene Gesellschaft und kommentiert meinen fragenden Blick mit einem einladenden „Si, si!" – ich deute das großzügig als umfassende Fotoerlaubnis und steige die schiefen Steinstufen hinunter in den Gemüsegarten, wo ein schlanker Horreo selbstverständlich nicht fehlt. Wie erwartet hat man von hier aus die perfekte Perspektive und von unten wirkt das mindestens 800 Jahre alte Bauwerk noch monumentaler und beeindruckender als vorhin. Ich kann mich kaum satt sehen, finde immer wieder neue Fotomotive.

Inzwischen hat sich auch Jürgen eingefunden, der ähnliche fotografische Überlegungen bei der Brückenüberquerung hatte. Nur waren ihm weder die feiernden Menschen aufgefallen noch hat er irgendjemanden um Erlaubnis gefragt. Da war eben ein lohnendes Motiv in der Sonne, und da musste er hin. Der offen getragene Fotoapparat muss in solch einer Situation als international gültiges Legitimationsdokument genügen.

Eine kleine Katze sitzt auf den sonnenwarmen Steinen der Brücke und beobachtet unser Tun regungslos, aber mit umso mehr Interesse. Und genau dieses Bild ist es dann, das mich innehalten lässt. Es geht gar nicht um gelungene Fotomotive, um einen möglicherweise nuanciert besseren Standpunkt - hier unten zwischen den schmalen Gemüsebeeten und kleinen Obstbäumen könnte ich mir vorstellen, ein kleines Restaurant zu betreiben, Pilger zu bewirten und das Leben vorüber plätschern zu lassen. Ab und zu ein gutes Buch, ein Fläschchen Wein, das ideale Glück ohne großen materiellen Reichtum scheint hier möglich zu sein.

Die Kirchenglocken von San Juan de Furelos läuten die Mittagsstunde und reißen mich aus meinem Tagtraum. Wir steigen die wenigen Stufen hinauf und betreten das Dorfkirchlein. Es riecht angenehm nach Bohnerwachs, Möbelpolitur, Weihrauch und Staub. Am Eingang liegen kleine Zettelchen mit Gebetstexten aus und gleich daneben gibt es Faltblätter, um die vorüber ziehenden Pilger in ihrer jeweiligen Heimatsprache mit den Sehenswürdigkeiten des kleinen Gotteshauses vertraut zu machen. Leider sind die deutschen Texte bereits vergriffen – dafür spricht die junge Stempelträgerin unsere Sprache und freut sich sehr, als wir ihr sagen, wie gut uns ihre Kirche gefällt.

Johannes Paul II. wird hier sehr verehrt, die kleinen Gebetsbildchen mit seinem Porträt sind fast allgegenwärtig. Sie zeigen den bereits 2005 verstorbenen Papst in vielen verschiedenen Ansichten, besonders häufig als schwerkranken Greis. Ganz offensichtlich haben ihm die Galizier nicht vergessen, dass er bereits 1982 ganz zu Anfang seines Pontifikats nach Santiago de Compostela gepilgert ist. Von „unserem" Papst Benedikt XVI. habe ich bisher kein einziges Bild erspäht.

Von Furelos – das eigentlich schon ein Stadtteil von Melide ist – dauert es nur eine kurze Viertelstunde, dann stehen wir vor dem Hotel „Pedros 96". Es liegt direkt an der Hauptstraße – der „Avenida de Lugo" – und macht von außen einen nicht mehr ganz neuen, aber sehr respektablen Eindruck. An der großzügigen Hotelbar werden wir bereits erwartet, der Kellner war schon beim Reservierungstelefonat sehr freundlich und heißt uns auf Englisch herzlich willkommen. Alles ist, wie es sein soll – der Schlüssel liegt bereit, das Zimmer ist gerichtet, wenn wir zu Mittag essen wollen, bitte, dort geht es zum Restaurant.

Erwartungsvoll öffnen wir die Tür – und sind schon nach wenigen Minuten geschockt. Das Bettlaken ziert ein vertrockneter, Handteller großer Blutfleck, im Mülleimer liegen vergammelte Speisereste und das Bad ist nicht nur nicht geputzt, es starrt vor Schmutz. Hier sollen wir die Nacht verbringen? Auf keinen Fall!

Wir schauen uns auf dem stillen Flur um, überall stehen die Zimmertüren für die Putzkolonne offen. Ja, hier, Nummer Sieben, da sieht doch alles ganz ordentlich aus. „Bleib du mal bei unserem Gepäck, ich bin unten an der Bar" bitte ich Jürgen und stürme los. „Ja, sicher, kein Problem, das tut mir sehr leid, natürlich können Sie auch Nummer Sieben haben." Dem freundlichen Barkeeper ist das alles sichtlich peinlich, er ist überaus bemüht und nun können wir beginnen, uns wohl zu fühlen.

Gemütlich ist das Zimmer nicht aber zweckmäßig, der ganze Raum ist mit hellen Fliesen ausgelegt und wirkt dadurch etwas steril. Natürlich sind die Matratzen nicht mehr ganz neu, aber sauber sind sie und das Bettlaken ist frisch geplättet. Der schmucklose Kleiderschrank hat schon bessere Tage gesehen – aber wie gesagt, es ist alles sauber, und so wollen wir uns nicht mehr beschweren. Der kleine Fernsehapparat über dem Schreibtisch kennt zwei, drei spanische Sender, auf denen entweder Musikvideos gezeigt werden oder völlig abgedrehte Ratesendungen laufen.

Da der Tag noch jung ist und wir dank der Müsliriegel auch keinen großen Hunger verspüren, machen wir uns nur kurz frisch und schlendern ohne Rucksack und vor allem ohne jeden Zeitdruck los. Na ja, Zeitdruck haben wir eigentlich schon, denn am Himmel brauen sich auch heute dicke Wolken zusammen. Aber selbst wenn es junge Hunde regnen sollte, wir sind am Tagesziel und im allerschlimmsten Fall können wir ja ein Taxi zum Hotel zurück nehmen.

Der Weg ins Stadtzentrum ist nicht weit und führt an einem Platz mit kleiner – natürlich um diese Zeit geschlossener Kapelle – vorbei. Von hier aus zweigen in alle vier Himmelsrichtungen Straßen mit anonymen Neubaublöcken ab, die eine eigenartige Stadtplanung vermuten lassen. Es sieht fast so aus, als wollten die Baumeister dafür sorgen, dass man Melide jederzeit und auf dem jeweils schnellsten Weg verlassen kann.

Wir entscheiden uns spontan für die richtige der vier möglichen Straßen, und schon nach wenigen Schritten stehen wir auf einem bescheidenen mittelalterlichen Marktplatz mit einem zweistöckigen Renaissance-Rathaus. Der Weg dorthin war unspektakulär, kleine Geschäfte, eine Bank, zwei Blumenläden, eine Weinhandlung, dann ein geschlossenes Café und eine verstaubte Schaufensterdekoration mit Klamotten aus dem letzten Jahrhundert – also späte 1990er Jahre.

Die Tristesse wird noch dadurch unterstrichen, dass keine Menschen unterwegs sind – obwohl jedes noch so kleine Winkelchen mit Kleinwagen zugeparkt ist. Normalerweise müsste jetzt zu Siesta-Beginn eigentlich viel mehr Bewegung sein, nach Hause, zu Freunden, ins Restaurant. Aber hier in Melide – nichts, Totenstille ringsum, nicht einmal eine Katze auf der Suche nach einer altersschwachen Maus. Da vorn, da bewegt sich etwas, also wenigstens ein Einwohner – nein, es ist nur ein einsamer Pilger, der offenbar genauso irritiert umher irrt wie wir.

Zurück zum Marktplatz. Die Häuser hier scheinen wirklich alt zu sein, kleine Fenster, niedrige Hauseingänge, alles aus riesigen Steinen gemauert, so muss es schon vor fünfhundert Jahren hier ausgesehen haben. Die Eingangstür zur Pfarrkirche, die laut unserem Wanderführer früher die Kirche des „Klosters und Hospitals vom Heiligen Kreuz" war, steht einladend offen. Von außen sieht das Gotteshaus eher wie eine Festung aus, die kleinen Fenster erinnern an Schießscharten und auch sonst ist alles sehr schmucklos – sieht man einmal von den spärlichen Verzierungen über dem Eingangsportal ab. Wie ärmlich wirkt das hier gegen die Bauten der Templerstadt Ponferrada.

Der Altarraum ist schlicht, fast alles ist weiß getüncht und nur der Schnitzaltar lässt ein wenig von der früheren Bedeutung Melides erahnen, als sich hier wichtige Handels- und Pilgerrouten kreuzten. Von der Empore aus lassen wir die Ruhe und Kühle der Kirche auf uns wirken, in der die bunte Jugendstilorgel wie ein Fremdkörper wirkt. Unten brennen einsame Kerzen und unterstreichen in ihrer Verlorenheit die triste Stimmung, die über dem ganzen Ort zu liegen scheint.

Am Fußende der Treppe, ganz im Schatten steht ein alter Steinsarg, auf dem liegend ein Mensch dargestellt ist. Das faltenreiche Gewand und ebenso der Umhang lassen auf ein gotisches Kunstwerke schließen und hier empfinde ich endlich so etwas wie Andacht. Während sonst der Ort eher negative

Energie zu haben scheint, entdecke ich an diesem Totendenkmal menschliche Empfindungen, Trauer, Liebe, Vergangenheit, Geschichte, aber auch – das mag seltsam klingen – Leben. Lange betrachte ich mir die vielen Details, die kunstvollen Verzierungen des Kopfkissens, der Besatz des steinernen Sargtuches, die Frisur des Toten.

Da wir unsere heutigen Pflichtstempel schon eingesammelt haben, drücke ich mir den Kirchenstempel der „Parroquia de S. Pedro de Melide – Hospital del Espiritu Santo" nur als Erinnerung ins Tagebuch, Jürgen hätte seinen Pilgerpass ohnehin nicht dabei gehabt.

Und nun tritt die heilige Verwaltung in Person einer resoluten Kirchendienerin auf, die uns durch kräftiges Schlüsselrasseln und eine unverständliche Belehrung deutlich macht, dass jetzt, genau in diesem Augenblick ihre Mittagspause beginne und sie nicht im Traum daran denke, für uns auch nur eine Minute Überstunden zu machen. Um das noch mehr zu unterstreichen, nimmt sie den Stempel nebst Stempelkissen vom Tisch und lässt beides in den Tiefen ihrer Kittelschürze verschwinden. Jetzt nur keine internationalen Verwicklungen, denke ich, und wir treten wieder hinaus auf den immer noch stillen Marktplatz.

Welchen Tag haben wir heute? Donnerstag – richtig, heute ist Fronleichnam. Vielleicht wird der Tag in Spanien heimlich gefeiert, an den offiziellen Ladenöffnungszeiten vorbei? Schilder haben wir keine gesehen, auch scheinen Prozessionen nicht üblich zu sein, denn auch dazu hätte es sonst ganz sicher Hinweise am Schwarzen Brett in der Kirche gegeben.

Das alte Rathaus gegenüber der Kirche ist trotz seiner Schlichtheit ein beeindruckendes Bauwerk. An der Sandsteinfront mit ihren drei Eingangstoren, zwei davon mit sehr schönen Türstürzen, sind insgesamt vier steinerne Adelswappen angebracht und geben dem Ganzen etwas Feierlich-Ehrwürdiges. Auch hier sind inzwischen alle Eingänge verriegelt und verrammelt, so dass es leider nichts mehr zu besichtigen gibt.

Wir laufen durch etliche Straßen, vorbei an stinkenden Müllsäcken, verdächtig riechenden Pulperias, schmuddeligen Hintereingängen und schmierigen Eckkneipen, aus denen uns Menschen taxierend beobachten. Nein, das ist keine Stadt zum Wohlfühlen. Überall vergammelt die historische Bausubstanz oder wird durch reizlose Neubauten ersetzt, in denen die 8.000 Einwohner ihrem Alltag nachgehen. Kirche und Rathaus als einzige echte Sehenswürdigkeiten kompensieren dies alles nur unzureichend.

„Lass uns ins Hotel zurückgehen und eine Kleinigkeit essen." Ich könnte Jürgen für diesen Satz umarmen. Nicht weil ich inzwischen auch ein kleines Hungergefühl verspüre, sondern weil es das klare Signal ist, dass es ihm nach den Attacken der letzten beiden Tage wieder besser geht. Also traben wir in unser Hotel „Pedros 96" zurück. Kaum angekommen setzt ein Regen ein, gegen den wir trotz Schirmen – hätten sie nicht beide im Hotelzimmer gelegen – keine Chance gehabt hätten.

Während der freundliche Barkeeper erklärt, dass wir selbstverständlich noch ein Mittagessen bekommen könnten, scheint die Bedienung das entscheiden anders zu sehen. Ihr Gesichtsausdruck lässt darauf schließen, dass sie uns am liebsten für dieses Anliegen erschlagen hätte. Mürrisch weist sie uns einen freien Tisch genau zwischen Toilette und Kücheneingang zu. Dann knallt sie uns ein Körbchen mit trockenem Weißbrot, die obligate Rotweinflasche sowie eine Karaffe Leitungswasser auf die nicht mehr ganz saubere und wie so oft rotweiß karierte Papiertischdecke. Im Speisesaal herrscht munteres Treiben, das Geplapper klingt wie eine Mischung aus Spanisch, Italienisch und Weißichnicht, das ich als einen lokalen galizischen Dialekt deute. Also scheint das Essen nicht ganz schlecht zu sein, folgere ich und bestelle für mich ein Gulasch, während Jürgen Sardinen „a la plancha" ordert.

Die zum Menü gehörige Nudelsuppe löst nicht gerade Begeisterungsstürme aus, dürfte aber für Jürgens geschundenen Magen genau das Richtige sein. Und dann haut es mich fast vom Stuhl: Der Gulasch besteht aus drei kinderfaustgroßen Fleischbrocken in einer braunen Fertigsoße, dazu gibt es eine völlig verkochte Kartoffel. Jürgens Sardinen – es müssen mindestens zwölf Fische sein – sehen zwar deutlich besser aus, sind aber über offenem Feuer zu fast schwarzen Klumpen zergrillt worden.

Tapfer beginnen wir unser Mahl. Das Gulaschfleisch schmeckt nicht einmal schlecht, Soße und Kartoffel lasse ich sicherheitshalber liegen. Jürgen beendet das Mittagessen abrupt nach einem Fisch, steht wortlos auf und entschwindet ohne seine Kamera, die er sonst nie allein lässt, auf der Toilette. Als er zurückkommt, schiebt er stumm die Fischplatte zu mir hinüber, selbst der Geruch erscheint ihm unerträglich. Da hätte er wahrscheinlich lieber das „pollo" gewählt. Ich probiere – und bin restlos begeistert. Die Sardinen haben einen zarten, rauchigen Geschmack, die verkohlte Haut muss man natürlich abziehen. Das Fleisch ist saftig, die Gräten sind ganz fein und kaum zu spüren, wenn versehentlich eine im Mund landet. An den etwa fünfzehn Zentimeter langen Fischlein ist nicht viel dran, und so verputze ich die ganze Platte. Nach jedem Tier gönne ich mir aus rein medizinischen Gründen einen ordentlichen Schluck Rotwein und bin am Ende des Mittagessens ziemlich guter Laune.

Jürgen ist aufs Zimmer gegangen, der Geruch in Verbindung mit meinen genussvollen Schmatzlauten war zu aggressiv für seinen Verdauungstrakt. Am Ende komme ich mir vor wie genudelt, bezahle und schleiche mich ins Zimmer. Jürgen liegt wie erwartet auf dem Bett und schläft, während im Fernsehen der Musiksender spanische Schlagersternchen präsentiert. Ich greife aus dem Rucksack das Reisetagebuch nebst meinem treuen Schreibwerkzeug und trolle mich leise wieder nach unten an die Bar.

Hier herrscht das pralle Leben. Überall sitzen rauchende Männer bei Bier oder Schnaps und diskutieren die Tagesereignisse. Natürlich läuft auch hier ein Fernsehapparat, was zur Ohren betäubenden Geräuschkulisse erheblich beiträgt.

Der Barkeeper schmunzelt, als er mich sieht – in diesem Ambiente bin ich in meiner Pilgermontur ein absoluter Außenseiter. Ich setze mich an einen kleinen Ecktisch direkt unter dem Fernseher, von hier aus kann ich gut beobachten und bestelle mir – angesichts der vertilgten Mittagsportion – einen doppelten Cognac. Dann spiele ich kurz mit dem verlockenden Gedanken, dazu eine Zigarre aus dem gut bestückten Humidor zu ordern, verzichte aber nach kurzem Nachdenken.

Die Zeitung berichtet von den üblichen Querelen auf EU-Ebene, sogar ein Foto von Kanzlerin Merkel mit Nicolas Sarkozy ist abgedruckt. Das beherrschende Thema ist noch immer der blutige ETA-Anschlag vom letzten Mittwoch im Baskenland, bei dem ein Polizist ums Leben gekommen war. Fotos von ihm, seiner Familie, trauernden Kollegen, dem Ministerpräsidenten und anderen Würdenträgern füllen die Zeitungsspalten. Ich denke an das Fahndungsplakat von Villafranca del Bierzo zurück, das hatten wir genau einen Tag vor dem Attentat betrachtet. Wie nah ist der Terror – und wie wenig nehmen wir ihn wahr.

Der Wetterbericht verheißt für morgen ein durchwachsenes Wetter und hat bisher meistens gestimmt. Sonnencreme werden wir keine benötigen.

Ich öffne mein schwarzrotes Reisetagebuch und halte unsere bisherigen Erlebnisse fest. Das Schreiben geht heute gut von der Hand und ohne Absicht fällt der Bericht ausführlicher aus als sonst. Als Zwischenresümee halte ich fest: „Noch 50 km bis Santiago – in wenigen Tagen ist das Abenteuer vorüber. Der Gedanke daran ist gespalten – zum einen die Freude über das Erreichte, zum anderen kann ich mir nicht so richtig vorstellen, wie die Rückkehr vom Wanderleben in den beruflichen Alltag vor sich gehen soll."

Es muss gegen 18 Uhr sein, als Jürgen mit verschlafenen Augen in der Bar erscheint und grinsend auf mein leeres Cognacglas äugt. Draußen herrscht noch immer Dauerregen und nichts könnte uns dazu bewegen, einen Fuß vor die Tür zu setzen. Mir reicht die Zeit in der verrauchten Bar und so nehmen wir nur noch ein gemeinsames Tagesabschluss-Bierchen und verziehen uns auf unser Zimmer.

Direkt vor der Tür steht ein wackliger Schrank, in dem einige zerlesene Bücher ihr Dasein fristen. Ein Bildband vom Jakobsweg hat es mir angetan und da – „Keine Angst", da steht tatsächlich ein deutscher Titel! Ich greife mir das Buch wie ein Ertrinkender, endlich werde ich etwas zum Lesen haben. In Palas de Rei hatte ich überall in den Zeitschriftenläden geschaut, aber außer Wanderführern nichts in meiner Sprache entdeckt – und auf englische Historien- oder Liebesromane habe ich beim besten Willen keinen Appetit. Aber nun halte ich endlich ein deutsches Buch in der

Hand, auch wenn ich von diesem Autor – Frank Schätzing – noch nie etwas gehört habe. Das Titelbild – ein blaues Röntgenbild eines menschlichen Kopfes – spricht mich eigentlich nicht an, Krimis gehören nicht gerade zu meinem Lieblingsgenre, aber hier und heute werde ich genau dieses Buch genießen, und wenn es vor Blut und Tod nur so trieft, beschließe ich.

Zur Einstimmung setze ich mich zu unseren still vor sich hin müffelnden Wanderschuhen auf die plexiverglaste Veranda, schaue erst ein wenig in den Regen hinaus und betrachte mir die stimmungsvollen Schwarzweiß-Aufnahmen im Camino-Bildband. Dann aber hält mich nichts mehr – ich steige in die Dusche, danach in den Schlafanzug, wickle mich fest in die Wolldecke ein und lese los.

Nicht einmal die Dauerberieselung durch den spanischen Latino-Musiksender kann jetzt stören, Jürgens Atem geht tief und ruhig, während ich in die Verbrechenswelt von Köln eintauche.

Die Kurzgeschichten sind gut geschrieben, flüssig und spannend zu lesen, nicht ohne eine gehörige Portion Schlitzohrigkeit und Humor. Ich verschlinge das Buch regelrecht und merke dabei, wie wichtig in meinem Leben Bücher sind. Für einen Augenblick denke ich darüber nach, das Buch mitgehen zu lassen, am Morgen stelle ich es aber doch ordentlich zurück in den Schrank. Um 21 Uhr habe ich fast das halbe Buch ausgelesen, bin todmüde, aber glücklich. Im Tagebuch notiere ich mir Titel und Verlag, „Keine Angst" werde ich daheim in Frankfurt zu Ende lesen.

Freitag, 23. Mai – Von Melide nach Arzúa

Melide – Río Catasol – Boente – Río – Ribadiso – Arzúa

14 km

Das Trommeln der Regentropfen auf dem Plexiglasdach hat aufgehört. Unsere Morgentoilette ist zum Ritual geworden, das immer nach dem gleichen Muster abläuft: Magnesium-Pulver einnehmen, Zähneputzen, Duschen – dann alle Utensilien in den Plastikbeutel werfen, fertig! Das alles dauert nur wenige Minuten. Während der eine im Badezimmer zu Gange ist, packt der andere seinen Rucksack – und so vergeht zwischen Aufwachen und Aufbrechen meist weniger als eine halbe Stunde. Wir sind genügsam geworden und routiniert.

Natürlich liegt das Hotel um diese Uhrzeit noch in tiefster Ruhe. Wie besprochen lassen wir unseren Zimmerschlüssel außen an der Tür stecken und steigen die mit rotem Teppich belegten Stufen hinunter an der Bar vorbei ins Freie. Die Luft ist weich und trocken, aber wir trauen dem Frieden nicht. Sicherheitshalber sind die Rucksäcke bereits in ihre Regenhaut gewickelt und unsere Schutzkleidung ist griffbereit um den Bauch gebunden.

Die verwaisten Straßen von Melide sind regennass, kaum dass ein Auto entgegenkommt, als wir den bekannten Weg ins Stadtzentrum laufen. Im Schein der unzähligen Straßenlaternen macht der Ort einen wesentlich attraktiveren Eindruck als gestern, selbst die Dreckhaufen und Bausünden verschwinden im Schlagschatten des erwachenden Tages, selbst die unangenehmen Gerüche hat der Nachtregen weggewaschen.

An der romanischen Kapelle „Santa Maria de Melide" legen wir einen kurzen Halt ein. Die fahle Beleuchtung und die beiden Palmen rechts und links von diesem fast tausend Jahre alten Gotteshaus geben der Szenerie etwas Unwirkliches. Pilgerschatten huschen an uns vorüber, kaum ein Gruß, jeder ist mit sich selbst beschäftigt und wahrscheinlich froh, dass der Dauerregen endlich ein Ende gefunden hat.

Noch haben wir Melide nicht verlassen, da stehen wir vor dem nächsten Kirchlein, das von einem romantisch-verwunschenen Friedhof umgeben ist. Schade, dass wir diesen Ort nicht gestern entdeckt haben, denke ich für mich, hier hätte ich viel schöner sitzen und schreiben können als in der verräucherten Hotelbar. Halt, nein, da hatte es ja geregnet – ich wäre einfach nur nass geworden.

Die Füße tun mechanisch ihre Pflicht. Ab und zu – ohne äußeren Anlass – nehme ich ihre Arbeit bewusst wahr, dann drücke ich die Ferse fest gegen den Untergrund, rolle vorschriftsmäßig meinen Fuß gerade über den Ballen nach vorn ab und beginne dann den nächsten Schritt. Meist geht das eine halbe Minute, dann lenkt mich ein Gedankensplitter ab und vorbei ist es mit dem bewussten Laufen.

Wenn ich heute an die Qualen der ersten Woche zurückdenke, dann kann ich mir nicht mehr vorstellen, wie wir uns überwunden haben und weitergelaufen sind. Ohne die Blasenpflaster – bei mir kunstvoll um die geschundenen Zehen gewickelt, bei Jürgen großflächig auf beide Fersen geklebt – würden wir heute nicht hier sein. Dann säßen wir unzufrieden mit uns selbst und traurig irgendwo am Meer, vielleicht sogar zu Hause. Wie mag es unseren Vorgängern im Mittelalter ergangen sein? Mit blutenden Füßen mögen sie auf fauligem Stroh in einer düster-stickigen Herberge gelegen haben, so wie wir eine in Leboreiro gesehen haben. Oder sie warteten ergeben auf das Ende, nachdem sie in Villafranca del Bierzo ihre Absolution erhalten hatten. Waren wir wirklich erst gestern in Leboreiro?

Der heutige Weg lädt zum Träumen ein, die Landschaft ist wenig abwechslungsreich und bis zum ersten größeren Ort – Castañeda – dauert es über zwei Stunden. Wir lassen uns Zeit, nichts drängt.

Von einer kleinen Anhöhe aus betrachten wir die vor uns liegenden grünen Hügel Galiziens: Hohe Eukalyptusbäume verschwinden im Dunst des jungen Tages, der Wald ist schwarz und feucht, schwer hängt das Laub an den Ästen. Der Camino ist hier ein schmaler, manchmal verschlammter Waldweg, in dessen Pfützen sich der graue Himmel spiegelt. Zwei Pilger schreiten lustlos vorüber, während wir uns von unseren Eindrücken gefangen nehmen lassen. Auf der braungrünen Weide, deren morscher Holzbohlenzaun von rostigem Stacheldraht zusammengehalten wird, steht ein junger Bulle. Aus irgendeinem Grund ist er in einem kaum drei Quadratmeter großen Metallgitter mit Nasenring und Eisenketten gefangen und kann sich schmerzfrei nur wenige Zentimeter vor und zurück bewegen. An Fressen ist in dieser Lage nicht zu denken, den Kopf kann das arme Tier jedenfalls nicht nach unten beugen. Ob das eine gedankenlose Quälerei des Besitzers ist oder ganz normale Landwirtschaft – vielleicht soll der Bulle heute verkauft werden und wird in wenigen Minuten abgeholt – vermag ich nicht zu entscheiden. Sein Blick jedenfalls ist tieftraurig, stumpf und leer. Obwohl ich ein unangenehmes Gefühl in der Magengrube davon bekomme – so, als müsste ich den langsamen Tod eines Tieres beobachten – kann ich mich nicht losreißen, etwas zwingt mich immer wieder hinzuschauen.

Wir müssen fast eine halbe Stunde gestanden haben. Die Luft ist inzwischen drückend schwül und ich komme mir vor wie frisch geduscht. Alles klebt trotz Funktionskleidung am Körper und meine Duftnote dürfte kaum noch gesellschaftsfähig sein.

Zwei Stunden lang bleibt es trocken. Der Weg ist anstrengender, als es der Geländeriss des Wanderführers vermuten ließ. Wieder einmal erleben wir die galizische Regel: Erst geht es steil bergab bis einem die Waden schmerzen, unten überquert man meist auf einer Corredoira ein schmales Rinnsal, um dann unvermittelt in einen ebenso steilen Anstieg überzugehen. Oben erwartet den müden Wandersmann ein kleines Waldstück und schon beginnt alles wieder von vorn. Und wir hatten gedacht, ab Alto do Poio beginne ein gemächlicher Abstieg bis nach Santiago.

Die dichten Eukalyptuswälder riechen nach dem Regen der letzten Stunden intensiv, das Geschrei der erwachenden Vögel in Verbindung mit den hohen Baumstämmen und den mannsgroßen Farnen erinnert an längst vergangene Urwald-Lehrfilme meiner Schulzeit. Die fruchtbare Erde dampft, der Wald atmet in tiefen, regelmäßigen Zügen.

Um halb acht machen wir in Castañeda Station. Die winzige Pensión und Café-Bar „Santiago" hat nichts Gemütliches an sich – eine weiße Plastiktheke hat bessere Tage gesehen, dahinter sind alle möglichen abgepackten Lebensmittel und Getränke aufgestapelt. Die Möblierung besteht im Wesentlichen aus bunt zusammen gewürfelten Campingstühlen, die sich um die beiden wackligen Tische gruppieren. „Sollen wir hier frühstücken?" frage ich Jürgen. Seine Reaktion ist eher indifferent, da spricht uns der Wirt freundlich auf Deutsch an, womit die Entscheidung gefallen ist. Wieder gibt es Saft, Kaffee und Tee, dazu Brot mit Marmelade. Die Rucksäcke haben wir neben uns abgestellt und gerade als das Frühstück auf dem Tisch steht, beginnt draußen der Wolkenbruch. Es dauert keine fünf Minuten und die Kneipe restlos überfüllt mit nassen Menschen und ebensolchen Rucksäcken. Ich kann die verschiedenen Sprachen nicht mehr auseinander halten, kaum einer bestellt etwas, ohne zu fragen nutzt hier jeder die Gaststätte als Unterstand und schnattert munter drauflos.

Der Wirt ergibt sich in sein Schicksal und kommt ins Plaudern. Früher habe er in der Schweiz gearbeitet, das sei ihm aber alles zu stressig gewesen. Er habe sein eigener Herr sein wollen und nicht immer nur Fremder in der Fremde. Und da sei ihm die Idee gekommen, in seinem Elternhaus eine kleine Pilgerherberge zu eröffnen. Nun lebt er seit ein paar Jahren wieder zu Hause, verdient seinen bescheidenen Lebensunterhalt, lernt interessante und weniger interessante Menschen kennen – sein Blick geht hinüber zu seinen nicht zahlenden Gästen – und kommt ganz gut über die Runden. Der Regen lässt nach und da wir nicht im großen Pulk laufen wollen, ziehen wir die Regenkleidung über und brechen auf, nicht ohne zuvor unsere Credenciales mit der Bitte um einen Stempelabdruck vorgelegt zu haben. Der Herbergsvater verabschiedet uns beide wie alte Freunde und wünscht uns zum Abschied in seinem lustigen Schweizer Dialekt „Guten Tag!"

Wir sind noch keinen Kilometer gelaufen, da öffnet der Himmel zum zweiten Mal seine Schleusen. An ein Unterstellen ist diesmal nicht zu denken, der Regenschutz ist auch nicht mehr nötig, denn wir sind wegen der hohen Luftfeuchtigkeit sowieso bis auf die Unterhose durchfeuchtet. Wir durchqueren ein kleines Villenviertel – selbst hier merkt man den Einfluss des Camino, denn in die geschmiedeten Gartenzäune sind hie und da vergoldete Jakobsmuscheln eingearbeitet. Der Blick geht weit über ordentlich bestellte Felder, die Landwirtschaft scheint hier rund um Arzúa auf einem etwas höheren Niveau zu stehen als wir es bisher kennen gelernt haben.

Von weither grummelt es – und der Gedanke an Blitz und Donner in der freien Natur versetzt mich sofort in Panik. Unversehens fallen wir beide in ein schnelleres Marschtempo und schwitzen wie die Kohlentrimmer. Wenn man einmal nass ist, kann man nicht noch mehr nass werden – ich muss schmunzeln bei dem Gedanken an diese Binsenweisheit meiner Großmutter.

Plötzlich stehen wir vor unserem Tagesziel, die Pension Rúa liegt direkt am Ortseingang von Arzúa.

Meine Uhr zeigt halb elf, ich bin fix und fertig, es regnet und sieht nicht danach aus, als höre es jemals auf, mein Rücken schmerzt, die Füße tun zum ersten Mal seit Tagen wieder weh – kurz, meine Stimmung ist im Augenblick auf dem Nullpunkt und nicht einmal der Camino-Wegweiser gegenüber – noch 37,5 Kilometer bis Santiago de Compostela – kann mich aufmuntern.

Die Pension im ersten Stock der Hauptstraße „Calle Rua de Lugo 130" macht mit ihrem altrosafarbenen Anstrich und der Boccadillo-Bar im Erdgeschoss einen etwas plüschigen Eindruck. Aber schon der komplett mit Marmor ausgelegte Treppenaufgang – welch ein Luxus, es gibt sogar einen funktionierenden Personenaufzug – belehrt mich schnell eines Besseren.

Oben sitzen einige Gäste im modern eingerichteten Aufenthaltsraum und lesen gelangweilt in spanischen Zeitungen. An der Rezeption steht eine junge Frau, die ich hoffnungsvoll auf Englisch anspreche. „Nein, bitte nur spanisch oder gallego" bittet sie höflich. Also packe ich wieder meinen Lieblingssatz „Tenemos una reserva. Una habitacion doble para Señor Storck. Y tranquillo, por favor. – Wir haben eine Reservierung. Ein Doppelzimmer für Herrn Storck. Und bitte ruhig." Die junge Frau strahlt mich an – und ich strahle natürlich genauso feierlich zurück. Ich stehe tatsächlich im Reservierungsbuch, das Zimmer ist trotz der frühen Stunde schon bereit, der Erinnerungsstempel im Reisetagebuch zeigt Xacobeo, das lustige Maskottchen mit Micky-Maus-Ohren, das sich die galizische Regionalregierung ausgedacht hat. Perfekt! Als dann ein völlig durchnässter Pilger wegen Vollbelegung weggeschickt wird, kennt mein Glück keine Grenzen mehr.

Vorbei an fleißigen Zimmermädchen, die Kleiderbügel, Wäscheberge, Handtücher und Staubsauger durch die Gegend schleppen, führt uns die nette Rezeptionistin zu unserem Zimmer. Groß ist es nicht, aber trocken und warm. Sogar den Wunsch nach einem ruhigen Zimmer hat sie erfüllt, nicht zur Hauptstraße hin, sondern zum Innenhof zeigt das Fenster. Das Badezimmer ist frisch gefliest, alles ist blitzblanke Sauberkeit. Der Rucksack fällt vom Rücken und in kaum einer Minute stehen wir uns im Adamskostüm gegenüber. „Wenn jetzt einer klopft!" denke ich und verschwinde im Badezimmer.

Wir hängen unsere nassen und feuchten Klamotten an jeden erreichbaren Haken, auch die portable Wäscheleine leistet gute Dienste. Eine besondere Herausforderung in diesem kleinen Raum ist es natürlich, nicht das gesamte Bett voll zu tropfen.

Wie immer lösen wir auch diese Alltagsprobleme vorbildlich – und nutzen sogar die beiden Nachttischlampen als Trockengerät. Dass dabei meine Unterhose etwas anschmort, schadet nicht im Geringsten.

Als wir uns einigermaßen restauriert haben und zumindest provisorisch in Textilien gehüllt sind, stelle ich Jürgen die Frage, die mich seit einigen Tagen beschäftigt: „Sag mal, wo wollen wir eigentlich in Santiago übernachten?" Der Wanderführer listet einige Alternativen auf, zum Beispiel das Drei-Sterne-Hostal „Mapoula" direkt in der Altstadt. Aber wird es dort nicht vielleicht laut sein, so mitten in der Stadt? Auf der anderen Seite, wenn wir zu weit draußen schlafen, wird es dann abends einen zuverlässigen Busverkehr geben? Wir haben überhaupt keine Vorstellung, was uns am Ziel erwartet. Und dann ist da noch der „Parador Hostal dos Reis Católicos", das Fünf-Sterne-Luxushotel im Renaissance-Pilgerhospiz direkt neben der Kathedrale auf der „Praza do Obradoiro", sozusagen die Nobeladresse „Kirchplatz 1". Unser Wanderführer verspricht Preise ab 140 Euro für ein Doppelzimmer und Jürgen nickt heftig. Ja, am Ende unserer Wanderung wollen wir im Luxus schwelgen, da soll die Urlaubssonne scheinen. Schon malen wir uns die Gesichter an der Rezeption aus, wenn wir verschwitzt und glücklich übermorgen die goldene Kreditkarte zücken werden.

Also wähle ich voller Hoffnung die Telefonnummer des Hotels. Am anderen Ende meldet sich eine freundliche Stimme und ich erhalte auf meine Frage „Hablo ingles, por favor?" ein überzeugendes „Yes, Sir!" Dann aber kommt der Tiefschlag – ein Doppelzimmer ohne Frühstück soll 280 EUR pro Nacht kosten. Mir fällt fast der Hörer aus der Hand – dann nehme ich mein schönstes Business-Englisch in den Mund und setze meinem Gesprächspartner auseinander, wie überrascht ich von seinem Angebot sei, denn ich hätte die verbindliche Information, ein Doppelzimmer mit Frühstück – ich übertreibe bewusst, denn von Frühstück ist im Wanderführer nicht die Rede – sei ab 140 Euro zu haben. Er zögert kurz, dann meint er, nein 140 Euro könne er nicht bieten, aber 180 mit Frühstück, das ginge schon. Kurzer Blick zu Jürgen, er nickt und ich buche drei Übernachtungen. 300 Euro gespart – ich bin regelrecht begeistert von mir und meinem Verhandlungsgeschick. Eine Bitte habe er noch, meint der Herr von der Reservierungsabteilung – ob wir bitte übermorgen Vormittag noch einmal anrufen könnten und unsere Ankunftszeit bestätigen würden. Aber gern! Dann buchstabiere ich meinen Namen, so wie ich es vor über dreißig Jahren gelernt habe – „Es, Ti. O, Ar, Si, Kay" und lehne mich zufrieden aufs Bett zurück.

Im Tagebuch notiere ich Nachdenkliches: „Noch zwei Tage trennen uns vom Ziel, Freude und Wehmut halten sich die Waage."

Da es nun straff auf die Mittagszeit zugeht und das Frühstück trotz anfänglicher Vorbehalte zwar sehr lecker, aber nicht gerade opulent war, ziehen wir uns schweren Herzens an und verpacken unsere Körper in die kaum angetrocknete Regenkleidung. Hätte ich nur einen größeren Schirm mitgenommen, der kleine Knirps ist ziemlich aus der Form geraten und dürfte in den nächsten Tagen seinen Geist aufgeben. Eine Premiere feiere ich ganz für mich allein: Da die Wanderhose völlig nass im Bad hängt, ziehe ich heute zum ersten Mal die helle Leinenhose an, die eigentlich für Santiago vorgesehen war. Und da ich die gesamte Unterwäsche vorhin unter der Dusche gewaschen habe, muss die Badehose als Unterkleid herhalten. Damit habe ich jedes mitgeschleppte Ausrüstungsteil mindestens einmal auf dieser Reise verwendet!

Der Regen hat nachgelassen, das Treibhausklima lastet ziemlich auf Blutdruck und Gemüt. Ins Stadtzentrum mag es ein guter Kilometer sein, vorbei an kleinen Geschäften und einer Autowerkstatt, in der ein alterschwacher Citroën vor sich hin rostet. Obwohl die meisten Häuser kaum älter als dreißig Jahre sein dürften, sieht es fast nach einem Freilichtmuseum über das Leben im Ostblock aus: Graue Fassaden, bröckelnde Brandmauern, kaum Werbeschilder, dafür verstaubte Fensterscheiben vor verlassenen Wohnungen, hinter denen seit Jahrzehnten ungewaschene Gardinen hängen. Der Himmel tut sein Übriges und ich staune wieder einmal darüber, dass diese unerwartete kollektive Armut zu Beginn des 21. Jahrhunderts im Westen Europas überhaupt noch möglich ist. Wieder denke ich an die Bilder meines Großvaters vom Balkan.

Das eigentliche Stadtzentrum von Arzúa ist sehr hübsch und gruppiert sich um einen mit kunstvoll verschnittenen Platanen beschirmten Marktplatz, auf dem vermutlich der traditionelle Käsemarkt stattfindet.

Die Häuser rund um diesen Platz scheinen zum größten Teil wesentlich älter zu sein und erinnern mich, nein, wieder nicht an meine Vorstellungen von Spanien, sondern diesmal an Kuba: Palmen wiegen sich im Regen, zweistöckige, sehr flach gebaute weiße Häuser mit großzügigen Balkonen lassen ein Gefühl von Urlaub aufkommen. Hier wirkt der nicht mehr ganz frische Anstrich romantisch, jedenfalls nicht verwahrlost. Wie eigenartig unsere Empfindungen sein können. Vor einer Eckkneipe betrachten drei alte Männer schweigend das an

Ihnen vorbei ziehende Leben, als seien sie selbst nicht Teil davon. Wie Denkmäler stehen sie da, keine noch so kleine Regung verrät ihre Gedanken. Ihre Gesichter sind zerfurcht von schwerer Arbeit, die Hände erinnern an Schaufelbagger. Sie stehen einfach nur da und saugen an ihren erkalteten Zigarren.

Der Regen wird wieder stärker und wir entschließen uns, in einem kleinen Lokal gleich gegenüber von der staatlichen Pilgerherberge, in der wir unseren zweiten Tagesstempel von einem mürrischen Alten empfangen haben, einzukehren. Die Herberge ist hier übrigens nicht in einem fantasielosen Xunta-Neubau untergebracht, sondern ganz stilvoll in einem aus rohen Steinen gefügten Altbau unterhalb der Stadtkirche „Igrexa Parroquial de Santiago de Arzua", zu der sogar ein Nonnenkloster gehört. Der Blick in den ohne Frage gepflegten Mannschaftsschlafsaal bekräftigt uns wieder einmal in unserer Einstellung, dass auch auf einer Pilgerreise ein gepflegtes Doppelzimmer einer noch so luxuriösen Jugendherberge vorzuziehen ist. Überall hängen nasse Klamotten an den Bettgestellen, der Duft alter Socken weht uns entgegen und stellt mir fast den Atem ab. Dazu der bitterböse Zerberus, der gleich beim Eintritt das Wort „Completo!" bellte und auch nicht freundlicher wurde, als ich um „solo sello" bat.

Nun sitzen wir in der freundlichen Bar gegenüber im Trockenen und wir studieren die Speisekarte. Meine Entscheidung ist schnell gefallen – hier werde ich noch einmal – allerdings als Vorspeise – den Tintenfisch „a la gallego" probieren. Jürgen entscheidet sich mit Blick auf seinen gestrigen Fehlgriff für Suppe und Hühnerbrust, während ich als Hauptspeise Schweinesteak wähle, das angesichts des sonst üblichen Rindfleischs fast als Spezialität anzusehen ist.

Solange das Essen zubereitet wird – der Wein steht wie stets nach wenigen Minuten auf dem Tisch – sehe ich mich in Ruhe um: An den Wänden hängen alle möglichen Erinnerungen, die Bar ist voll gestellt mit verschiedensten Alkoholika, Gläsern und Tassen, die riesige Espressomaschine verbreitet einen wunderbaren Duft und auch der junge Wirt signalisiert seinen Gästen „Ihr seid hier willkommen!" Dass er ausgezeichnet englisch spricht, macht die Sache nur noch runder.

Der Tintenfisch ist wesentlich besser als in Portomarín, dass ich ihn trotzdem nicht vertragen werde, dürfte eher an dem vielen Öl als an seiner Qualität gelegen haben. Es schmeckt uns jedenfalls beiden sehr, sehr gut.

Als Nachspeise steht mir heute der Sinn nicht nach etwas Süßem, die Schnapsbatterie des Wirts hat es mir angetan. Und so streifen meine Augen an den langen Flaschenreihen entlang, bis sie an dem charakteristischem Negerkopf auf einem Etikett hängen bleiben: „Negrita", diese Rumsorte kenne ich von meinen Großeltern – „Wie wäre es bei diesem Wetter mit einem Grog" frage ich Jürgen, der begeistert zustimmt. Also bitte ich den Wirt – und ich bin wirklich froh, dass er so gut englisch spricht – dass er uns dieses wunderbare Getränk „para postre" zubereitet. Mit großen Augen, servicebereit, aber verständnislos schaut er mich an und ich beginne sofort mit der Erläuterung des Rezepts: „Take a big tumbler, fill it half with Negrita-rhum, than add boiling water and serve it with very much sugar, please." In diesem Augenblick fällt er offenbar vom Glauben ab. Er schüttelt völlig verwirrt seinen Lockenkopf und wiederholt meine für ihn unvorstellbare Bestellung Wort für Wort. Zum zweiten Mal am heutigen Tag strahle ich mein Gegenüber an und setze noch einen drauf: „This is a german speciality called Grog". Er holt einen Stift, damit ich ihm das Wort auf die Serviette schreibe, dann macht er sich an die Arbeit. Ausgangspunkt ist ein zahnputzbechergroßes Wasserglas, das mit dem „big tumbler" nimmt er offensichtlich sehr ernst.

Im Ergebnis erhalten wir zwei wunderbare Grogs, süß und dampfend, die in Sekundenschnelle die Kälte aus den Beinen vertreiben. Meine Frage nach dem Preis verunsichert den Wirt kurz, dann meint er lapidar „One Euro", was ich ohne langes Nachdenken mit „Another one for both of us, please" kommentiere. So lässt es sich trotz Regenwetters leben und einer Erkältung sollten wir ausreichend vorgebeugt haben. Es gießt natürlich noch immer und ein Kapuzenmännchen nach dem anderen wird drüben in der Herberge, an der mittlerweile ein selbst gebasteltes Completo-Schild hängt, abgewiesen. Wir haben gut lachen, unser Zimmer ist sauber, geheizt und nur wenige Gehminuten entfernt.

Am Nachbartisch hat es sich eine etwas zu groß geratene Barbiepuppe mit viel Augengeklapper und aufreizendem Schütteln ihrer Wasserstoffsuperoxid-Mähne nebst Entourage bequem gemacht und liest mit der Stimme eines blonden Entchens die Speisekarte laut vor. „Jürgen, ich könnte hier ewig sitzen bleiben, es ist wie im Film, nur der Grog ist besser." So gedrückt meine Stimmung noch vor zwei Stunden war, so großartig fühle ich mich inzwischen.

Und dann geht alles ganz schnell, erst ein vorlauter Sonnenstrahl, dann hört der Regen wie abgeschnitten auf und der Himmel reißt für eine gute Stunde auf. Jetzt nur schnell bezahlen und den Stadtrundgang fortsetzen.

Der Marktplatz ist wirklich hübsch und gerade jetzt im Sonnenschein zeigt er uns seine schönste Seite. Schade, dass die Stühle vor den Straßencafés alle nass sind, hier würde ich gern einen Espresso nehmen.

Gleich drei Denkmäler symbolisieren die Bedeutung Arzúas für diese Region: Ein lachendes Paar in Tracht treibt zwei Stiere zum Markt. Eine Käsefrau – auch sie in landestypischer Kleidung mit Fransenkopftuch und Holzschuhen – bietet ihre runden Käselaibe im Weidenkorb an, der fein säuberlich mit einem Leintuch ausgelegt ist. Beide Sandsteindenkmäler sind mit Moos überwachsen und ich habe wie schon in Cacabelos die dringende Vermutung, dass hier der faschistische Realismus als Kunstform fröhliche Urständ feiert. Gleich hinter der Kirche gibt es sogar noch eine Generalissimus-Franco-Straße!

Und dann das absolute Kontrastprogramm: Vor der neu gebauten Sparkasse steht ein aus vier Granitquadern im Jahr 2006 aufgerichtetes Denkmal für Juan Manuel Vidal Garcia, Bürgermeister von Arzúa. Seine Büste aus schwarzer Bronze schaut mit ernsten Augen auf den Marktplatz, sein schmaler Mund lächelt freundlich und der offene Hemdkragen weist den Alcalden als „Sohn des Volkes" aus. 1936 wurde er als Kommunist von den Faschisten Francos füsiliert – und so mahnt das Denkmal nach siebzig Jahren die heutige Generation an die „Menschen dieser Gemeinde, die wegen der Verteidigung der Freiheit unter Repressionen zu leiden hatten." Zum ersten Mal auf unserer Reise sehen wir ein politisches Denkmal, das sich mit dem Bürgerkrieg und der erst 34 Jahre zurück liegenden Franco-Zeit beschäftigt.

Wir sind gerade einmal durch die Stadt gelaufen, da setzt der Regen wieder ein – nur jetzt schnell in die Pension, sonst haben wir überhaupt keine trockenen Klamotten mehr! Wir nehmen die Beine in die Hand und kommen wirklich einigermaßen unbeschadet „nach Hause". Jürgen legt sich angesichts des Wetters, das Fotografieren konsequent ausschließt und der sicher noch immer nicht ganz auskurierten Darmgeschichte ins Bett, während ich mich an einen kleinen runden Tisch in der Boccadillo-Bar unserer Unterkunft setze, in der Zeitung blättere, das spärliche Leben auf der Straße beschaue und unser Tagebuch aktualisiere.

Schräg vor mir lockt ein Computer. Ob ich vielleicht mal kurz das Internet anschalte? So ganz kurz, nur um mal eben bei Ebay und in mein Mailaccount reinzuschauen?

Ich bestelle einen großen frisch gepressten Orangensaft, dazu einen Milchkaffee und setze mich an die Maschine. Seltsam, die vielen bunten Angebote des Internets interessieren mich überhaupt nicht, kaum sitze ich vor dem Bildschirm, weiß ich nicht mehr, was ich eigentlich tun wollte. Diese daheim so alltäglichen Gewohnheiten – Mails checken, bei Ebay surfen, Gebote abgeben, Informationen zu allen möglichen Themen sammeln – sind hier in Galizien, wenige Kilometer vor dem Ziel einer Dreihundert-Kilometer-Wanderung völlig bedeutungslos geworden, dass ich mich über mich selbst wundere.

Aber eine Idee habe ich doch: Meine Arbeitskollegen sollen heute, am Brückentag zwischen Fronleichnam und dem Wochenende, einen kurzen Gruß nebst Lagebericht von unserer Wanderung erhalten. Ich schreibe und schreibe und schreibe: Von den wunden Füßen, von Pfingsten in Ponferrada, von der abwechslungsreichen Landschaft, der Ruhe, dem Singen der Vögel, den vielen kleinen Erlebnissen und lieben Menschen, denen wir bisher begegnet sind. Es fließt mir richtig aus der Hand – ich bin sicher, am Montag wird die Freude über das Lebenszeichen bei manchen groß sein. Dass ich in zwei Wochen wieder am Arbeitsplatz sitzen werde, das kann – und will – ich mir aber heute noch nicht vorstellen.

Inzwischen ist es 18 Uhr geworden und draußen scheint heftig die Sonne!

Ich lasse Jürgen schlafen und wandere noch einmal ganz langsam ins Stadtzentrum zurück. Ich lasse mir diesmal viel Zeit, genieße die Ruhe des Feierabends, schaue noch einmal in der kleinen Autowerkstatt bei dem silbernen Citroën vorbei, nehme die Stille der Kirche am Marktplatz in mir auf und staune über das kleine Medaillon hoch über der Altarwand, in dem der Heilige Jakobus als finsterer Maurenschlächter hoch zu Ross abgebildet ist. Ein windschiefes Geschäftlein entpuppt sich als völlig überfüllter Knopfladen, der aus dem vorletzten Jahrhundert zu stammen scheint und in der heutigen Zeit eigentlich keine Lebensberechtigung mehr haben dürfte. Und doch ernährt er seinen Besitzer. Der Gemüsemarkt gegenüber liegt verwaist unter seinem Jugendstildach und in einer völlig heruntergekommenen Fleischerei summen grün glänzende Fliegen um einen einsamen Räucherschinken. Auf einem fettigen Plakat feiert der Metzger seine Produkte überschwänglich: „Fleisch erster Qualität – hier besserer Käse als anderswo!" Hört, hört!

An einer Straßenkreuzung treffe ich auf einen Pilger, der mit braunem Schlapphut, Sandalen, Stock und Mönchskutte, aber ohne jedes Gepäck unterwegs ist. Er läuft mir geradewegs und von mir völlig unbeabsichtigt ins Bild: Ein altes Haus mit Palme in der Abendsonne strahlt den morbiden Charme des alten Cubas aus und hat es mir angetan. Der Alte macht einen Riesenspektakel. Geld will er haben, weil ich ihn angeblich fotografiert habe – und als er keines bekommt, schreit er so lange herum, bis ich ihn einfach stehen lasse. Dann mache ich mein Foto eben zehn Minuten später. Er droht mit dem Stock hinter mir her und stiefelt dann mit Riesenschritten weiter.

Eine Gaststätte, eigentlich sieht das Lokal eher wie eine Bauernscheune aus, lädt zur Schinkenverkostung, aber ohne Jürgen habe ich dazu keine Lust. Ein Käseladen – „Terra de Queixo" – lockt mich dann doch und ich bitte höflich am Tresen um eine kleine Kostprobe des traditionellen Arzúa-Käses. Der Verkäufer schaut mich irritiert an und packt zwei große Stücke auf die Waage und schaut mich fragend an. „No, no, solamente por degustación, por favor" stottere ich. Da legt er noch zwei Scheiben frisches Weißbrot dazu, wickelt alles ein, steckt es in einen Plastikbeutel und reicht es über die Theke. Nein, Geld will er keines – „Que aproveche, Señor!"

Über soviel Gastfreundschaft – und das in einem richtigen Käsegeschäft – bin ich sprachlos und mache mich auf den Weg zurück in unsere Pension. Bis dahin telefoniere ich mit meiner lieben Kathrin, die sich über das Lebenszeichen und die Nachricht „Noch zwei Tage bis Santiago" richtig mit mir freut.

Ein echtes Highlight ist die Eisenwarenhandlung „Trigas" nur wenige Schritte von der „Pension Rúa" entfernt: Neben allerlei Töpfen, Pfannen, Nägeln, Schrauben, Schubkarren und Werkzeugen werden hier in verschiedensten Größen und Ausführungen kupferne Brennblasen angeboten. Das muss doch ein Volk von Schwarzbrennern sein, schießt es mir durch den Kopf und ich frage den Verkäufer, ob ich hier fotografieren darf. Er schaut mich an, als hätte ich ihm ein unsittliches Angebot unterbreitet. Im Stillen verstehe ich seine Skepsis, wer käme in Deutschland auf den Gedanken, in einem Baumarkt Urlaubsfotos zu schießen. Erst als ich ihm erkläre, dass dies – ich deute auf die Brennblasen – „absoluto imposible en Alemania" sei, entspannt sich sein Gesicht und er lacht bis über beide Ohren. Na also, geht doch!

Als ich gerade in den Marmoreingang unserer Unterkunft treten möchte, winkt drüben aus der Bar – nicht aus dem Boccadillo-Café wohlgemerkt, sondern daneben – Jürgen nach mir. Während ich fleißig im Internet surfte, ist er allein in die Stadt getrabt und erst vor wenigen Minuten zurückgekommen. Da sind wir also in diesem 6.000-Einwohner-Städtchen fast zwei Stunden lang aneinander vorbei gelaufen – ein echter Witz!

Nun lassen wir den Tag gemeinsam ausklingen, ich erzähle von meinen Erlebnissen, Jürgen zeigt seine Fotoausbeute, die trotz des mangelhaften Wetters durchaus sehenswert ist, wir trinken ein Bierchen oder zwei und beobachten die unglaublich ungeschickte, dafür umso mehr bemühte Kellnerin, die mit vollem Schwung ein volles Tablett schmutziger Gläser auf den Boden haut und danach lautstark mault, warum sie das jetzt aufräumen müsse. In der gemütlichen Bar hocken außer uns einige Mitpilger und schlagen die Zeit tot – ich freue mich jetzt richtig auf mein Bett.

Halt, etwas gibt es doch noch zu berichten: Oben im Zimmer teilen wir mein Vesperpaket aus dem Käseladen mittels Taschenmesser brüderlich und verspeisen dann den außerordentlich leckeren Imbiss wie in schönsten Landschulheimzeiten auf der Bettdecke. Das Zimmermädchen wird sich morgen über die vielen Brotkrümel ordentlich gewundert haben.

Nun habe ich nur noch einen Wunsch: Ein Buch! Hätte ich nur „Keine Angst" mitgehen lassen, mit diesem unanständigen Gedanken schlafe ich ein. Derweil zersägt Jürgen im Traum ganze Eukalyptus-Wälder.

Samstag, 24. Mai – Von Arzúa nach Rúa

Arzúa – Río Ladrón – A Calzada – Calle – Salceda – Brea – Santa Irene – Rúa

18 km

Als wir gegen 7 Uhr aus den gemütlichen Betten kriechen, ist es draußen dunkel, der Sonnenaufgang hat gerade erst begonnen. Es sieht kalt aus – und einen wärmenden „Cafe con leche" dürften wir vor einer Stunde kaum irgendwo bekommen.

Während ich inzwischen ganz ohne Blasenpflaster auskomme, traut Jürgen dem Frieden mit seinen Füßen nicht so richtig. Also legt er sich in voller Länge auf den Bauch und ich umwickle seine geschundenen Fersen mit dem schmetterlingsförmigen Hautersatz. Er will auf den letzten beiden Tagen unserer Pilgerfahrt nichts mehr riskieren, was ich gut verstehe.

Bald nach 7.30 Uhr verlassen wir die „Pensión Rúa", die ersten müden Pilger sind bereits unterwegs und aus fast jedem

Hauseingang kommen neue hinzu. Der Nebel hängt schwer in den schwarzen Baumwipfeln und Tälern, wenigstens ist es trocken – sogar ein wenig blauer Himmel lugt schon hervor. Wieder durchqueren wir dichte Eukalyptuswälder, manchmal riecht der Wald wie eine erkaltete Dampfsauna. Die Rindenstücke der riesigen Bäume hängen lianengleich in der Luft, umschlingen einander und bilden ein Dickicht, gegen das die Morgensonne kaum eine Chance hat. Der Kuckuck ruft, wir sehen Rinder, Kühe, Schafe, Hühner, ab und zu einen kleinen Hund. Die Dörfer machen einen immer westeuropäischeren Eindruck, manchmal sind richtige Villen dabei. Aber es gibt auch noch die altbekannten Ruinen – nur eben deutlich seltener als bisher. Die Großstadt wirft ihre Schatten voraus.

Als wir etwa eine Stunde Weg hinter uns haben, wir wandern gerade in einem dichten Steineichenwald und würden uns gern an seinem satten Grün erfreuen, steigt ohrenbetäubender Lärm hinter uns auf. Und schon sind die Verursacher in Sicht: Eine Horde junger Italienerinnen, die Wanderhosen hoch geschürzt und ohne Gepäck, holt uns ein. Das „Buen Camino!" bleibt mir fast in der Kehle stecken, Jürgen geht es ähnlich. Der Anstieg hat es in sich, wir sind gerade beide heftig außer Puste, und jetzt das! Die Mädels schnattern in einer Tour, es geht nur hin und hier, mal rennt eine zurück, weil sie einer Freundin unbedingt etwas ins Ohr wispern muss, dann prescht eine andere nach vorne. Das wäre alles gar nicht so schlimm, wenn der Truppe nicht genau auf unserer Höhe eingefallen wäre, langsamer zu laufen. Und so bleibt uns nur, entweder unser ohnehin nicht gerade weltrekordverdächtiges Tempo weiter zu drosseln oder trotz Rucksack, Anstieg und den vor uns liegenden Kilometern – nicht zu sprechen von den dringend Schonung heischenden Füßen – einen Zahn zuzulegen.

Wie auf Stichwort bricht nun auch noch die Sonne durch und augenblicklich wabern dicke Dunstschwaden zwischen den Bäumen, die Luft ist zum Schneiden.

„Was meinst Du, schneller oder langsamer?" frage ich Jürgen. Er ist genauso genervt wie ich und verdoppelt ohne ausformulierte Antwort seine Schrittfolge. Genau, wir lassen uns doch nicht von ein paar Italienerinnen ohne Gepäck aus der Kurve tragen!

Oben angekommen muss ich ganz schön nach Atem ringen, unter anderen Voraussetzungen hätten wir uns für diesen Anstieg sicher mehr Zeit gelassen. Aber nun ist das Stück geschafft und vor uns dürfte im Wesentlichen eine ebene Etappe liegen.

Eigentlich könnten wir die Regenkleidung jetzt in den Rucksack packen, trotz des bewölkten Himmels brennt die Sonne und nach Regen sieht es für heute nicht mehr aus. Wir wären aber nicht in Galizien, wenn sich dieses Wetter nicht in den nächsten zehn Minuten schon wieder ändern würde. Kaum haben wir den Weiler A Calle erreicht, verdüstert sich die Umgebung schlagartig. Wir hasten den schlammigen Pfad entlang, einmal rutsche ich auf den flach getretenen Steinen einer ehemaligen Calzada aus, dass ich dem Knöchelschutz meiner Wanderstiefel ein kurzes Dankgebet widme, dann führen uns die gelben Pfeile unter einem altersschwachen Horreo hindurch. Das Bild ist ein beliebtes Postkartenmotiv, in irgendeinem Bildband habe ich es auch schon einmal gesehen, vor Ort stelle ich wesentlich praktischere Überlegungen an: Wenn jetzt der erwartete Wolkenbruch anfängt, wird dieses Holzhäuschen quer über dem Weg als Unterstand gute Dienste leisten oder eher den Weg alles Irdischen gehen und über uns zusammenbrechen? Da fallen die ersten Tropfen.

Wie so oft wird unser Schutzengel aktiv und hinter der nächsten Wegbiegung tut sich eine Bar auf. Das einfache Steinhaus – wahrscheinlich standen hier vor zehn Jahren noch zwei, drei Rinder im Stall – ist ordentlich saniert und im Garten hat der findige Wirt einige blaue Plastikplanen über knallroten Gartenmöbeln aufgespannt, was die Kapazität von „Tia Dolores" um mindestens das zehnfache erweitert. Erste Tische sind besetzt, jetzt müssen wir uns beeilen, denn der Regen wird immer stärker. Jürgen belegt einen Tisch weit hinten im Zelt, während ich mich an der Theke anstelle. Drinnen sind die gemütlichen Holztische von Pilgern aus aller Herren Länder belagert, in der Glasvitrine stellt Dolores die Köstlichkeiten ihrer Küche aus. Endlich bin ich an der Reihe und bestelle Kaffee, Tee und Boccadillos. Pilgerromantik macht sich hier bestimmt nicht breit, der junge Mann hinter der Bar ist die personifizierte Geschäftstüchtigkeit – und so kostet das Frühstück pro Person fast soviel wie sonst ein ganzes „Menu del Peregrino". Aber was soll's, wir sitzen im Trockenen und ich bekomme meinen Morgenkaffee. Dass am Tresen ein Pilgerstempel zur freien Benutzung angenagelt ist, versteht sich in dieser Umgebung fast von selbst.

Inzwischen hat ein kleiner Hund zu unserem Tisch gefunden und hofft auf ein paar Krümelchen oder sogar ein Stückchen Schinken. Ganz lieb und klein sitzt er da, hellbraunes Fell mit weißen Flecken, dicke wuschelige Pfoten, man muss ihn einfach lieb haben und ihm etwas abgeben. Dafür hält der Kleine dann auch wie ein Star-Mannequin still, als Jürgen und ich ihn ins Kreuzfeuer unserer Blitzlichter nehmen. Danach verabschiedet er sich wie eine Diva und wandert Schwanz wedelnd zum nächsten Tisch.

Neben uns hat sich ein älteres Pilgerehepaar eingerichtet und packt ganz selbstverständlich das mitgebrachte Frühstück – Bemmchen, Tomaten und hart gekochte Eier – aus.

Schließlich läuft die Frau doch hinüber in die Bar und holt für jeden wenigstens einen Kaffee. Der Mann hat an unserer Unterhaltung mitbekommen, dass wir Deutsche sind und spricht uns mit eindeutig österreichischem Dialekt an. Die üblichen Fragen: „Woher kommt's ihr? Bis wohin lauft's ihr heut? Wo seid's ihr losgelaufen? Was macht's ihr zwei beruflich?" Ohne zu zögern tippt er auf zwei Bankangestellte – etwas müssen wir an uns haben, dass man uns den Beruf sogar nach fast dreiwöchiger Pilgerreise noch ansieht.

So richtig will das Gespräch nicht in Gang kommen, immer wieder geht unser Blick nach oben, denn immerhin haben wir noch nicht einmal die Hälfte der heutigen Etappe geschafft. Die Wolkenberge werden immer dicker und dunkler, und dann hört der Regen von einer Minute zur nächsten auf. Kurz entschlossen nehmen wir die Straße wieder unter die Füße.

Diese Entscheidung war eindeutig richtig, denn um halb elf packen wir die Regenjacken in den Rucksack und überlegen, sogar die Hemden auszuziehen, so warm wird es trotz unfreundlicher Wolkenbildung. Eine zutreffende Wettervorhersage für Galizien muss etwas völlig Unmögliches sein – oder ganz einfach: Sonne, Regen, Wolken, blauer Himmel, warm, heiß, kalt – alles an einem Tag, manchmal sogar innerhalb einer Stunde.

Wir kommen an wunderschönen Häusern vorbei, einmal sehen wir eine riesige Palme wie aus dem Bilderbuch. Der Baum muss mindestens zehn oder fünfzehn Meter hoch sein, seine Wedel sehen wie gemalt aus. Er steht im idyllischen Garten einer kleinen Privatvilla, der Camino führt direkt unter ihm hindurch. Und dann geschieht wieder das Unfassbare: Noch immer ist der Himmel bewölkt – und genau in dem Augenblick, in dem ich ein Foto mache, trifft ein Sonnenstrahl die Szenerie, ein Pilger mit Muschel am Rucksack wandert vorüber und so entsteht ein Bild, das man kaum inszenieren könnte. Keine fünfzehn Sekunden später ist alles wieder so grau wie zuvor.

In einer kleinen Nische am Weg ist ein Denkmal für Guillermo Watt angebracht. An genau dieser Stelle, nur wenige Kilometer vor Santiago de Compostela, ist er am 25. August des Heiligen Jahres 1993 im Alter von 69 Jahren gestorben. „Vivas in Christo" steht auf der Tafel, vor der seine beiden Wanderstiefel in Bronze nachgebildet sind. Vorübergehende Pilger haben frische Blumen abgelegt, manche einfach nur einen Stein. Daneben liegen aber auch kleine Gebetsblättchen vom Heiligen Jakobus und von Papst Johannes Paul II. Besonders berührt mich ein Bildchen, das an einen jungen Amerikaner erinnert, der ebenfalls auf seiner Reise nach Santiago ein paar Tage nach seinem 27. Geburtstag gestorben ist.

Vielleicht haben die beiden sich zu sehr auf ihre Ankunft gefreut und konnten sie nicht mehr erwarten, sind einfach zu schnell gelaufen, um das letzte Stück an einem Tag zu schaffen. Vielleicht wurden sie auch abberufen, weil ihre Zeit war um, ihre Aufgabe erfüllt war und sie nicht mehr ankommen sollten – wer weiß? Man kommt ins Grübeln, wenn sich der Tod so unerwartet meldet. Ich nehme das Denkmal als Mahnung, meine eigene Leistungsfähigkeit auch kurz vor dem Ziel nicht zu überschätzen und weiter im eigenen Tempo voranzuschreiten. Was stand auf Tillis Apothekenzettelchen? „Ich vertraue meinem Weg" – na also!

Wir passieren schmucke Orte, die Sonne scheint, der Himmel ist inzwischen fast schwarz.

Mitten in einem dichten Eukalyptuswald zerreißt plötzlich ein Schuss die Stille. Kurz darauf folgt ein zweiter, dann ein dritter. „Hast Du gemerkt, dass wir ganz allein unterwegs sind? Nicht dass wir auf einem Truppenübungsplatz gelandet sind und die jetzt eine Hetzjagd auf Pilger veranstalten." Ich denke an meine Bundeswehrzeit zurück, als uns erklärt wurde, wie gefährlich es sei, in die Luft zu schießen, weil die Projektile irgendwann irgendwo wieder nach unten kämen und auch dann noch genügend Schaden anrichten könnten. Und dass eine Gewehrkugel mehrere Kilometer weit fliegen könne. „Lass uns sehen, dass wir möglichst schnell aus dem Wald rauskommen." Da wir nicht wissen, von wo das Schießen herkommt und was es bedeutet, ist es gleichgültig, ob wir zurück oder vorwärts laufen. Inzwischen knallt es sowieso rings um uns herum. Ob sich da einige Witzbolde ihren ganz eigenen Spaß mit uns armen Pilgern machen?

An einer gefährlichen Stelle überqueren wir die N547, der Blick zurück zeigt Wind betriebene Pumpenräder und Ginsterbüsche, dahinter Eukalyptuswald und ganz am Horizont graue Berggipfel. Es ist seltsam, obwohl die Landschaft genauso abwechslungsreich ist wie bisher, ihr auch an Schönheit nicht nachsteht – von der Schießerei im Wald einmal abgesehen – kann ich nicht mehr alle Feinheiten in mich aufnehmen. Der Wanderführer nennt diesen Weg „Die ungeduldige Etappe" und das trifft den Kern der Sache genau: Ich möchte ankommen! Beim Gehen ertappe ich mich bei dem Gedanken, ob wir nicht einfach langsam weiterlaufen wollen, um heute Nacht noch in Santiago zu sein. Dieser Gedanke ist so abwegig, dass ich ihn nicht einmal ausspreche, nur ein wenig im Kopf hin und her bewege.

Es regnet!

„Dort drüben, das muss es sein!" rufe ich Jürgen zu und laufe los. An einer Kreuzung steht ein Schild, rechts geht es an einem kleinen Weinberg vorbei zum Hotel, der Camino verläuft geradeaus. Der Weg steigt leicht an, aus dem Nichts dröhnt schon wieder ein Schuss. Wir nähern uns unserer Unterkunft von ihrem nicht gerade repräsentativen Hintereingang, als das Unwetter beginnt.

Auf dem überdachten Parkplatz steht eine schwarz glänzende Nobelkarosse neben der nächsten: Mercedes, Audi, BMW. Wo sind wir denn hier hingeraten? Weit und breit ist kein Ort zu sehen, vor dem Hotel braust die N547 vorbei, bei jedem Auto schießen aus den knöcheltiefen Pfützen riesige Wasserfontänen empor. Etwas unsicher treten wir durch die Automatiktür ein und stehen vor einem langen Tresen, an dem einige Männer Schnaps trinken. „Hola, buenas dias. Tenemos una reserva. I sono Volker Storck" Wieder einmal wirkt mein kleiner Satz Wunder – der ursprünglich etwas abweisende Blick wird freundlicher, und als mein Name im Reservierungsbuch entziffert ist, überschlägt sich die Wirtin vor Freundlichkeit. Sofort bekommen wir den Schlüssel ausgehändigt, nur die Pässe möchte die Dame gern bis heute Abend einbehalten. Wohlgemerkt, die Reisepässe, nicht den Credencial – vielleicht hat sie so nahe an Santiago schon schlechte Erfahrungen mit unseren Kollegen gemacht.

Das Zimmer unter dem Dach hat keine einzige gerade Wand – an manchen Stellen kann nicht einmal ich gerade stehen – und ist gemütlich mit Blümchenvorhängen und dunklen Eichenmöbeln eingerichtet. Wie gewohnt verteilen wir die nassen und feuchten Klamotten auf den verschiedenen Haken und Ablagen, dann verschwinden wir abwechselnd in der Minidusche und legen uns danach in Unterhosen aufs Bett. Zwei Stunden Siesta, während es draußen wie aus allen Kübeln gießt und ab und zu ein Schuss fällt. Die 18 km des heutigen Tages stecken uns gewaltig in den Knochen.

Gegen fünfzehn Uhr steigen wir frisch geduscht hinunter in den Comedor, in dem gut gekleidete Einheimische lärmend beim Mittagessen sitzen. Na eben, heute ist ja Samstag, da geht man auch bei uns zu Hause schön essen – jedenfalls sind wir die einzigen Pilger im Raum und definitiv die am schlechtesten angezogenen Menschen weit und breit. Dass wir wahrscheinlich ziemlich penetrant riechen, verdränge ich und bitte um einen Tisch für zwei Personen.

Die Wirtin – eine resolute ältere Dame – weist uns einen guten Platz an, von dem aus wir das Treiben um uns herum bestens beobachten können, dann bringt sie sogar eine Speisekarte in deutscher Sprache. Wir wählen wie meistens Tomatensalat als Vorspeise, danach für Jürgen drei kleine „Truchas a la Plancha" – gebackene Forellen mit Kartoffeln – und für mich „Fabada gallego", jenen fetten Bohneneintopf, der Werner in Triacastela so sehr gemundet hat. Das Essen ist vorzüglich, der Service aufmerksam, den absoluten Höhepunkt des heutigen Tages bilden jedoch die Getränke: Wir bitten nämlich unsere Wirtin, ihr größtes Glas halb und halb mit eiskalter Fanta und frisch gezapftem Bier zu füllen. Sie schaut uns völlig entgeistert an, aber gibt die Bestellung an die Bar weiter. So gut hat selten ein Radler geschmeckt wie hier im Hotelrestaurant in Rúa! Schon nach wenigen Minuten ordern wir Nachschub – eine echte Wohltat nach wochenlangem Vino tinto.

So, und nun sollten wir langsam über den zweiten Pilgerstempel für heute nachdenken!

Der Hotelstempel sieht mir zu anonym aus und draußen blinzelt wieder die Sonne durch die Wolken. „Lass uns die anderthalb Kilometer weiter nach Pedrouzo-Arca laufen, dort gibt es laut Wanderführer eine Kirche, und die hat garantiert einen ordentlichen Stempel."

Bisher hatten wir unser Hotel ja nur im Regen und vom wenig repräsentativen Hintereingang gesehen. Von der anderen Straßenseite macht es nämlich einen richtig netten Eindruck, die Fassade ist mit weißen Marmorplatten belegt, der Eingang zum Restaurant sieht mit seinem kleinen Vorbau förmlich mondän aus, und die großen Nobelschlitten tun ihr Übriges. Wir scheinen uns wie Glückskinder im ersten Haus am Platz eingemietet zu haben!

Der Weg, den wir morgen früh noch einmal gehen werden, führt zunächst an einigen kleinen Katen vorbei, die gerade frisch herausgeputzt werden, dann geht es querfeldein hinüber in das nur einen Steinwurf entfernte Nachbarörtchen Arca, in dem gerade ein Rummelplatz aufgebaut wird. Wieder tönen Schüsse durch die Luft – und endlich wird das Geheimnis gelüftet: Hier macht niemand Jagd auf unschuldige Pilger, vielmehr probieren die Jugendlichen ihre selbst gebastelten Böller aus, denn das Fronleichnamsfest wird heute mit ordentlich Krach und Gestank nachgefeiert. Mit diesem Wissen läuft es sich entschieden angenehmer, soviel steht fest.

Arca ist unspektakulär, einige kleine Geschäfte, niedrige Wohnhäuser, die kaum älter als vierzig Jahre sein dürften, die Hauptstraße riecht nach frischem Teerbelag und führt hinüber zur Kirche „Sta. Eulalia de Arca", in der gerade die Generalprobe der morgigen Kommunionskinder-Beichte stattfindet. Zwei Priester, der jüngere im weißen Ornat, der ältere ganz in schwarz, führen die Kinder durch die feierliche Zeremonie, ein etwas grobschlächtiger Kirchendiener reicht das Mikrophon von einem zum anderen und die stolzen Eltern verfolgen das Geschehen aufmerksam von der ersten Bank aus. Die Jungs und Mädels nehmen diese Probe richtig ernst und stampfen wütend mit dem Fuß auf, wenn sie ihren Text vergessen oder eine falsche Strophe aufsagen.

Wir setzen uns in unsere liebste Bankreihe und lassen die Blicke im Halbschatten des Kirchenschiffs umher schweifen. Das Tonnengewölbe lässt auf eine sehr alte – oder sehr arme – Kirche schließen, in die in den letzten Jahrhunderten verschiedenste Kunstwerke eingebracht worden sind. Besonders beeindruckend finde ich eine mindestens vier Meter hohe Jakobsmuschel, die hinter dem Altar ins Mauerwerk eingelassen ist und einen ungewöhnlichen Abschluss des Kirchenraums bildet. Über dem Altar thront eine sehr jugendliche Muttergottes, an der Seitenwand steht die Heilige Eulalia und über ihr zwei Engelchen, die ein Bild des Fegefeuers in den Händen halten: Fünf Männer sitzen mit nach oben gekehrtem frommem Blick in wild empor züngelndem Flammenmeer und beten. Ich muss lachen, wenn ich mir diese künstlerische Verirrung länger anschaue. Natürlich fehlt auch der Heilige Jakobus nicht.

Inzwischen nähert sich die Probe ihrem Ende, die ersten Eltern haben ihren Nachwuchs schon wieder bei sich und warten nur noch auf den Abschiedssegen des Pastors. Also nehme ich meinen Pilgerpass aus der Jacke und gehe mit langsamen Schritten nach vorne, bis ich völlig selbstverständlich neben dem weißen Priester zum Stehen komme. Der Kirchendiener mustert mich verärgert, was ich jedoch konsequent ignoriere – ich tue einfach so, als verstehe ich alles um mich herum und warte nur auf meinen Einsatz. Und dann ist es soweit, das Mikrophon wird abgeschaltet, der schwarze Priester verschwindet in der Sakristei, der weiße schreitet zum Altar, um dort Ordnung zu schaffen. „Hola, Señor Padre, tenen sello paroquial, por favor?"

Im selben Moment bricht ein wahres Trommelfeuer unbekannter spanischer Vokabeln über mich herein, dass ich nur noch verzweifelt versuche, dem Pastor klarzumachen, dass meine Sprachkenntnisse nicht viel weiter reichen als bis zur eben gestellten Frage und einer einfachen Antwort darauf – zum Beispiel „Si!" oder „No!"

Meine Einlassungen ignoriert er vollständig, vielmehr redet er nur noch schneller auf mich ein. Irgendwann glaube ich zu verstehen, dass er den Stempel im Augenblick nicht bei sich habe, aber in einer halben Stunde würden wir ihn hier in der Kirche bekommen können. Und dann tritt unser Freund der griesgrämige Kirchendiener in Aktion: Er scheucht alle im Gotteshaus verbliebenen Personen hinaus auf die Plaza, denn in einer Minute beginnt unwiderruflich seine tarifvertraglich vereinbarte Siesta.

Wir setzen uns also vor der Kirche auf ein kleines Steinmäuerchen in den Schatten, die halbe Stunde kann ja nicht ewig dauern. Nachdem die Kirche abgeschlossen ist und sich Pfarrer und Gemeindediener mit Handschlag voneinander verabschiedet haben, passiert zunächst einmal nichts. Dann ertönt lauter Motorenlärm und der Pfarrer biegt mit sehr deutlich überhöhter Geschwindigkeit in einem weißen Golf I um die Ecke des Pfarrhauses, winkt noch einmal freundlich und verschwindet in einer riesigen Staubwolke. Ob er jetzt den Stempel für uns holt? So richtig sicher bin ich mir nicht, ob ich seine wortgewaltige Rede richtig zu deuten wusste. Vielleicht sollten wir auch in den nächsten Ort gehen? Oder nächste Woche den Stempel bekommen? Nein, ich werde schon alles richtig verstanden haben, rede ich Jürgen und mir ein.

Wieder kehrt für kurze Zeit Ruhe ein auf der Sonnen beschienen Plaza. Gegenüber steht ein ziemlich großes Gehöft mit hohem Eingangstor, die übrigen zweistöckigen Gebäude sind nicht erwähnenswert. Inmitten seiner Schafherde erscheint der grimmige Kirchendiener auf der Bühne, offensichtlich hat er auch das Amt des kommunalen

Tierpflegers inne, dann ist endgültig alles still. Nicht einmal ein Hund läuft bei dieser Hitze auf der Straße herum.

Um mir ein wenig die Beine zu vertreten, laufe ich langsam um die Kirche herum. Die Wolken sind wunderschön, von fast durchsichtig über watteweiß reichen ihre Farben, manche sind schon wieder tiefgrau. Die weiße Fassade von Sta. Eulalia strahlt vor diesem Hintergrund wie frisch verputzt und nur die beiden hohen Palmen neben dem Eingang werfen ihre Schatten darauf. Im Kirchgarten stehen Bäume, die mit lilafarbenen Blüten übersät sind und intensiv riechen. Der Rundgang dauert nur wenige Minuten, dann sitze ich wieder neben Jürgen auf der Mauer. Ständig wechsle ich meine Position, denn die Sonne wandert unerbittlich weiter und nimmt die letzten kühlen Schattenreste mit sich fort.

Nach einiger Zeit erscheinen drei junge Amerikaner, grüßen ordentlich, versuchen ein Gespräch, merken aber sehr schnell, dass wir daran im Augenblick kein Interesse haben. Also rütteln sie nur kurz an der Kirchentür – ja, sie ist tatsächlich abgeschlossen, das hatten wir doch schon verkündet – dann zerren sie ein wenig am Glockenseil neben dem Eingang und freuen sich wie kleine Kinder, als es läutet. Dann ziehen sie weiter, wir sitzen wieder allein in der Sonne.

Inzwischen ist der Zeiger weitergerückt und wir warten seit fast einer Stunde auf die Rückkehr des Pastors.

Zwei Pilgerinnen haben ihren Auftritt und setzen sich neben uns auf die Mauer. Sie kommen aus Deutschland und diesmal gehen wir auf das Gesprächsangebot ein. Die beiden Freundinnen aus Bonn bzw. Kaiserslautern sind vor einer Woche in O'Cebreiro gestartet und wollen wie wir morgen in Santiago de Compostela ankommen. Wir tauschen unsere Erlebnisse und Erfahrungen, erzählen natürlich auch von dem

Versprechen des Pfarrers, in einer halben Stunde mit dem Stempel zurück zu kommen. „Na, auf die Zeitangaben kann man sich in Spanien nicht verlassen." Die Bonnerin scheint über einige landestypische Erfahrungen zu verfügen – und gekommen ist er ja bisher auch wirklich noch nicht.

Die beiden wohnen hier in Arca, haben wie wir nichts weiter zu erledigen und warten mit uns. Zum ersten Mal haben wir Pilger getroffen, die eine kürzere Strecke als wir selbst gelaufen sind, um die Compostela zu erhalten. Ein bisschen macht mich das stolz, denn zumindest diesen beiden Frauen gegenüber sind wir die Alten, die Erfahrenen.

Sie haben sich ihren Pilgerpass oben auf dem Berg in der Gralskirche ausstellen lassen und kennen daher die angebliche Auflage der täglichen Doppelstempelung nicht. Dass wir den Credencial bereits in Deutschland gegen Vorlage eines Geleitbriefes bekommen haben, finden die beiden hochinteressant, lachen sich dann aber halb tot, als sie mein schon ziemlich verwittertes Schreiben lesen:

> Hiermit wird bescheinigt, dass wir Herrn Volker Storck, geboren am 01.12.1967, als Pilger zu Fuß von León nach Santiago de Compostela ausgesandt haben. Es wird gebeten, ihn in den Pilgerherbergen aufzunehmen.

Das Textmuster stammt aus dem Internet, mein Abteilungsleiter hat es ohne mit der Wimper zu zucken unterschrieben und so den Gang zu der für mich zuständigen katholischen Gemeinde erspart. Immerhin hätte es dort wegen meiner Zugehörigkeit zur Evangelisch-Lutherischen Kirche einige Diskussionen geben können. Dass Jürgen ein gleich lautendes Schreiben mit sich führt, versteht sich natürlich von selbst.

Nach über eine Stunde erscheint eine junge Gemeindedienerin, schließt unter gewaltigem Aufwand die Kirche auf und legt neben dem Taufstein ein schwarzes, tropfnasses Stempelkissen aus. Der Stempel misst mindestens zehn Zentimeter im Durchmesser und ist zur Selbstbedienung gedacht. Um unsere Pässe nicht vollständig zu ruinieren, stemple ich erst einmal einige Papierfetzen, bis die Farbe zumindest ein wenig reduziert ist, dann sind Jürgens und mein Pass an der Reihe. Der Credencial ist damit voll, es ist nur noch auf der letzten Umschlagseite irgendwo zwischen dem Text ein kleines Eckchen frei, die Reise dürfte nicht einen Tag länger dauern.

Wir wandern ganz langsam mit unseren neuen Bekannten durch den kleinen Ort und verabschieden uns an einer Wegkreuzung mit modernem Pilgerdenkmal. Alles liegt in tiefster Siesta-Ruhe, kaum ein Auto stört die Stille. Unser Weg zweigt hier in den erfrischend kühlen Wald ab und in einer guten halben Stunde sind wir wieder in unserem Hotel.

Kaum dort angekommen, bricht der zweite, dritte oder vierte Wolkenbruch dieses Tages los – wieder hat er oder sie die schützende Hand über uns gehalten. Da im Hotel inzwischen völlige Ruhe eingekehrt ist, legen wir uns aufs Bett und ruhen. Im Tagebuch notiere ich:

„Morgen die letzte Etappe – danach kommt nur noch Urlaub. Wir schmieden Pläne: Wäsche gründlich waschen, eventuell Schuhe kaufen, ein neues Hemd, im Hotelschwimmbad (sofern vorhanden) baden, die treuen Wandersocken wegwerfen, den inzwischen gewachsenen Bart scheren lassen. Alles kleine – im Alltag gewohnte und damit selbstverständliche – Luxusdinge, auf die wir drei Wochen lang freiwillig verzichtet haben, um sie nun so richtig zu schätzen.

Ich hoffe, dieses Gefühl dauert an, es wäre eine schöne Erinnerung an den Camino."

Später am Abend setzen wir uns in die gemütlichen Ledersessel der kleinen Hotelbar, trinken ein weiteres Radler sowie einen Cognac, blättern in spanischen Illustrierten und erzählen. Im Fernsehen dudelt als Direktübertragung aus Belgrad der „European Song Contest".

Warum muss ich bei diesen fröhlichen Bildern an den Balkankrieg denken? Damals, als sich die Menschen selbst gebastelte Zielscheiben aus Papier an die Kleidung hefteten und ihre Angst und ihren Zorn in die laufenden Kameras der Welt schrieen. Und heute? Da jubeln die gleichen Jugendlichen westeuropäischen, deutschen Schlagersternchen zu und schwenken die Fahnen der einstigen Gegner. Ich bin skeptisch, ob solche Massenevents zur nachhaltigen Stabilisierung des Balkans beitragen werden. Dauerhafter Frieden ist nur möglich, wenn die Identität eines Volkes – und damit vor allem seine Geschichte – respektiert und erhalten bleibt, davon bin ich überzeugt.

Als ich die wenigen Stufen zum Schlafzimmer hinaufsteige, ahne ich nicht, was die Nacht für mich bereithält.

Sonntag, 25. Mai – Von Rúa nach Santiago de Compostela

Rúa – Pedrouzo-Arca – San Antón – Amonal – Cruce de Castrofeite – Lavacolla – Villamaior – San Marcos Monte de Gozo – Santiago de Compostela

23 km

Kaum liege ich im Bett, beginnt mein Magen zu rebellieren und ich schaffe es gerade noch hinüber auf die Toilette – Durchfall und heftige Magenkrämpfe! Entweder ist es die Aufregung vor der letzten Etappe oder ein kleiner Sonnenstich so wie ich ihn schon einmal im Memelland hatte oder – und das ist die wahrscheinlichste Diagnose – habe ich die in Öl triefenden Bohnen der galizischen Fabada nicht vertragen. Jedenfalls verbringe ich gefühlt mehr Zeit im höchstens drei Quadratmeter großen Waschraum als in meinem Bett. Da Jürgen direkt vor der Klotür und damit in unmittelbarer Nähe auch zur Spülung schläft, ist die Nacht für ihn genauso unruhig wie für mich, nur etwas weniger schmerzhaft. Dass draußen trotz Dauerregens in kurzen Abständen Freudenfeuerwerke abgebrannt werden, trägt ebenfalls nicht gerade zu einer erholsamen Nachtruhe bei.

Aber irgendwann ist alles zu Ende und so erheben wir uns zerschlagen und müde zur letzten Etappe. Draußen steigt Nebel aus den nachtfeuchten Feldern auf, zauberhaft beleuchtet vom Licht der aufgehenden Sonne. Der Regen hat die Wolken weggewischt und azurblauer Himmel wölbt sich über der Landschaft. Die Vögel sind schon wach und singen uns ihr Willkommenslied – ein schöner Tag bricht an!

Heute dauert alles etwas länger als sonst, jeden Handgriff führe ich bewusst und zum letzten Mal auf dieser Pilgerreise aus. Zuunterst knülle ich den Schlafanzug in den Rucksack, gleich über die noch fast unbenutzte, sauber gefaltete und eingerollte Tuchhose. Darüber kommen die leichten Schuhe aus Astorga, die Badelatschen und schließlich griffbereit die Regenkleidung, die über Nacht gut abgetrocknet ist. Den Abschluss bildet wie immer mein Plastikbeutel mit den Toilettenartikeln, Medikamenten und Blasenpflastern. Alles passt gut in den Rucksack, der nach kurzer Zeit wohl verschnürt auf der orangefarbenen Couch neben Jürgens Gepäck steht. Ihm scheint es wie mir zu gehen, wir reden heute Morgen nur das Nötigste.

Um 8 Uhr sind als letztes die Wanderstiefel geschnürt und wir treten in die kühle Morgenluft hinaus. Im Hotel ist alles im Tiefschlaf, in der Bar hängt kalter Zigarettenrauch und auf dem Tresen stehen die letzten Gläser der Nacht. Um diese Uhrzeit dürften selten Gäste abreisen, denn eine Pilgerherberge ist dieses Hotel sicher nicht.

Wieder wandern wir durch hohe Eukalyptuswälder. Ihr Geruch scheint heute Morgen noch intensiver als sonst zu sein, durch den Frühdunst erinnert die Umgebung an einen südamerikanischen Urwald – nur das Schreien der Papageien und die feuchte Hitze fehlen. Überall am Boden liegen lange Rindenbänder – die Bäume schälen sich selbst und vernichten so den Lebensraum für alle übrigen Pflanzen. Unsere Pilgerblumen Ginster und Fingerhut wachsen heute nur dort, wo der Eukalyptus ihnen Raum gibt. Der Kuckuck ruft – lieber Pilgervogel, bald verlassen wir dich, wir sind am Ziel.

Die Schritte mahlen gleichmäßig auf dem Untergrund, reden möchten wir beide nicht. Zu dieser Stunde sind wenige Pilger unterwegs. Viele, die uns überholen, kennen wir vom Sehen.

Wehmütig denke ich an den Beginn unserer Reise zurück, als wir nach langer Autofahrt im Hostal in Virgen del Camino angekommen waren. Oder als wir in Ponferrada dachten, unsere Reise sei zu Ende. Oder oben bei den Weintrinkern von O'Cebreiro. So viele Erinnerungen drängen sich im Kopf – es waren nur drei Wochen, und doch kommt es mir vor, als seien wir schon ewig unterwegs, als sei diese Wanderung das eigentliche Ziel gewesen.

„Weißt Du, was ich mir wünsche? Dass uns jemand gratuliert, wenn wir in Santiago ankommen." Ich verstehe Jürgen, mache ihm aber keine große Hoffnung, dass dieser Wunsch in Erfüllung gehen wird. Auf der anderen Seite – was ist nicht alles Wirklichkeit geworden, was als viel absurderer Wunsch begonnen hatte.

Plötzlich ist der Wald zu Ende und wir stehen an einem modernen Sandsteindenkmal direkt neben der Autobahn: Santiago steht darauf, dazu sind Muschel, Sonnenstrahlen und ein Pilgerstab mit Kalebasse eingemeißelt. Sollten wir schon da sein? Wir müssen doch erst in Lavacolla am Flughafen vorbei, nein, dieses Denkmal am Verkehrskreisel „Cruce de

Castrofeite" kann nicht den offiziellen Ortseingang markieren, da sind wir uns schnell einig.

Autos brausen mit Höchstgeschwindigkeit vorüber und dann stehen wir am Zaun neben den haushohen Leuchtmarkierungen des Flughafens. Gerade rollt eine Maschine der spanischen Fluggesellschaft Iberia an uns vorbei und startet mit ohrenbetäubendem Lärm. „In einer Woche werden wir von hier nach Hause fliegen, ist Dir das klar, Jürgen?" Der Satz klingt so unsagbar unwirklich, so als würde er nie Wahrheit werden können.

Die Wirklichkeit empfängt uns in Lavacolla, wo sich früher die Pilger noch einmal im Bach wuschen und das letzte saubere Kleidungsstück anlegten, bevor sie in die heilige Stadt einzogen. Gleich am Ortseingang werden industriell gefertigte Pilgermemorabilien – Wanderstäbe, Muscheln mit aufgedrucktem Jakobskreuz, Lederhüte und Kalebassen – feilgeboten. Wer um Gotteswillen soll das denn kaufen? Wir sind in zwei Stunden am Ziel! Oder werden hier direkt vom Flughafen die Touristen in Bussen herangekarrt, um für einen kurzen Moment echte Pilgerluft schnuppern zu dürfen? Kopfschüttelnd und mit einem breiten Grinsen im Gesicht wandern wir weiter.

Die Kirche von Lavacolla ist um diese Uhrzeit noch geschlossen, also müssen wir unseren vorläufig letzten Stempel im Pilgerpass nebenan in der Bar „A Concha" holen, wo wir auch gleich unseren Frühstückskaffee bzw. Morgentee zu uns nehmen. Draußen werden Plastiktische gerückt und rote Coca-Cola-Schirme aufgestellt, während wir im Halbdunkel der Bar unseren Gedanken nachhängen. Eigentlich sollten wir uns freuen, aber Freude kommt bei mir im Augenblick noch nicht auf.

Wie verabredet rufe ich noch einmal im Parador an und bestätige unsere Buchung für heute Nachmittag. Obwohl der Kollege großen Wert auf diesen Anruf gelegt hatte, tut man nun so, als sei er nicht erforderlich gewesen. Aber sicher ist sicher – unser angemessenes Schlafgemach ist gesichert!

„So, auf, lass uns weiterlaufen!"

Der Weg wird immer hässlicher – es geht durch ein lang gezogenes Industriegebiet, der Asphalt dampft in der Mittagshitze, selbst Fahrradfahrer schieben ihren Drahtesel auf diesem Stück. Die staubigen Palmen, Eukalyptusbäume und vertrockneten Sträucher werden von Drahtzäunen zurückgehalten und sterile Zweckbauten – Hallen, Container, Silos – verbreiten ein Ambiente, das man sich kaum trister vorstellen könnte. Vor uns laufen mit ähnlich lustlosem Schritt einige Kollegen – dann ist auch dieses Teilstück geschafft und auf der anderen Seite einer lang gezogenen Weide sehen wir das moderne Denkmal auf dem Monte do Gozo, den die Galizier Monxoi – „Berg der Freude" – nennen. Von dort aus hat Papst Johannes Paul II. 1989 zu einer unübersehbaren Schar von Gläubigen gepredigt und zu seinen Ehren wurde das moderne Kunstwerk – es sieht ein bisschen aus wie ein riesiger runder Wanderrucksack aus Stahl und Beton – aufgerichtet.

„Also, da müssen wir hin!" meint Jürgen und nimmt wieder Tritt auf. Die Füße laufen wie ferngesteuert, die Gedanken sind ausgeschaltet, wir haben unser Ziel gesehen, wir wollen nur noch ankommen.

Ein ordentlich gepflasterter Weg führt hinauf, immer wieder stehen nagelneue Wegweiser an der Seite und erläutern die Wege zur Herberge, zur Notfallstation, zum großen Auditorium, zum Informationsbüro der Pilgerorganisation. Ach ihr Lieben, das ist alles so gut gemeint, wir wollen aber nicht nach Monte do Gozo, wir wollen nach Santiago de Compostela!

Radfahrer kommen uns entgegen, Wanderer auf dem Rückweg, Ausflügler – alles ist uns gleichgültig, selbst unser langsames Marschtempo ist vergessen.

Oben angekommen bin ich entsprechend nass geschwitzt, fix und fertig aber zum ersten Mal richtig glücklich! Und von hier aus soll man die Kathedrale sehen können? Ich sehe nichts! Nur die kleine Kapelle „San Marcos" und Getränkebuden, dazu laut schnatternde Familien, die hier ihr Sonntagspicknick veranstalten. Neben Kirche und Denkmal ist der Eingang zu einem völlig überdimensionierten Übernachtungskomplex, der den Blick auf die Stadt des Heiligen Jakobus völlig verstellt. Wahrscheinlich müssten wir auf das Denkmal hinaufsteigen, aber dazu verspüren wir beide nicht die geringste Lust.

Den roten Stempel der „Ermita de San Marcos del Monte del Gozo" drücken wir quasi außer Konkurrenz auf die letzte Seite unseres Credencial, dann treten wir zum Endspurt an.

Gleich neben „San Marcos" beginnt eine lange, steil abfallende Straße, die direkt ins Stadtzentrum von Santiago zu führen scheint. Zwar sehen wir die Kathedrale immer noch nicht, aber uns wird schlagartig bewusst, dass wir auf dem Weg in eine richtige Großstadt sind.

Ein einsamer Radfahrer strampelt mit hochrotem Kopf den Berg hinauf, als er uns sieht, springt er ab und begrüßt uns herzlich. Pedro aus Wermelskirchen, den wir in Ventas de Narón kennen gelernt hatten, ist schon vor drei Tagen angekommen und jetzt auf dem Rückweg zum Flughafen, nach

Hause. Wir tauschen uns kurz aus, dann verabschieden wir uns.

Noch bleibt uns die Sonne treu, auch wenn immer mehr Quellwolken aufziehen; es wird auch heute Regen geben, soviel ist sicher, aber nicht für uns, das ist genauso sicher.

Der Weg durch die hässlichen Vororte ist anstrengend, das Pflaster lässt die Füße glühen. Immer wieder geht es einige 100 m bergan, dann wieder bergab. Der Weg zieht sich – noch ein letztes Mal bietet Galizien alles auf, was Wanderer zur Verzweiflung bringt.

An einer Hausecke steht plötzlich der alte einarmige Pilger, den wir kurz vor Samos getroffen hatten und der uns später in Sarria Pistazien geschenkt hatte. Wieder die gleiche herzliche Begrüßung wie mit Pedro, auch er ist auf dem Heimweg – „Buen viaje!" wünscht er uns.

Ein Hügel gibt den Blick frei auf das gewaltige Autobahnkreuz, eine großzügige Hotelanlage und gegenüber auf den „Pabellón de Galicia", einen hochmodernen Informationspalast, der wie ein riesiges Betontor neben einem üppigen Kreisverkehr steht. Viel wichtiger für uns ist jedoch auf der anderen Straßenseite das weiße Schild mit roter Umrandung und schwarzer Schrift: SANTIAGO. Hier, genau hier auf der Brücke über die Autobahn AP9 werden wir in zwei Minuten die Stadtgrenze überschreiten. „Was meinst Du, ob wir ein Foto machen?" Jürgen ignoriert meine Frage und steigt trotz starkem Verkehr über die Leitplanke. In zwei, drei Sprüngen überquert er die Straße und stellt sich im schönsten Sonnenschein unter dem Ortseingangsschild in Positur. Der Fotoapparat klickt, dann vertauschen wir die Rollen. Ausgelassen wie kleine Kinder fotografieren wir uns gegenseitig, so als sei das schon die Kathedrale, als seien wir dafür über dreihundert Kilometer zu Fuß in Spanien unterwegs gewesen.

Als wir wieder gemeinsam auf der richtigen Seite der Straße stehen, haben wir beide das Bedürfnis, zu Hause anzurufen. Auf einer kleinen Müllhalde unmittelbar neben den Bahngleisen an der Autobahn wähle ich um 12.28 Uhr Kathrins Handynummer: „Wir sind in Santiago!" Mehr kann ich nicht sagen, dann kommen einfach nur Tränen. Ich laufe hin und her, stottere wirres Zeug in den Hörer und nach ein paar Minuten kann ich nur noch versprechen, mich später aus dem Hotel zu melden. Mit diesem plötzlichen Emotionsausbruch hatte ich nicht gerechnet – aber auch ich musste einmal, ganz am Ende der Reise weinen, genau wie Jürgen es vorher gesagt hatte!

Der „Pabellón de Galicia" sieht aus der Nähe wie ein wohl gepflegter Universitäts-Campus aus mit kurz geschnittenem Rasen, Springbrunnen, öffentlichen Toiletten, überteuerten Schnellrestaurants, anonymen Automatencafés und vielen Gebäuden aus Glas, Stahl und Beton, die in jeder beliebigen Stadt auf diesem Erdball stehen könnten, die irgendwann einmal von den Errungenschaften westlicher Zivilisation beleckt worden ist. Auf dem Denkmal sind in lebensgroßen Bronzeplastiken für Galizien wichtige Persönlichkeiten verewigt, von denen ich nur den allgegenwärtigen Papst Johannes Paul II. erkenne.

Jürgen drängt zum Aufbruch, denn die dicken Regenwolken über San Lorenzo lassen nichts Gutes erwarten.

Die „Rúa de San Pedro" führt direkt in die Stadt hinein – und eigentlich müssten wir uns hier Zeit lassen, um das Flair der schmalen dreistöckigen Häuser in uns aufnehmen zu können. Wir müssten die Auslagen der kleinen Geschäfte betrachten, so wie wir es in Ponferrada, in Arzúa und anderen Orten getan haben, uns über die verglasten Balkone austauschen, die an arabische Länder erinnern. Aber für all das haben wir jetzt kein Auge mehr, es zieht uns magisch zur Kathedrale. Als wir für einen kleinen Augenblick eine Seitenkuppel erspähen, gibt es kein Halten mehr.

An der „Porta do Camiño", gleich neben einem kleinen Zeitungskiosk mit grünem Sonnendach, betreten wir das historische Stadtzentrum von Santiago de Compostela.

Um uns tost der Verkehr, Busse lärmen an der roten Ampel, dann erscheint eine kleine Bimmelbahn voll besetzt mit fotografierenden Japanern. Jetzt nur nicht stehen bleiben, sonst ist der Zauber der Ankunft gebrochen.

Noch eine Überraschung hält das Schicksal bereit – plötzlich winkt von der anderen Straßenseite eine Frau ganz aufgeregt. Ja, sie meint tatsächlich Jürgen und mich – es ist „unsere Chinesin" aus Bad Orb! Das ist doch unglaublich, in einer Großstadt mit 130.000 Einwohnern laufen uns gleich in der ersten Stunde drei Bekannte über den Weg! Sie ist trotz ihrer Krankheit schon vor einigen Tagen hier in Santiago angekommen und hatte nicht mehr damit gerechnet, uns noch einmal zu sehen. „Ich dachte, ihr habt aufgegeben." Sie ahnt gar nicht, wie nahe wir davor standen.

Nun sind es nur noch wenige Schritte, dann stehen wir vor der Nordfassade der Kathedrale von Santiago de Compostela. Der Pilgergottesdienst ist gerade vorüber, wir treten durch das Pilgerportal in das Gotteshaus und sind sofort von ihm gefangen, von seiner Erhabenheit, der Pracht, aber auch dem darin brausenden Leben. Überall stehen Pilgergruppen zusammen, lehnen schwere Rucksäcke an Säulen, treffen sich

Menschen, umarmen sich, lachen, weinen, tauschen Freude aus.

Den Wanderführer brauchen wir nicht mehr, wir schreiten wie im Traum langsam durch die Kirche, das Gepäck auf dem Rücken spüre ich überhaupt nicht. Dann machen wir uns auf den Weg zum Pilgerbüro, jetzt möchten wir die Compostela haben. Während des ganzen Weges habe ich immer wieder behauptet, sie sei mir nicht wichtig. Nachdem ich sie jedoch ehrlich verdient habe, will ich sie auch in meinen Händen halten.

Das Pilgerbüro in der „Rúa do Vilar 1" hat noch geöffnet. Wir hatten Menschenmassen erwartet, aber im Augenblick scheinen wir fast die einzigen Ankömmlinge zu sein. Wir steigen die alte steinerne Wendeltreppe nach oben. In der Hälfte kommen uns drei Chinesinnen entgegen, die uns gestern überholt hatten, sie erkennen uns, schwenken stolz ihre Urkunden und rufen „Congratulation! Congratulation!" Auch Jürgens Wunsch ist tatsächlich in Erfüllung gegangen!

Im Büro schwirren alle möglichen Sprachen durcheinander, es sieht aus, als sei hier die studentische Selbstverwaltung einer internationalen Reiseagentur, einige wenige Pilger warten vor uns, es dauert nicht einmal lange genug um alles aufzunehmen, schon sitzen wir selbst vor dem niedrigen Schalter und tragen uns ins Ankunftsregister ein. Nein, aus rein religiösen Gründen haben wir die Reise nicht gemacht, aber auch nicht aus rein sportlicher Veranlassung – also setzen wir unser Kreuz in der Mitte. Mit ernstem Blick wird unser Credencial del Peregrino kontrolliert, allerdings interessiert sich niemand für die Anzahl der Stempel pro Tag, und natürlich müssen diese auch nicht unterschrieben sein. Dann kommt die erwartete Frage: „A pie – zu Fuß?" – „Si, a pie!" Diese Antwort beziehe ich innerlich auf die Strecke von Sarria bis Santiago, und diese für die

Compostela erforderliche Distanz bin ich ehrlich zu Fuß unterwegs gewesen.

Dann blättert der Angestellte eifrig in seinem Wörterbuch und als er trotz intensiver Suche auch im Internet keine lateinische Übersetzung meines germanischen Vornamens finden kann, wird die Urkunde auf meinen Namen ausgestellt:

> Das Kapitel dieser mütterlichen, apostolischen und metropolitanischen Kirche von Compostela, der Wächter des Siegels des Altares des seligen Apostels Jakobus, in der Absicht, allen Gläubigen und Pilgern, die aus dem ganzen Erdkreis beseelt von Verehrung oder eines Gelübdes willen vor der Tür unseres Apostels, des Patrons und Schutzherren der spanischen Lande, des heiligen Jakobus, zusammenkommen, echte Schreiben zur Bestätigung des Besuches zu verschaffen, macht allen und jedem, die in das Vorliegende Einblick nehmen, bekannt, dass Herr Volker Storck dieses allerheiligste Gotteshaus, von Frömmigkeit getrieben, ehrerbietig besucht hat. Zur Beglaubigung dafür überreiche ich dir dieses vorliegende Schreiben, versehen mit dem Siegel eben derselben heiligen Kirche.

Überreicht in Santiago de Compostela am 25. Mai im Jahre des Herrn 2008.

Der Domkapitelsekretär

Um 12.30 Uhr haben wir die Stadtgrenze überschritten – und eine Stunde später stehen wir auf der „Praza do Obradoiro", dem Hauptplatz vor der Kathedrale, und halten unsere Compostela in den Händen. Wir fotografieren uns gegenseitig, fotografieren eine Gruppe österreichischer Radfahrer, die sich selbstverständlich mit einem Foto von uns beiden revanchieren – jede Minute, die dieser Traum länger andauert, ist ein Geschenk für immer.

Wir beziehen die Unterkunft im Luxushotel „Parador Hostal dos Reis Católicos" gegenüber, dann treibt es uns zurück in die Kathedrale, wo uns der Zauber des Jakobsweges ein letztes Mal umfängt.

Eingereiht in die Pilgerschlange warten wir geduldig, bis wir dem Apostel unsere Ankunft melden dürfen. Hinter mir unterhalten sich zwei Jugendliche auf Englisch über den Unterschied zwischen Glauben und Wissen. Immer wieder versucht der eine anhand eines Beispiels zu belegen, was nach seinem Verständnis „Glauben" ausmacht, und immer wieder zerrupft der andere das Exempel. Die beiden machen mich regelrecht nervös, denn ich hätte eine Antwort, möchte mich aber nicht in ihr Gespräch einmischen – für mich ist Glaube das tief empfundene, nie in Frage zu stellende Wissen, für das weder ein Beweis erbracht wurde und noch jemals einer erbracht werden muss.

Als wir an der Reihe sind, lege ich meine Hand auf die goldene Jakobsmuschel auf dem Rücken der Heiligenfigur und danke für unsere gesunde, unvergessliche Reise. Danach – am Grab des Heiligen Jakobus in der Krypta der Kathedrale – bete ich für meine Lieben, bitte für ihre Gesundheit und ihr Wohlergehen. Dieses Gebet kommt von ganz allein, ganz tief aus meinem Inneren, ohne dass ich die Gedanken bewusst lenke.

Und in diese meditative Stimmung hinein fragt mich ein älterer Franzose, ob das hier das Grab von Johannes Paul II. sei! Hier gegenüber vom silbernen Schrein sei eine Gedenkplatte „en espagnol", da stehe doch irgendetwas von Jean Paul drauf. Ich bin völlig aus dem Häuschen, der Mann ist ganz offensichtlich Pilger, ist zu Fuß hierher ans Grab des Apostels Jakobus gelaufen, und stellt dann am Ende eine solche Frage. Ich erkläre ihm sichtlich irritiert, dass das hier „Le tombe de Saint Jaques" sei und er ist plötzlich sehr beeindruckt und sinkt vor dem Sarg hinter der Panzerglasscheibe auf die Knie. Ich muss schnell gehen, sonst lache ich lauthals los.

Ausklang – „Am Ziel war Sonne"

Meine Pilgerreise hat mit dem Besuch des Heiligen Grabes ihr Ende gefunden. Und auch wenn wir die nächsten Tage weiter in gewohnter Manier verbringen und aus dem Rucksack leben werden, wird es anders sein als in den Wochen zuvor. Denn ohne spirituelles Ziel sind wir keine Pilger mehr.

Ich hatte mir vorgenommen, die Zeit und ihre Erlebnisse auf mich wirken zu lassen, den Tagesablauf nicht detailliert zu planen. Ich bin sehr stolz darauf, dass mir dies weitgehend gelungen ist. Diese Einstellung war es vor allem, die auf meiner bisher außergewöhnlichsten Reise Erkenntnisse, Bekanntschaften, Einblicke und Blickwinkel ermöglicht hat, die niemals planbar gewesen wären.

Ich habe neu gelernt, auf mich, auf meinen Körper zu hören und ihm zu folgen. Ich habe aber auch gelernt, wie schön es sein kann, sich auf Unbekanntes einzulassen, Dinge sich entwickeln zu sehen ohne sie aktiv zu gestalten, Fremdes zu beobachten, sich an Kleinigkeiten zu freuen. Und ich habe gelernt auf Menschen zuzugehen – ein freundlicher Blick, ein

Lächeln – „Buen Camino!", dieser Gruß hat meist ein frohes Auge und ein offenes Gesicht erzeugt.

Stets war am Ziel Sonne – auch wenn sie auf Grund des galizischen Wetters manchmal nur in unseren Herzen schien.

Und so endet der Bericht an dieser Stelle, auch wenn noch viele Geschichten zu erzählen wären:

Wie wir nach dem Einchecken im Parador das dringende Bedürfnis nach amerikanischem Fastfood verspürten und unseren Appetit im lokalen BurgerKing-Restaurant stillten.

Wie wir plötzlich im Garten eines Universitätskollegs von Nicole begrüßt wurden und dann gemeinsam mit ihr und Ludwig einen feuchtfröhlichen Abend in Santiago verbrachten.

Wie wir in einem Jugendstil-Kaffeehaus unter kubanischen Ölbildern Irish Coffee aus Ballongläsern genossen.

Wie im Parador Jürgens Kreditkarte sofort mit der ersten Übernachtung belastet wurde, damit wenigstens die Fixkosten gedeckt sind, wenn wir stiften gehen.

Wie ich mir in einer kleinen Barberia den Bart abnehmen lies und Jürgen über diesen unkameradschaftlichen Alleingang etwas verärgert war.

Wie wir im Pilgergottesdienst unsere Bekannten aus Arca wieder sahen, die beiden uns auf den Kopf zusagten, dass so Leute wie wir sicher im Parador übernachten würden – und wie wir dann trotzdem mit Hedwig und Doreen einen wunderschönen Abend in einer Tapas-Bar verlebten.

Wie ich einen kleinen Schallplattenladen entdeckte, der sogar Schellackplatten hatte, aber dann doch keine Kauferfolge feierte.

Wie wir im Hafen von Fisterre den Fischern bei der Arbeit zusahen.

Wie wir jeden Morgen an einem kleinen angeketteten Hund vorbei in das gleiche Frühstückscafé am Hafen gingen und vom Wirt zuletzt mit Handschlag begrüßt wurden.

Wie wir archaische Ochsenfuhrwerke mit eisenbeschlagenen Holzrädern fotografierten und Jahrtausende alte Hünengräber in den Wäldern entdeckten.

Wie wir ganz unerwartet in Cee dem Erzbischof von Santiago begegneten.

Wie wir stundenlang am Leuchtturm von Fisterre in den Felsen saßen und aufs Meer hinausschauten.

Wie Jürgen im bitter kalten Atlantik baden ging und wir gemeinsam den Sonnenuntergang von den Klippen aus verfolgten.

Ein wenig Statistik

Wir haben auf unserer Reise von León nach Santiago de Compostela nach offizieller Rechnung – das heißt ohne Verlaufen und ohne unsere Stempel-Eskapaden – insgesamt eine Entfernung von 318 km zurück gelegt.

Von dieser Strecke sind wir rund 40 km mit dem Taxi gefahren, nämlich von Rabanal del Camino nach Ponferrada und von Samos nach Sarria.

Wir haben unsere Wanderung in 19 Einzeletappen aufgeteilt. Die mit 31 km längste Einzelstrecke von Villafranca del Bierzo nach O'Cebreiro haben wir ohne Gepäck absolviert, die kürzeste Tagesetappe führte uns auf acht Kilometern durch die Weinberge von Cacabelos nach Villafranca del Bierzo.

Laut offizieller Pilgerstatistik haben sich im Jahr 2008 beim Pilgerbüro in Santiago de Compostela 125.141 Pilger akkreditiert, davon waren 15.746 Deutsche.

Anhang: Tagebucheinträge vom 26. Mai bis 1. Juni

Montag, 26. Mai

Santiago de Compostela

Der erste Tag in Santiago beginnt mit Regen! Wir frühstücken ausgiebig, wandern dann durch die Straßen der Neustadt. Gewohnte Geschäfte umgeben uns, Straßenlärm, Autos, Menschen hasten von Termin zu Termin. Ich versuche einen Hosenkauf, scheitere an der Einheitslänge, die ich bereits aus Frankreich kenne. Schließlich gelingt der Schuhkauf. In der Pilgermesse werden Jürgen und ich erwähnt („De León dos de Alemania a pie"), wir treffen unsere Bekannten aus Arca wieder, sie sitzen beim Gottesdienst vor uns und sind gar nicht überrascht, dass wir im Parador wohnen. Der Abschied ist kurz.

Nachmittags streife ich durch die Straßen von San Pedro, besichtige das Pilgerhospital, kaufe Andenken – bin ganz Tourist.

Schließlich – gegen 19 Uhr – raffen wir uns auf und suchen ein Lokal fürs Abendessen. Nicht einfach – alles ist auf Touristen eingestellt und in gewisser Weise Meeresfrüchte-Einheitsbrei zu überhöhten Preisen. Die Schnellpizza verwerfe ich, schließlich finden wir ein Lokal und genießen Salat mit anschließendem Seeteufel – teuer, aber gut.

Noch einmal treffen wir die beiden aus Arca und quatschen uns fest. Hedwig aus Bonn berichtet von Reisen in Spanien, Tansania und Argentinien, ihre Freundin Doreen – eine

Erzieherin aus Kaiserslautern mit Thüringer Wurzeln – sorgt für die Lacher. Um 2.00 Uhr endet ein fröhlicher Abend, heute Morgen sitzen sie bereits im Flieger.

Dienstag, 27. Mai

Santiago de Compostela

Nach dem Frühstück schlendern wir in die Neustadt, meine Schuhe brauchen Einlagen, ein kleiner Plattenladen hat Schellacks, aber wenige und nicht die Richtigen, wir mieten für die verbleibenden Tage am Meer ein Auto. Eine Fotoausstellung in der Universitätskirche macht Lust auf den nur über das Dommuseum begehbaren Kreuzgang der Kathedrale, ein Künstler hat seine Wohnung als Gesamtkunstwerk zur Besichtigung frei gegeben. Schließlich der „Bauch von Santiago" – die Markthalle. Wir schauen, nehmen am Rand des Alltagslebens teil. Dazwischen ein Tee mit Zitrone, ein Kaffee, ein Stückchen Kuchen.

Als wir ein Universitätsinstitut besichtigen, steht plötzlich Nicole vor uns. Gleich im Café nebenan sitzt auch Ludwig, sie sind gerade eben aus Fisterre zurückgekommen, Sylvia wird morgen folgen, es gab wohl etwas Ärger. Wir verabreden uns zu viert fürs Abendessen, erzählen, lachen bis gegen 1 Uhr.

Mittwoch, 28. Mai

Fisterre

Nach einem letzten 5-Sterne-Frühstück bezahlen wir die Parador-Rechnung, packen noch einmal die Rucksäcke, hucken sie auf und wandern quer durch die Stadt zum Bahnhof, wo die Mietwagenstation ist. Die Fahrzeugübernahme geht reibungslos, ein Citroën C4 wird uns die nächsten vier Tage hoffentlich treu begleiten.

Wir fahren zur Küste, die wir bei Muros erreichen. Es regnet während der Fahrt, dann wird es neblig – und kaum sind wir angekommen: Sonne, auch wenn der Himmel bewölkt bleibt. Berge, Meer, Sand, Sonne – Kathrin hätte ihre Freude. Jürgen sammelt fleißig Muschelschalen, einige Fotos entstehen. Alles macht einen bescheidenen Eindruck, die Menschen sind freundlich, leben vom Tourismus und Fischfang. Neue Geräusche umgeben uns – Meeresrauschen und Möwengeschrei, die Luft ist rein und sauber. Eine Wohltat; nach drei Wochen Berg- und Landluft habe ich den Schmutz der Großstadt fast auf der Zunge schmecken können. Alles geht wieder gemächlich, keine Touristenhorden, die sich auf der Suche nach vermeintlich preiswertem Essen durch enge Altstadtgassen drängeln. Die Ruhe tut gut!

Wir fahren weiter bis Fisterre, vorbei an wunderschönen Ausblicken, leider hält sich die Sonne sehr zurück. Dirk – eine Kurzbekanntschaft aus dem Pilgerbüro in Santiago – und auch Ludwig hatten das kleine Hotel „Ancora" empfohlen, auch wir buchen uns ein. Jürgen muss ins Bett, eine Erkältung scheint im Anzug zu sein. Da das Wetter noch hält, mache ich einen ausgedehnten Spaziergang erst an den Hafen und durch das kleine Fischerstädtchen, dann – endlich – zum Atlantik. Leider überrascht mich nach einer guten Stunde Sandlatschen – ideal für Blasen geschädigte Füße! – ein heftiger Regenguss. Ich flüchte ins Hotel, dusche heiß und – tue nichts.

Ein Wort noch zum Abendessen, das mit Abstand das schlechteste des bisherigen Urlaubs war. Die Szenerie war wieder einmal absurd: Draußen Dauerregen, ein Schirm nass, einer im Auto. Wir entschließen uns, im Hotel zu essen. Dort laufen als Personal – oder kollektive Inhaber? – Gestalten in Trainingsanzügen und mit echten Spitzbubengesichtern rum – Piraten und Schmuggler. Das alles hätte uns warnen können – nein müssen. Jedenfalls war die gegrillte Fischplatte nicht genießbar und wurde nahezu unberührt zurückgegeben. Der Schnaps war – immerhin – aufs Haus. Ein auch wettermäßig verkorkster Tag ging damit zu Ende...

Donnerstag, 29. Mai

Fisterre – Corcubión – Ce*e* – *Fisterre*

Es regnet wie auch Kübeln! Nach dem Ausschlafen sah es erst so aus, als könnte es trocken bleiben – kaum aus dem Hotel ging es auch schon los. Wir frühstücken am Hafen, fahren weiter nach Corcubión (ca. 6 km), das eine Touristenbroschüre als geschütztes Dorfensemble feiert. Lange halten wir uns im Hafen auf, sehen den Fischern zu, die ihren Fang anlanden. Makrelen, Muscheln – es dürfte für ein karges Leben reichen, nicht für Reichtümer. Ab und zu lugt die Sonne vor und zaubert stimmungsvolle Augenblicke.

In der Touristen-Information erhalten wir umfangreiche Tipps für die nähere Umgebung und eine Mittagessen-Empfehlung: „Bar A Lúa", nur 500 m entfernt – nach dem gestrigen Fiasko sind wir vorsichtig geworden. Alle Sorge umsonst – der Tipp ist Gold wert. Der Wirt spricht etwas englisch, als er merkt, dass wir Deutsche sind, auch deutsch. Zum ersten Mal gibt es einen Gruß aus der Küche: „Fabada" (Bohnen mit Speck). Nach dem gemischten Salat ein Fisch: „Ollomol" (=Rote Meerbrasse) – mit Butter und Knoblauch zubereitet, ein paar Kartoffeln dazu – einfach lecker! Danach „Tarta de Obujo" (also Kuchen mit Obujo-Schnaps, einer Art Grappa). Der Wirt stellt für uns „Kabel1" am Fernsehen ein, bringt „Schnaps" (eines seiner deutschen Wörter), später stellt sich heraus, dass dieser aufs Haus geht. Wir verabschieden uns mit Handschlag. Wahrscheinlich waren wir unserem Schutzengel zu übermütig geworden („Wir haben wieder einmal alles richtig gemacht!") und hatten den gestrigen Dämpfer gebraucht. Nicht immer läuft alles wie geplant oder gewünscht...

Nach einem Nachmittagsschlaf beginnen wir die zweite Tageshälfte gegen 17 Uhr und fahren nach Cee (ca. 10 km). Unsere Erwartungshaltung ist niedrig, der Ort erinnerte bei der Anreise an Melide, also eine nichts sagende Geschäftsstadt. Es kommt ganz anders!

Eine Stadt am Beginn der Moderne erwartet uns – neu angelegte Anlagen in Strandnähe, ein nagelneuer Carrefour mit ähnlichem Warenangebot wie zu Hause, dazwischen die kleine Kirche, die durch Aufschüttung ihren direkten Kontakt zum Meer längst verloren hat. Dahinter eine kleine Altstadt mit sehr schöner Bausubstanz, teilweise liebevoll restauriert. Musikschule, ein feines Museum zur Schulgeschichte mit interessanten Fotos – nur das Wetter müsste besser sein, ein Regenguss folgt dem anderen. Schließlich – um 20 Uhr – beginnt ein Festgottesdienst anlässlich der Pastoral-Visite des Erzbischofs von Santiago, eingeläutet durch die bereits mehrfach gehörten Böller und von ihm selbst zelebriert. Die Kirche voll, in den ersten Reihen die herausgeputzten Erstkommunikanten, die stolzen Eltern, ein kleiner Chor singt – alles sehr feierlich.

Und als abschließendem Höhepunkt gelingen stimmungsvolle – trockene! – Nachtaufnahmen im Hafen von Corcubión und Fisterre, wo alte Männer Calamare angeln.

Freitag, 30. Mai

Fisterre – Finisterre – Fisterre

Das Wetter sieht noch trübe aus, als wir nach dem Frühstück zum „Ende der Welt" nach Finisterre (von Fisterre aus) aufbrechen. Wieder einmal ein heftiger Anstieg, das Gras ist feucht, die Luft noch frisch. Wieder begleiten uns Fingerhut und gelber Ginster, Vögel singen. An einem besonders steilen Anstieg trennen wir uns, Jürgen nimmt den direkten Weg nach oben auf der Suche nach dem besten Motiv, ich den ausgeschilderten Pfad. Vorbei an einer archäologischen Ausgrabung führt der Weg in steilem Abstieg – aber wie gewohnt bergauf / bergab – zum Leuchtturm. Pilger kommen, sitzen verträumt auf den Felsen, verbrennen Teile der nun ausgedienten Ausrüstung. Ich genieße einen Milchkaffee, warte auf Jürgen, der nach einer guten Stunde eintrifft. In dieser Zeit werfe ich meinen Stein aus dem Frankfurter Garten, der mich den ganzen Weg im Geldbeutel begleitet hatte, ins Meer – die Sorgen sollen am Ende der Welt bleiben.

Wir lernen zwei junge Frauen aus Thüringen (Apolda) kennen und kommen ins Gespräch. Die beiden Freundinnen – Corinna und Lisette – haben im ersten Ansatz den Jakobsweg mit dem Auto abgefahren, wir machen ihnen Mut, den Weg zu Fuß zu gehen. Sie haben viele Fragen, wir erzählen von unseren Erlebnissen, unseren Bekannten, den vielen Zufällen auf dem Weg. Corinna macht Bilder von Jürgen und mir beim Leuchtturm. Lisette erzählt von Reisen nach Spanien, Portugal, Schottland. Schließlich nehmen uns die beiden mit ihrem Auto nach Fisterre mit, wir essen gemeinsam in einer leckeren Fischgaststätte, dann fahren sie weiter, morgen geht der Flieger von Vigo nach Hause.

Jürgen und ich gehen bei mittlerweile sommerlichen Temperaturen und blauem Himmel an den Atlantik. Jürgen wagt sogar den Sprung in die Fluten. Dann sitzen wir auf den Felsen, sehen den Wellen zu und beobachten einen romantisch-stimmungsvollen Sonnenuntergang. Wieder ist ein schöner Tag zu Ende.

Samstag, 31. Mai

Fisterre – Muxia – Camariños – Fisterre

Der letzte Tag unserer Jakobs-Pilgerreise – morgen fahren wir nach Hause. Nach dem gewohnten Frühstück am Hafen von Fisterre fahren wir mit unserem Mietwagen nach Muxia, das die Dame im Tourismusbüro von Corcubión empfohlen hatte. Der Ort ähnelt den spanischen Fischerdörfern, die wir bereits gesehen haben.

Direkt an den Brandungsfelsen aber wurde eine Kirche zu Ehren der Jungfrau Maria erbaut, die genau hier in einer steinernen Barke (La Barca) erschienen sein soll. Die Menschen kommen zu Fuß zum Gotteshaus, sie sind gut angezogen, kleine Gestalten mit harten, von Wetter und Arbeit gegerbten Gesichtern. Vor dem Felsen, der ein Rest der heiligen Barke sein soll, gehen sie auf die Knie und rutschen darunter durch. Die Gesichter sind ernst, fast entrückt – vom Trubel der fotografierenden Touristen nehmen sie nichts wahr. Tief beeindruckt vom Glauben dieser einfachen Menschen nehme ich am Gottesdienst teil. Der Priester nennt Jesus den Kapitän unseres Lebens („El Capitano") und betet für die auf See gebliebenen Seeleute. Der Friedensgruß ist herzlich, der Händedruck fest. Untereinander klopfen sich die alten Männer auf die Schulter, lachen in der Kirche.

Ich sitze auf den rund geschliffenen rosa Granitfelsen, die ich aus der Bretagne kenne und schaue aufs Meer, in die Brandung. Nichts denken, nur hören. Einige Fischer halten die Angel in das wilde Wasser, einen Fang sehe ich nicht.

Wir fahren weiter nach Camariños, einem kleinen Ort auf der anderen Seite der Bucht, der (noch) als Geheimtipp für gute Fischrestaurants gilt – der Ort erlebt gerade seinen Umbau in die Neuzeit. Das Hafenbecken ist voller dicker Fische – ein alter Fischer, der gerade Reusen flickt, freut sich über meine Frage, lacht und nennt den Namen „Mucheles" – ich bin immer noch nicht schlauer.

Jürgen isst einen Steinbutt, ich lasse mir Chipirones (=in Knoblauch eingelegte und gegrillte Calamare) schmecken. Beim anschließenden Rundgang – alles bei bestem Wetter: Sonne mit kleinen Wolken – entdecken wir verträumte Winkel, die manches Mal an die durchwanderten Bergdörfer mit ihren Horreos erinnern. In den Geschäften sitzen fleißige Spitzenklöpplerinnen, freuen sich über meine Frage, ob ich sie fotografieren darf und setzen sich stolz in Positur. Die Waren – Kinderlätzchen, -mützchen, aber auch Fächer – ist fein geknotet und meines Erachtens sehr teuer – eben Handarbeit.

Auf unserer heutigen Fahrt steigen wir immer tiefer in die Vergangenheit. Plötzlich kommt uns ein Fuhrwerk mit Heu entgegen – vorne zwei Kühe, die beiden Holzräder eisenbeschlagen. Später sehen wir ein ähnliches Gespann auf dem Feld, ein Bauer pflügt mit seinem Esel das schmale Äckerlein.

Und schließlich folgen wir der gut ausgeschilderten „Ruta dos Dolmens" zu verschiedenen keltischen Hünengräbern. Manchmal sind die Wege Schlamm bedeckt, oft nicht breiter als das Auto – aber am Ende stehen wir staunend vor etwa 5.000 Jahre alten Grabkammern. Und immer kommt im richtigen Moment ein Sonnenstrahl durch den inzwischen bewölkten Himmel.

Der Urlaub ist zu Ende – wir lassen ihn bei einem Glas am Hafen ausklingen. Vieles haben wir gesehen, wie es unterschiedlicher kaum sein kann. Wir haben liebe Menschen kennen gelernt, gute, aber auch lustige Gespräche geführt. Manches Erlebnis regt in der Rückschau zum Nachdenken an – eines aber steht über allem: Wir haben immer großes Glück gehabt – und dafür bin ich sehr, sehr dankbar.

Sonntag, 01. Juni

Heimreise über Santiago – Palma de Mallorca – Nürnberg nach Frankfurt/Main

    Nachtrag: Am Flughafen in Santiago lernen wir zwei eben angekommene Freunde aus dem Harz bzw. dem Potsdamer Umland kennen, die bei Kaffee auf den Bus nach Sarria warten. Morgen wollen die beiden auf den Camino – wir erzählen, geben Adressen und Tipps – zwei Stunden Wartezeit vergehen wie im Flug. Zuletzt verschenken wir unsere letzten Wasserflaschen – es geht heim!

Inhalt

Montag, 5. Mai – Von Frankfurt am Main nach León 5
Dienstag, 6. Mai – Von León nach Villar de Mazarife 12
Mittwoch, 7. Mai – Von Villar de Mazarife nach Hospital de Òrbiego 23
Donnerstag, 8. Mai – Von Hospital de Òrbiego nach Astorga 29
Freitag, 9. Mai – Von Astorga nach Rabanal del Camino 42
Samstag, 10. Mai – Von Rabanal del Camino nach Ponferrada 53
Sonntag, 11. Mai – Pfingsten in Ponferrada 64
Montag, 12. Mai – Von Ponferrada nach Cacabelos 68
Dienstag, 13. Mai – Von Cacabelos nach Villafranca del Bierzo 79
Mittwoch, 14. Mai – Von Villafranca del Bierzo nach O'Cebreiro 91
Donnerstag, 15. Mai – Von O'Cebreiro nach Alto do Poio 104
Freitag, 16. Mai – Von Alto do Poio nach Triacastela 112
Samstag, 17. Mai – Von Triacastela nach Samos 130
Sonntag, 18. Mai – Von Samos nach Sarria 146
Montag, 19. Mai – Von Sarria nach Portomarín 162
Dienstag, 20. Mai – Von Portomarín nach Ventas de Narón 186
Mittwoch, 21. Mai – Von Ventas de Narón nach Palas de Rei 206
Donnerstag, 22. Mai – Von Palas de Rei nach Melide 225
Freitag, 23. Mai – Von Melide nach Arzúa 246
Samstag, 24. Mai – Von Arzúa nach Rúa 264
Sonntag, 25. Mai – Von Rúa nach Santiago de Compostela 280
Ausklang – „Am Ziel war Sonne" 293
Ein wenig Statistik 296
Anhang: Tagebucheinträge vom 26. Mai bis 1. Juni 297

ISBN 978-3-86931-363-4

www.epubli.de